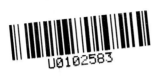

“十一五”国家重点图书出版规划项目

北京市社会科学理论著作出版基金重点资助项目

启功全集

（修订版）

第十六卷

条幅

横披

北京师范大学出版集团
BEIJING NORMAL UNIVERSITY PUBLISHING GROUP
北京师范大学出版社

图书在版编目（CIP）数据

启功全集（修订版）. 第16卷，条幅、横披 / 启功著. —北京：北京师范大学出版社，2012.9

ISBN 978-7-303-14712-0

Ⅰ. ①启…　Ⅱ. ①启…　Ⅲ. ①启功（1912—2005）—文集 ②汉字—法书—作品集—中国—现代　Ⅳ. ①C53 ②J292.28

中国版本图书馆CIP数据核字（2012）第180899号

营销中心电话　010-58802181 58805532
北师大出版社高等教育分社网　http://gaojiao.bnup.com.cn
电子信箱　beishida168@126.com

QIGONG QUANJI

出版发行：北京师范大学出版社 www.bnup.com.cn
北京新街口外大街19号
邮政编码：100875

印　刷：北京盛通印刷股份有限公司
经　销：全国新华书店
开　本：170 mm × 260 mm
印　张：372.5
字　数：5021千字
版　次：2012年9月第1版
印　次：2012年9月第1次印刷
总定价：2680.00元（全二十卷）

策划编辑：李　强　　责任编辑：李　强　章　正
美术编辑：毛　佳　　装帧设计：李　强
责任校对：李　菡　　责任印制：李　啸

启功先生像

目录

条幅

横　披

條幅

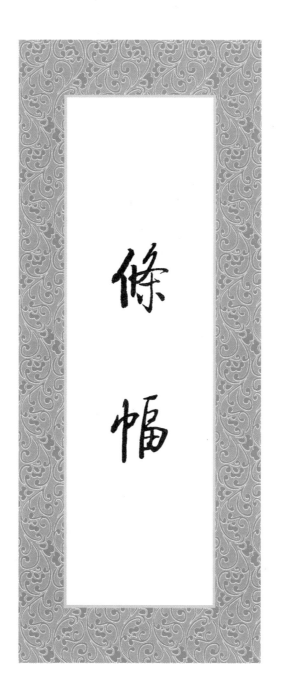

自卜條南簷隱居的星玉安

對擬出門前九曲崑崙水手

豎桃去尺半魚戊子秋日啟功

此吳蓮洋句王漁洋極賞之裁為句蓋失原作句朗暢之致戊子秋日功手初用三十年前小筆

阮毅酌後又淺深傳市待詢石妙所存命為題誌啟予愧作中丙子秋日啟功

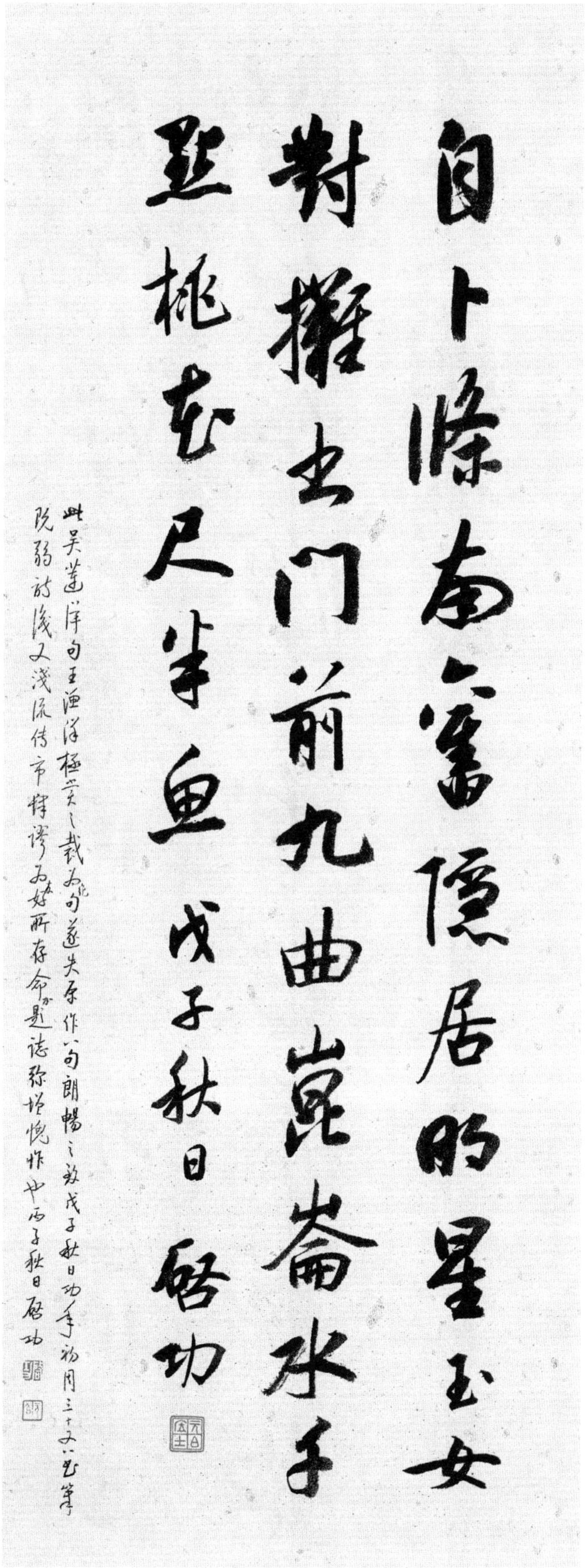

风流江左有同音，折简书
怀语悟深，一自楼兰新物
见人间不复重斯禽

元白

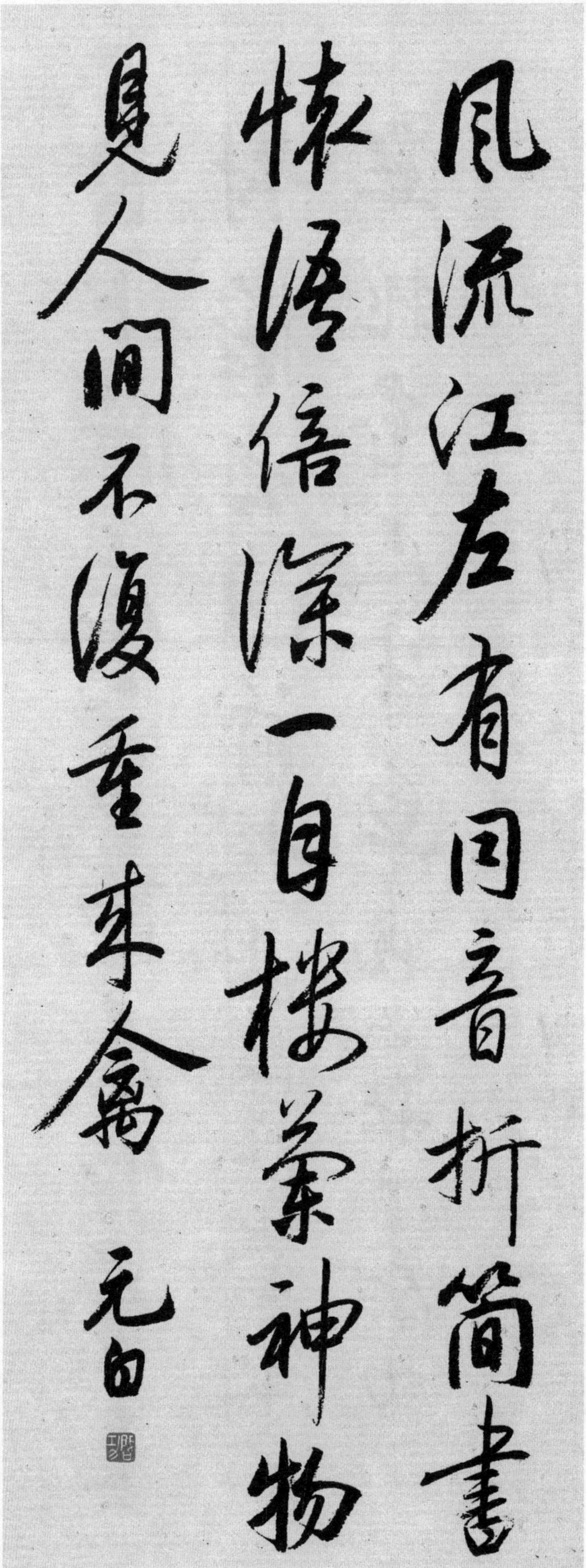

自作诗——风流江左有同音

二十世纪五十年代作　水墨纸本　65cm×24cm　北京师范大学藏

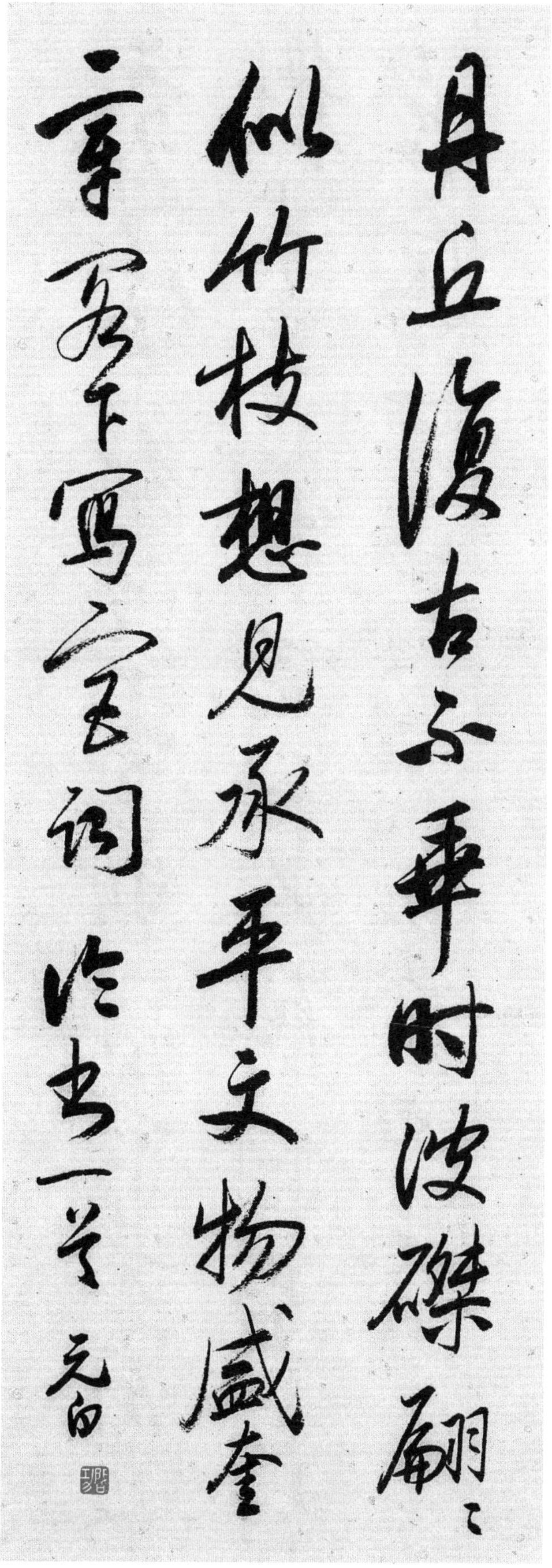

自作诗——丹丘复古不乖时

二十世纪五十年代作　水墨纸本　66cm×25cm　北京师范大学藏

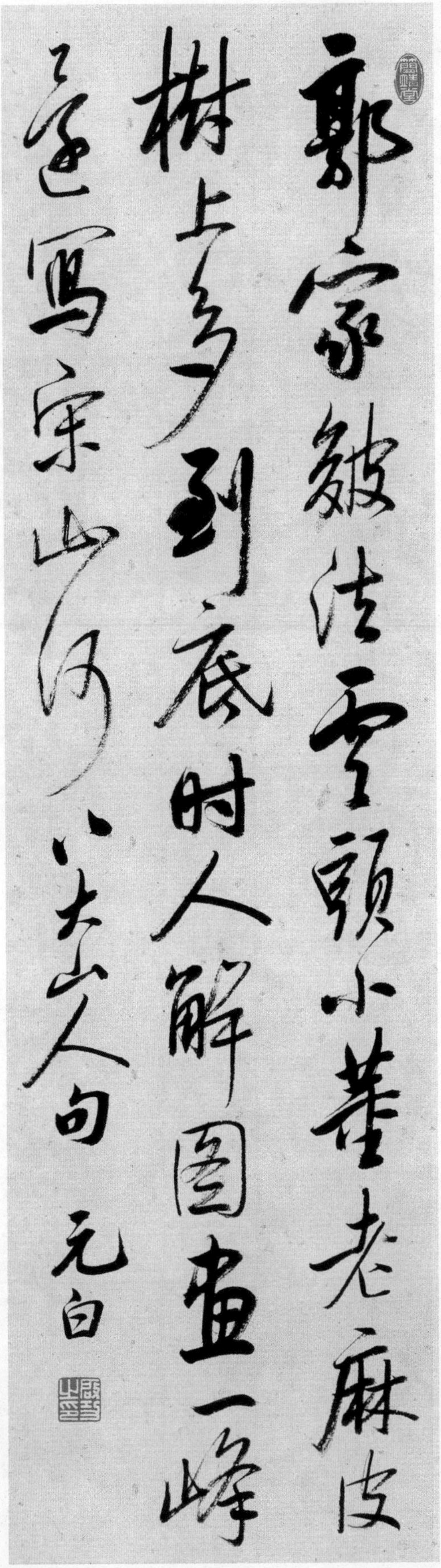
郭家皴法云头小董老麻皮
树上多到底时人解图画一峰
还写宋山河
八大山人句
元白

八大山人句——郭家皴法云头小

二十世纪五十年代作 水墨纸本 85cm×25cm 北京师范大学藏

荷叶披披一浦凉，菱吟商平生最浅，忘却江湖味，于浮秋声忆故乡　启功

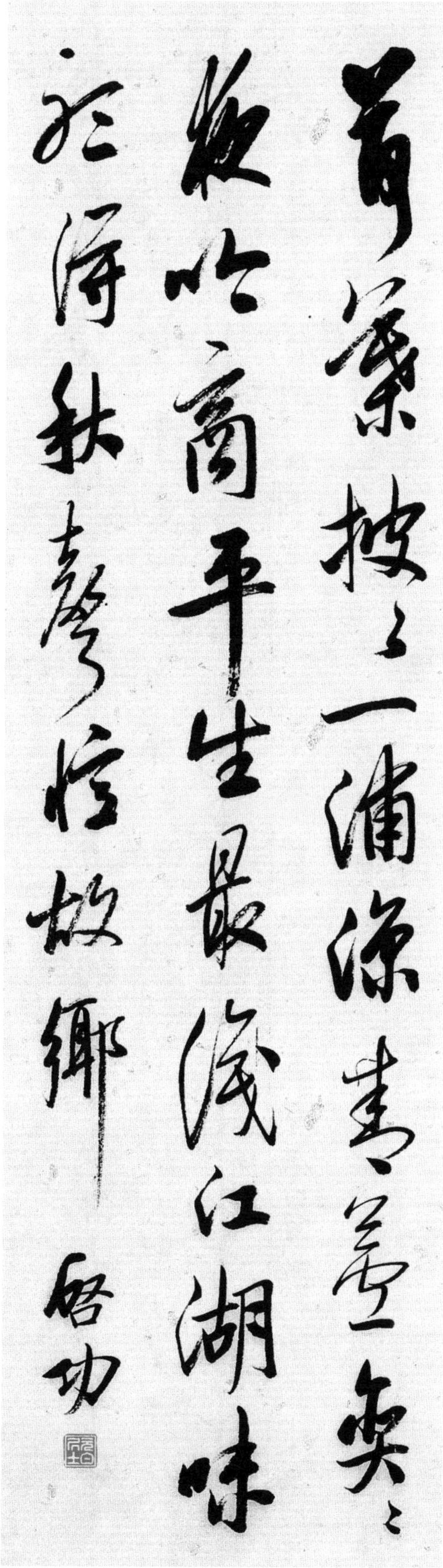

姜夔句——荷叶披披一浦凉

二十世纪五十年代作　水墨纸本　85cm×25cm　北京师范大学藏

心志既坚实 苦汁甘如饴 读书三十年 真伪一辨须臾

经人非生当大时代 鞠躬唯赴义 祗荇尚有日 慎保五尺躯 大义须舍矛

慷慨岂以辞 不惡我才前陈眼 一瞥除不憙 我身後二事 有人继人生持

久战小败大胜利 胜利多行 心追忘个人私 招手有巨人 普罗米修士

萧次瞻烈士诗一首短歌 辽宁省博物馆属书 一九六三年八月 启功

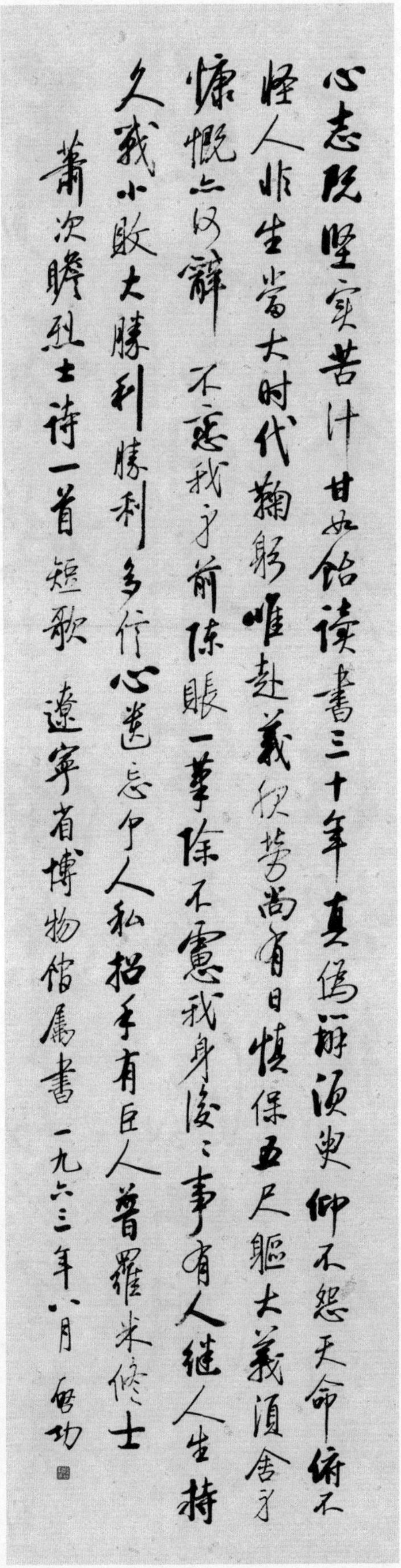

萧次瞻烈士诗

一九六三年作 水墨纸本 158cm×40cm 辽宁博物馆藏

颠张醉素擅临池，草圣能狂圣可知，力控劉柔惊舞女樊秦
触悸胜禅师常将動氣發風手寫到翻雲覆雨时萬语千
言归一刷莫称點画墮书癡劳人不復夢钓天古調新聲忽
益传廣坐威音真入聖深灯永夜欲通禅秋江冷印迷雜月紫雲
横飞荟蕩烟莫辨中怀衰柴熹吟魂长绕四條絃　启功

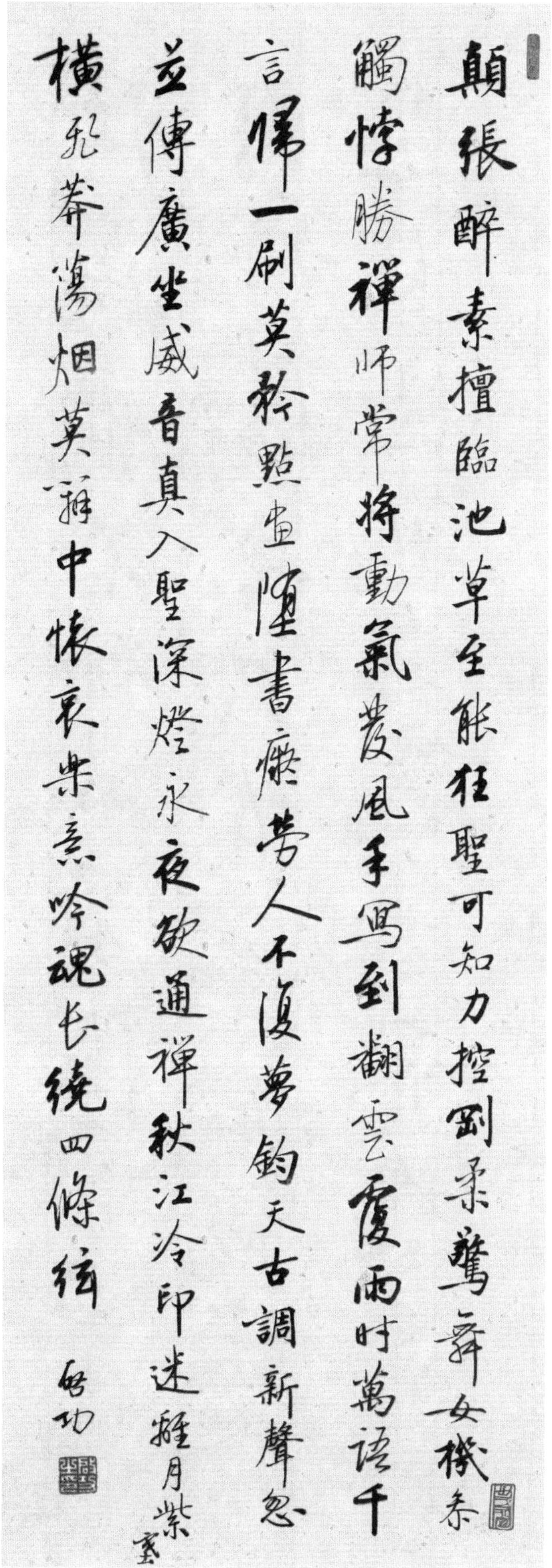

自作诗——颠张醉素擅临池

二十世纪六十年代作　水墨纸本　78cm×28cm　个人收藏

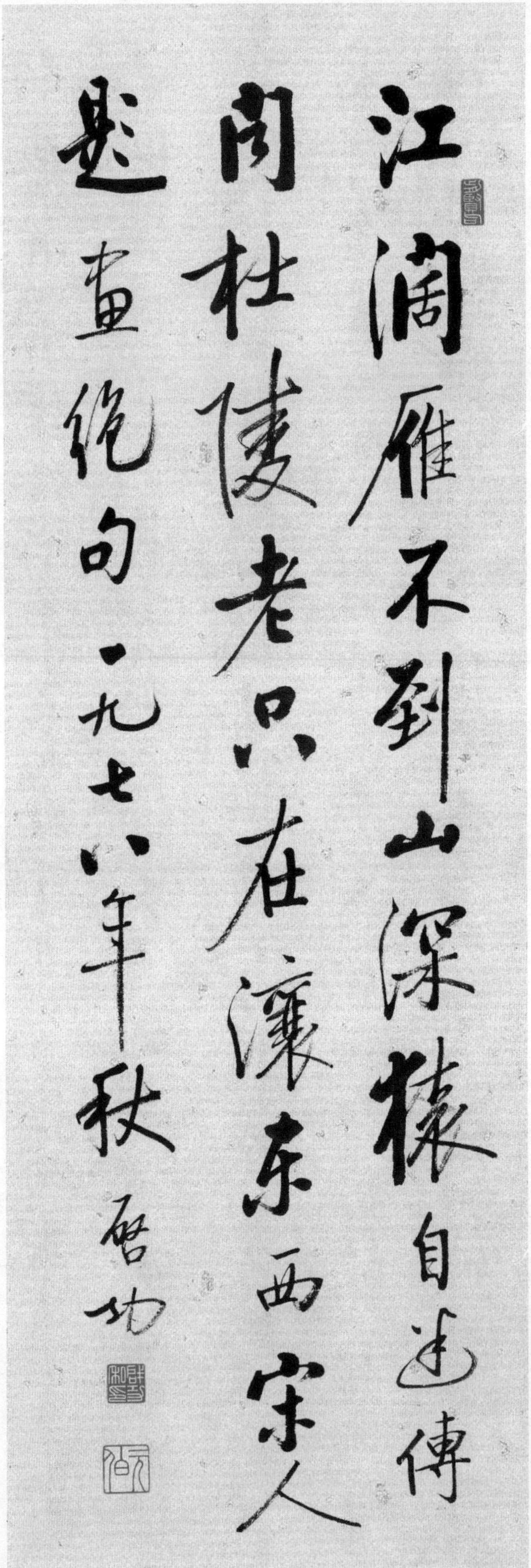
江阔雁不到山深猿自传
闻杜陵老只在瀼东西宋人
题画绝句一九七八年秋
启功

晁冲之句——江阔雁不到

一九七八年作　水墨纸本　102cm × 33cm　个人收藏

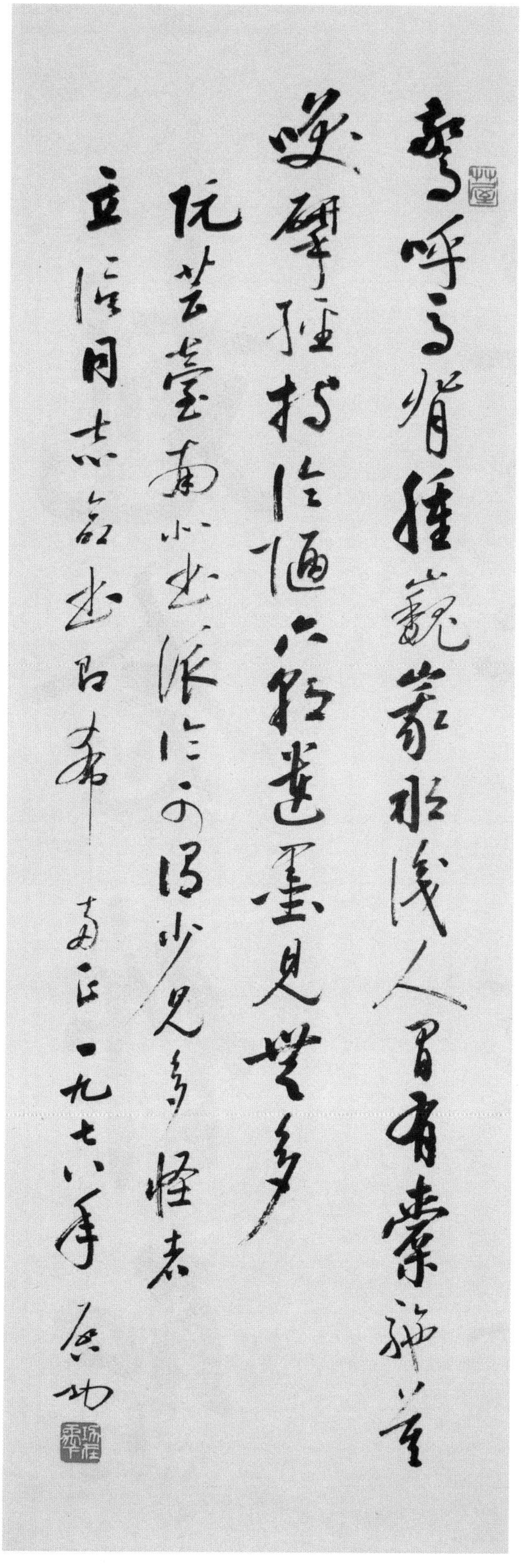

自作诗——惊呼马背肿巍峨

一九七八年作　水墨纸本　个人收藏

《千字文》句——景行维贤

二十世纪七十年代作　水墨纸本　134cm×33cm　个人收藏

形端表正
德建名立
启功

骨肉分携岁屡经团圆佳节倍阖情今秋大地新更化天际冰轮不孙明

一九八三年中秋奉怀

臺湾同胞 启功并书

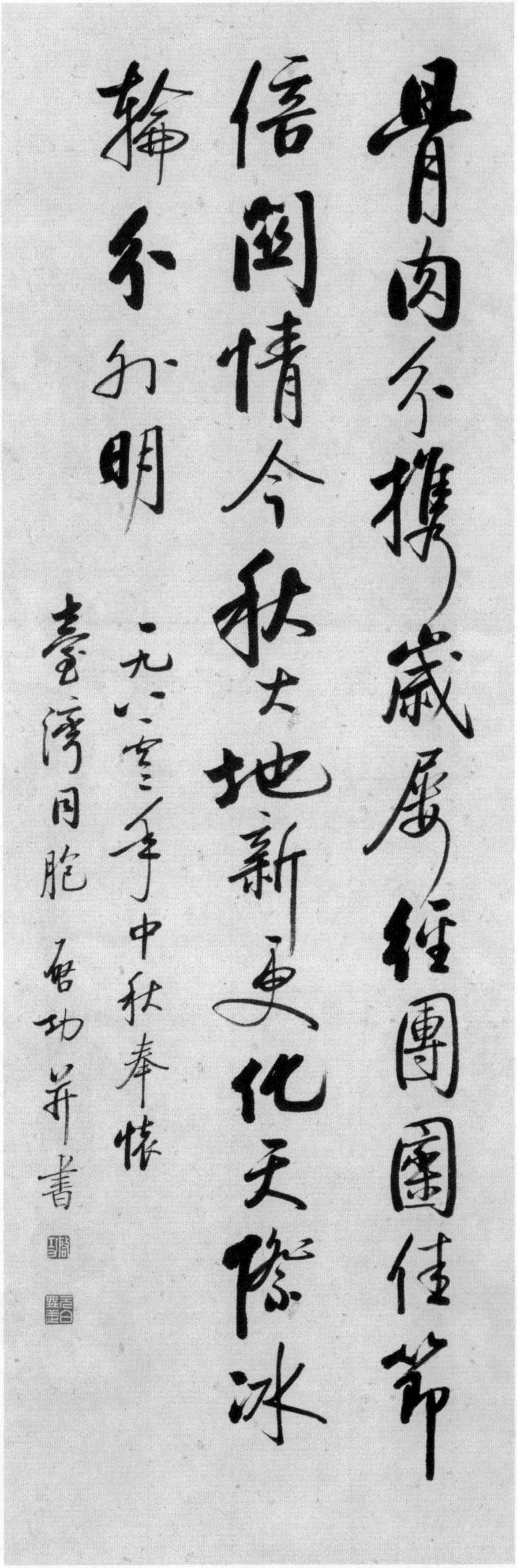

自作诗——骨肉分携岁屡经

一九八〇年作　水墨纸本　94cm×32cm　个人收藏

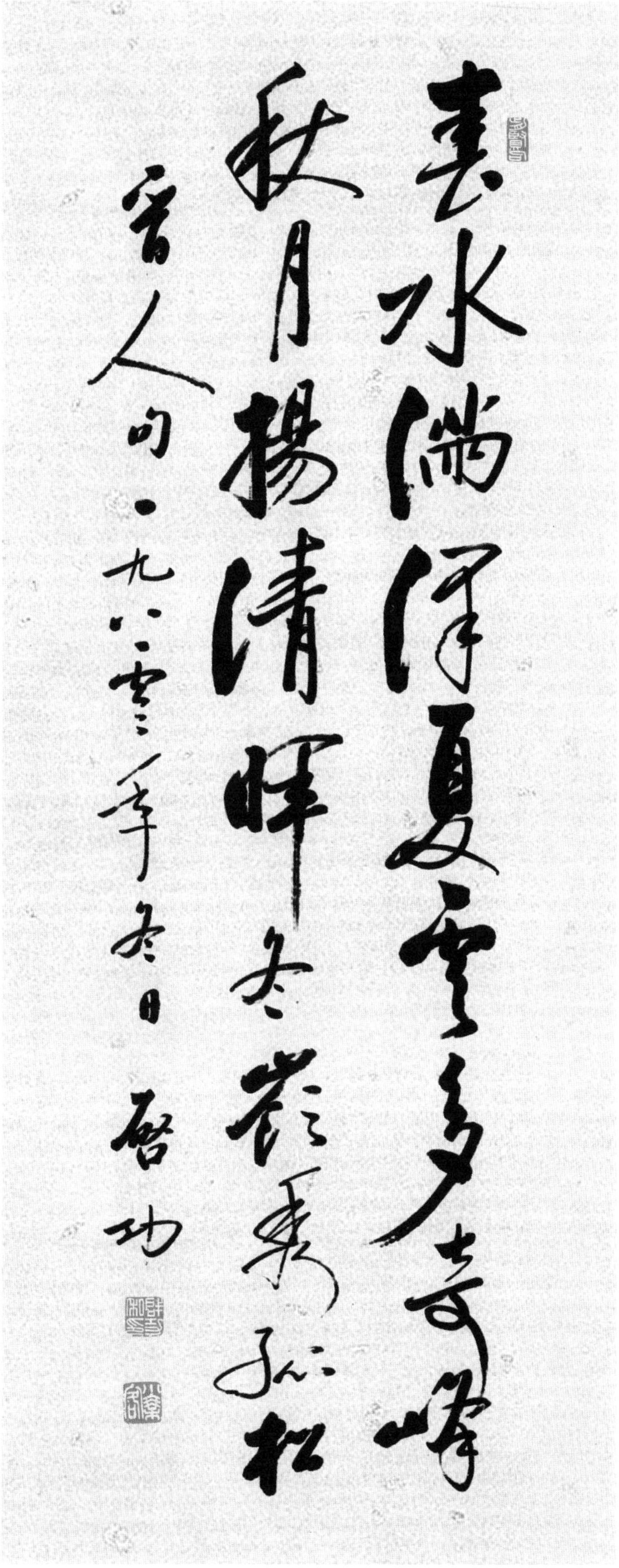
春水满泽夏云多奇峰
秋月扬清晖冬岭秀孤松
晋人句 一九八〇年冬日 启功

陶渊明句——春水满（四）泽

一九八〇年作　水墨纸本　98cm×40cm　个人收藏

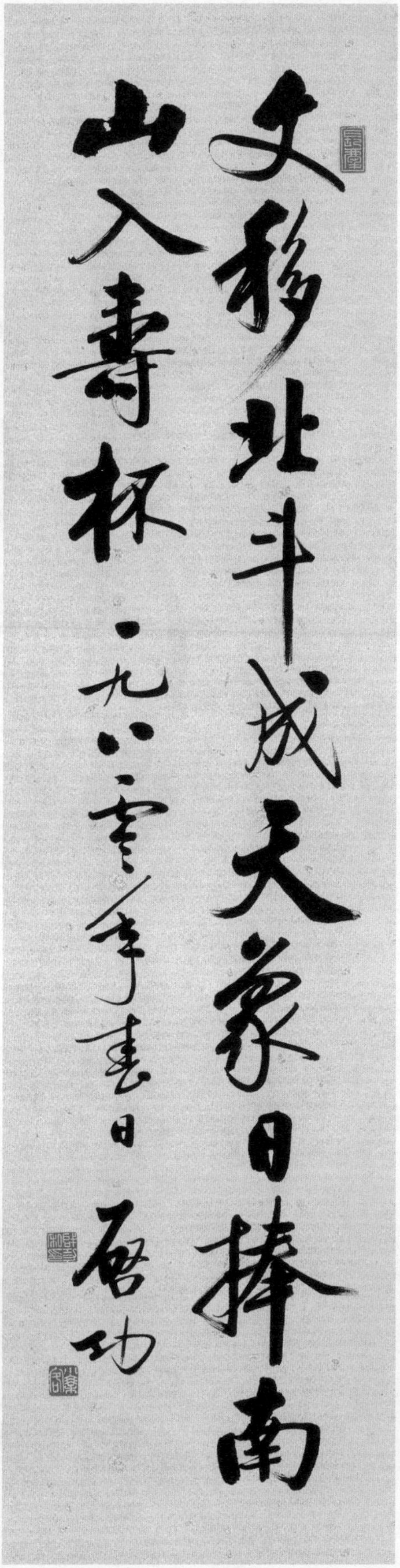
文移北斗成天象
日捧南山入寿杯
一九八零年春日
启功

宋之问句——文移北斗成天象

一九八〇年作 水墨纸本 132cm × 34cm 个人收藏

门前九曲崐崘水千點桃
花尺半魚
启功

朱彝尊句——门前九曲昆仑水

一九八〇年作　水墨纸本　128cm×32cm　个人收藏

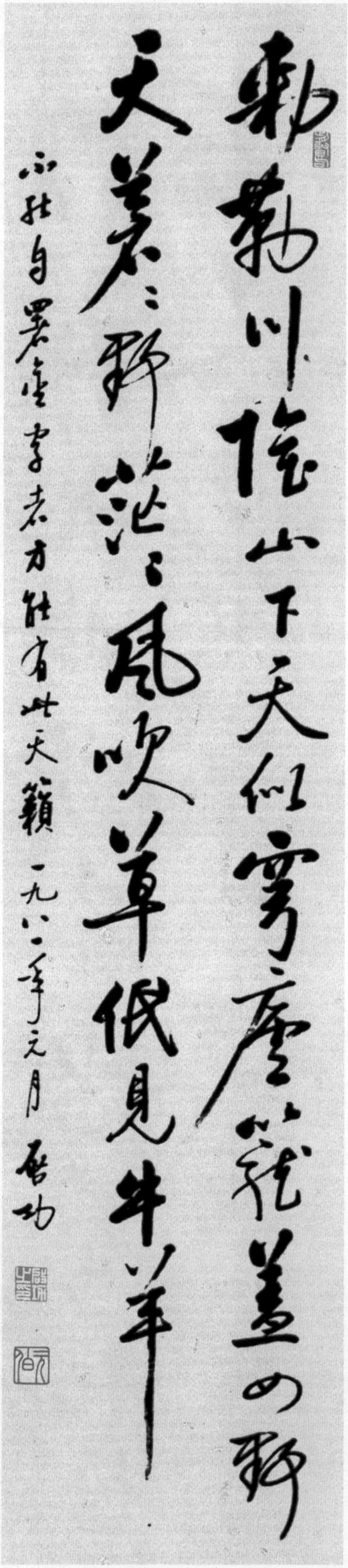
敕勒川陰山下天似穹廬籠蓋四野
天蒼蒼野茫茫風吹草低見牛羊
一九八一年元月 启功

北朝民歌——敕勒川

一九八一年作 水墨纸本 133cm×32cm 个人收藏

完好一片石，安川李幸人

第人颜只觉远介平

宋人句——定州一片石

一九八一年作　水墨纸本　133cm×32cm　个人收藏

条幅

宋人梦完吾来章得

一九八二年元月大凡醉六书

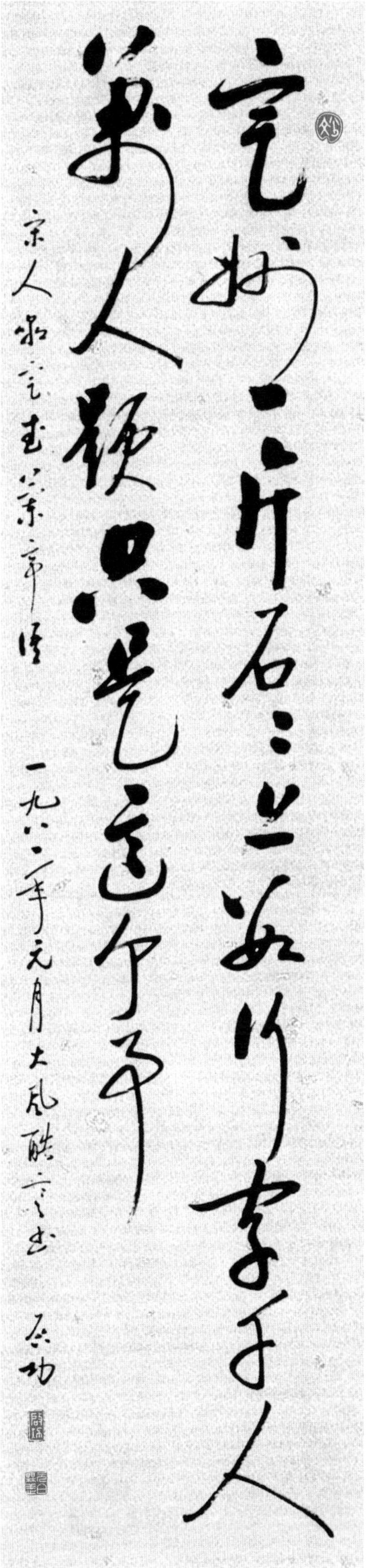

芳兰为席玉为堂
醉国殊方杂骚吾来读九歌
微听栈阁人乐

保安宁心　启功

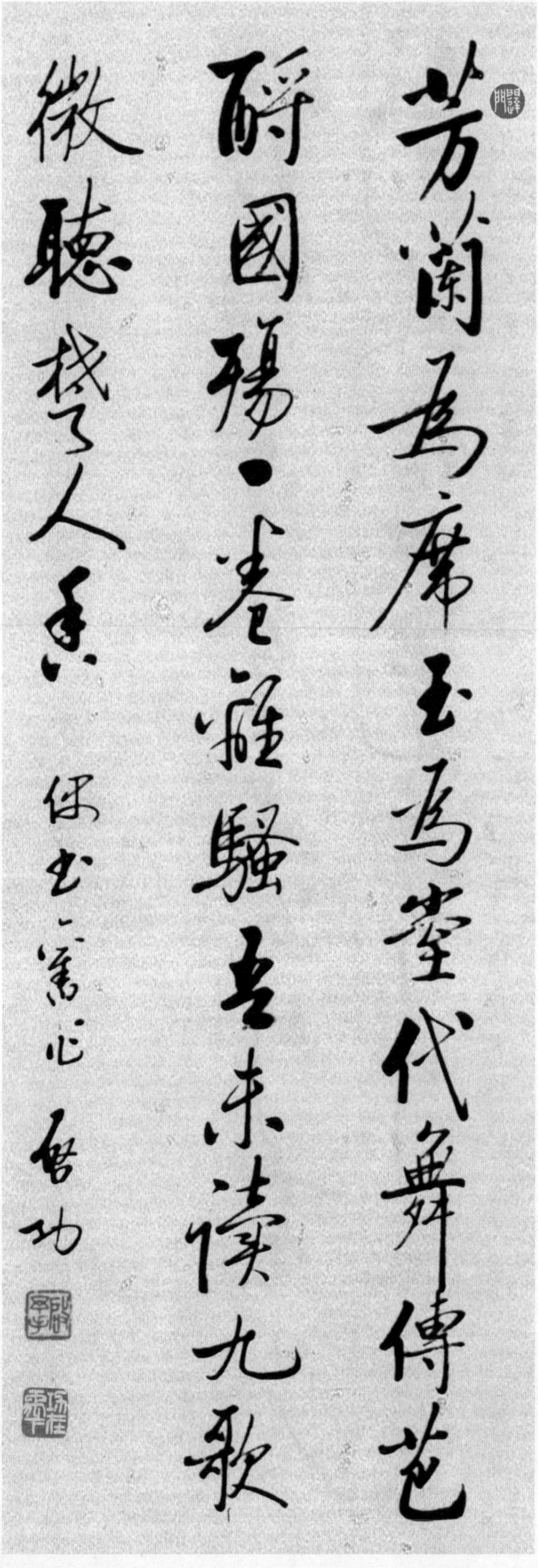

自作诗——芳兰为席玉为堂

一九八一年作　水墨纸本　94cm×34cm　个人收藏

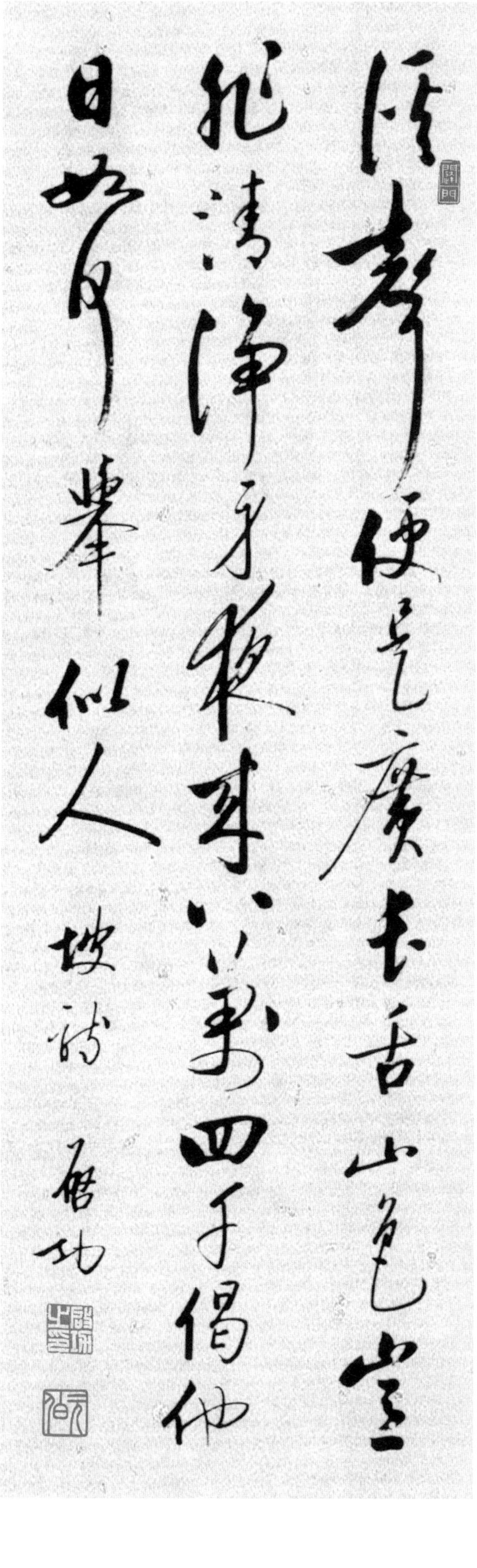
溪声便是广长舌山色岂非
清净身夜来八万四千偈他
日如何举似人
坡诗 启功

苏轼句——溪声便是广长舌

一九八一年作　水墨纸本　104cm×33cm　个人收藏

花生初距尺一日复一日花生三罷三上

癸以花偶名一夫红宋人诵之如此一九八一生 启功

吴子良句——花生初距尺
一九八一年作　水墨纸本　96cm×32cm　个人收藏

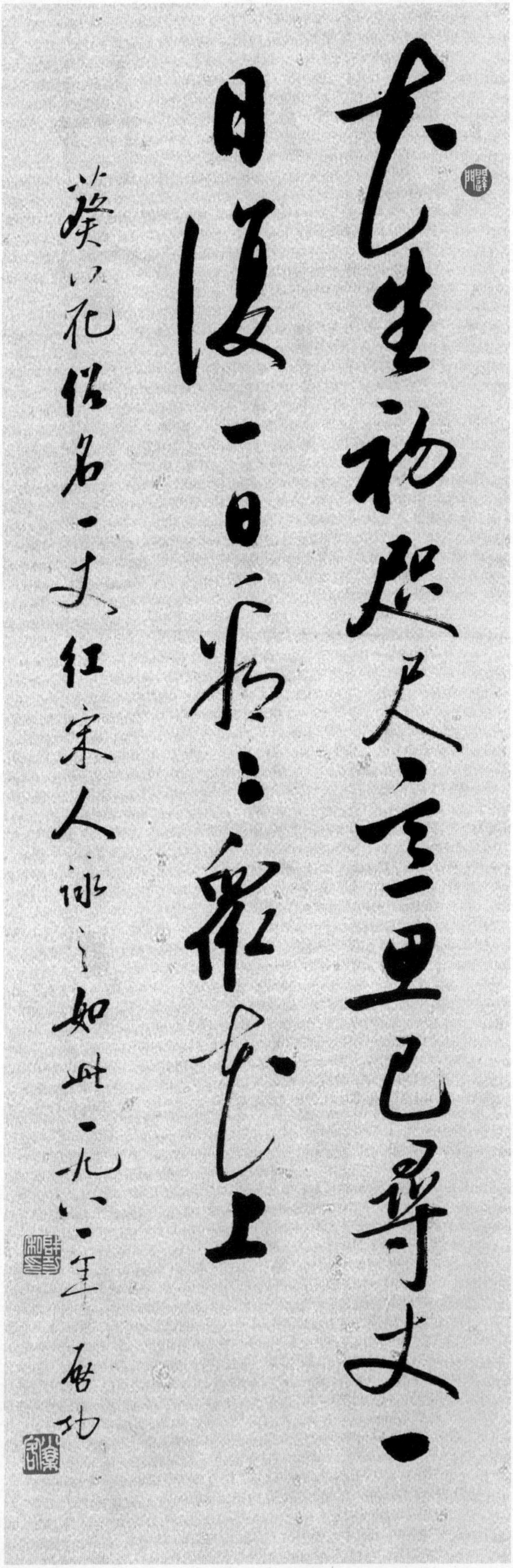

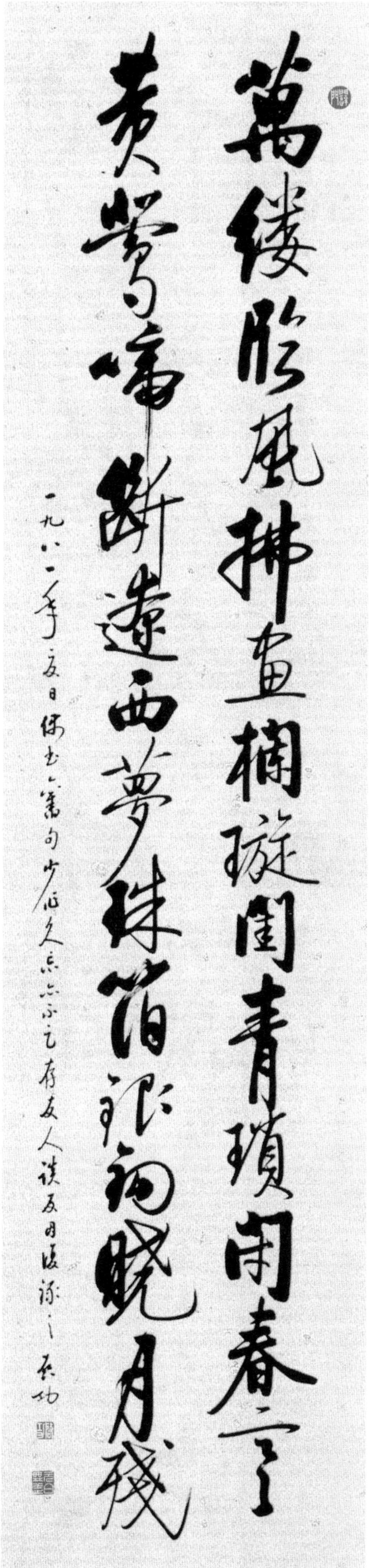
萬縷臨風拂畫欄璇閨青瑣閉春寒
黄鸝啼斷遼西夢珠箔銀鈎曉月殘

自作诗——万缕临风拂画栏

一九八一年作　水墨纸本　136cm×33cm　个人收藏

憨山清後破山明五百年来見幾曾
筆法晉唐元莫二當機文筆不如僧

論書箚心一九六二年秋日
啟功

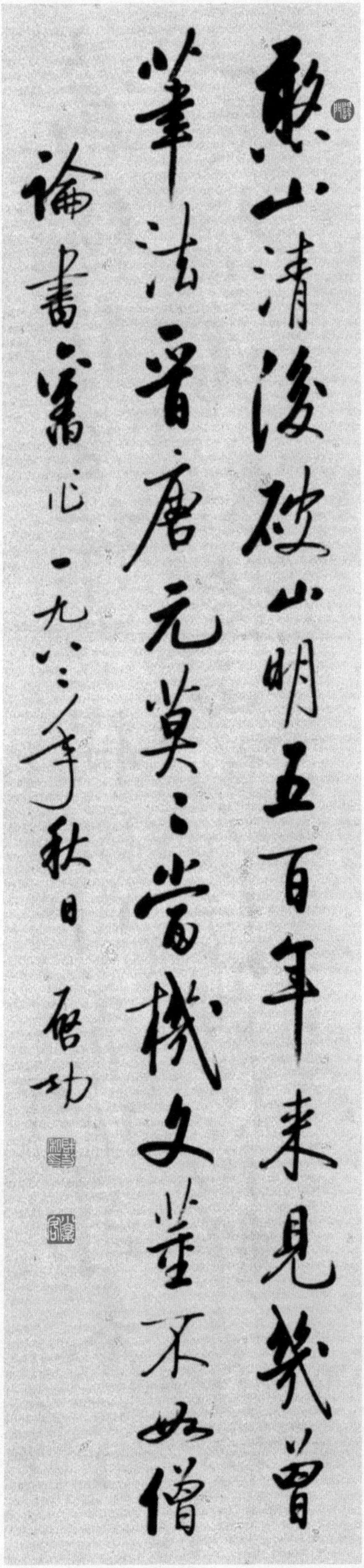

自作诗——憨山清后破山明

一九八二年作 水墨纸本 136cm×32.5cm 个人收藏

灵源挹清波，陵裳撼丹梯。

灵谿无滞碍，安得平燃云。

晋人游仙诗 一九八二年秋日 启功

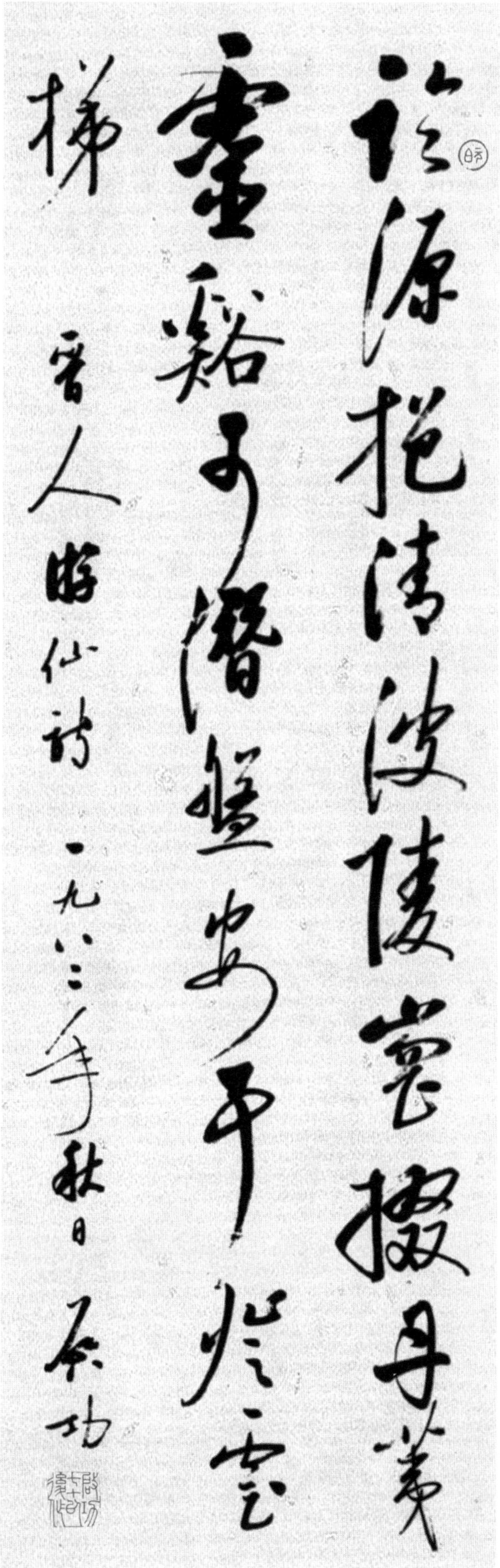

郭璞句——临源挹清波

一九八二年作　水墨纸本　102cm×33cm　个人收藏

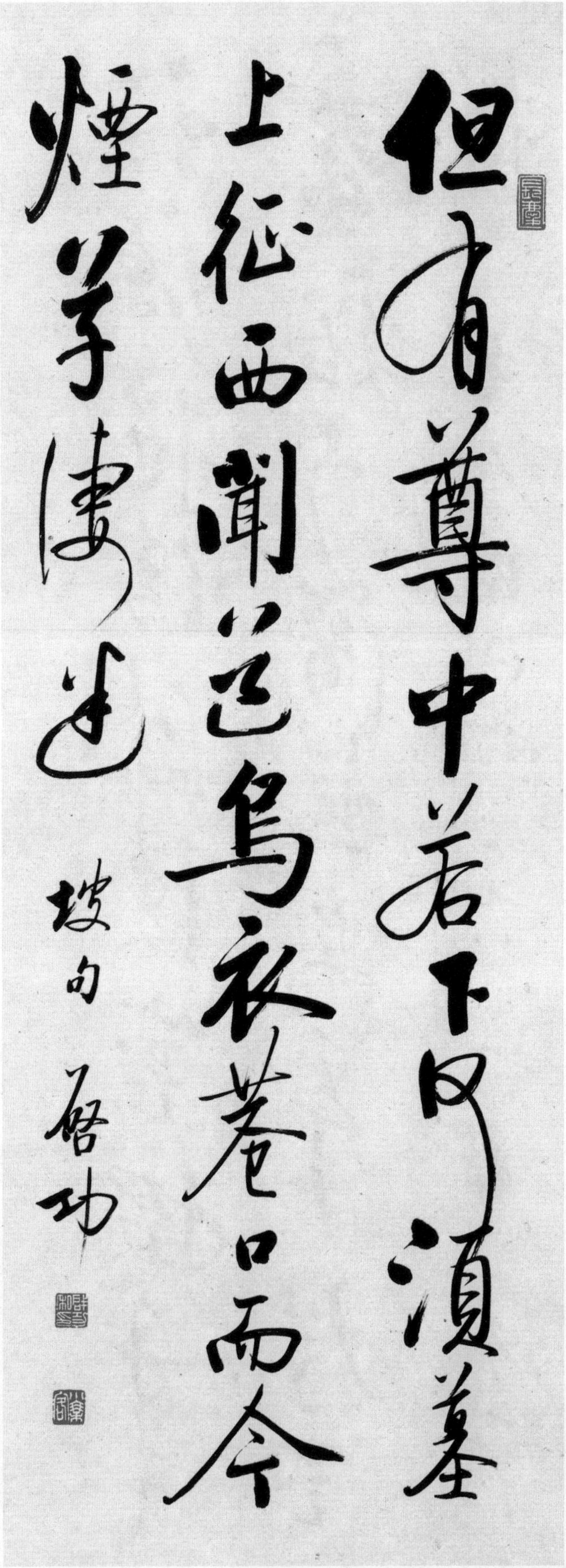

苏轼句——但有尊中若下

一九八二年作 水墨纸本 107.5cm×45cm 个人收藏

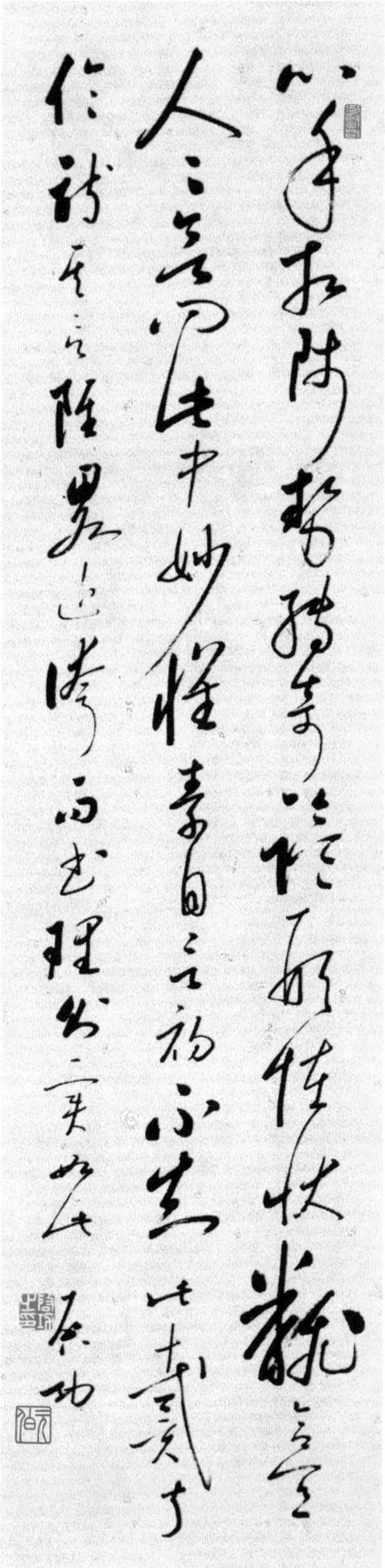

戴叔伦句——心手相师势转奇

一九八二年作　水墨纸本　133cm×32cm　个人收藏

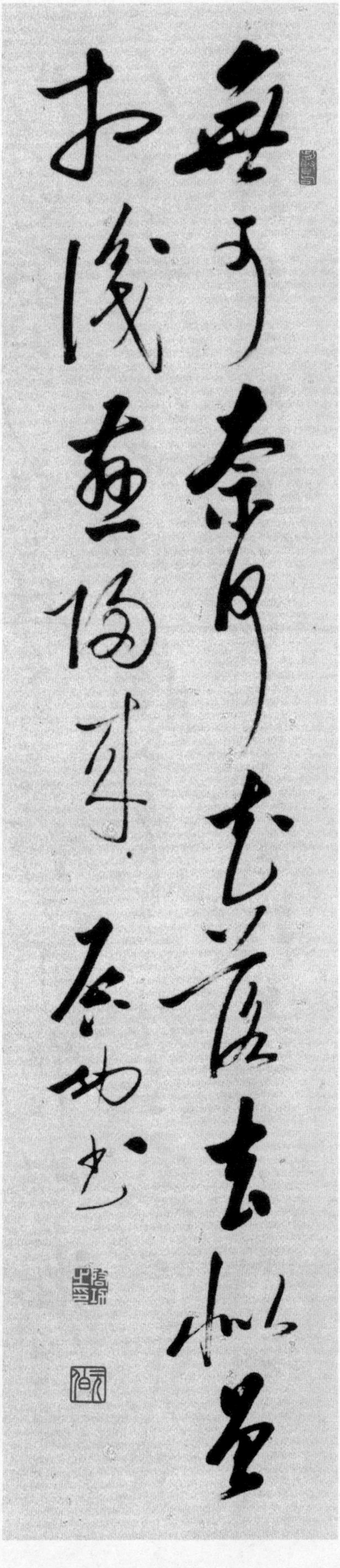

晏殊句——无可奈何花落去

一九八二年作 水墨纸本 136cm×32.5cm 个人收藏

雪晴斜月浸簷冷影一枝窗上梅 元白功

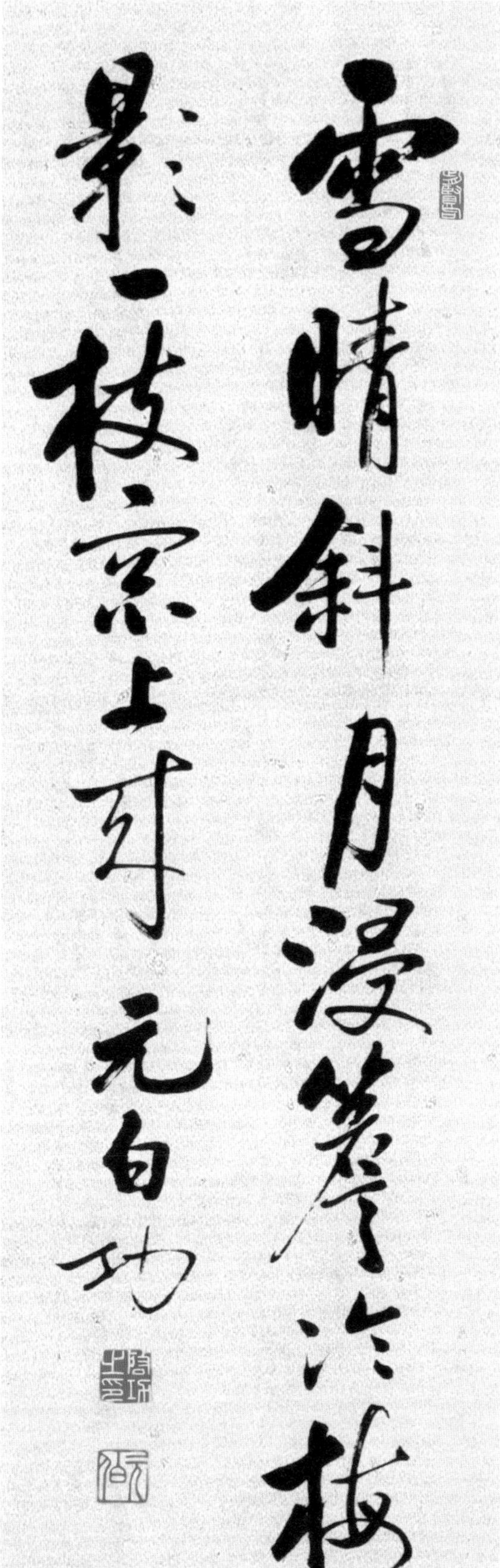

明僧句——雪晴斜月浸檐冷

一九八二年作　水墨纸本　100.5cm×32.5cm　个人收藏

粗砚贫交艰难所处当时
黑时识其用需砚铭一首惓惓
保守元三年中秋　启功

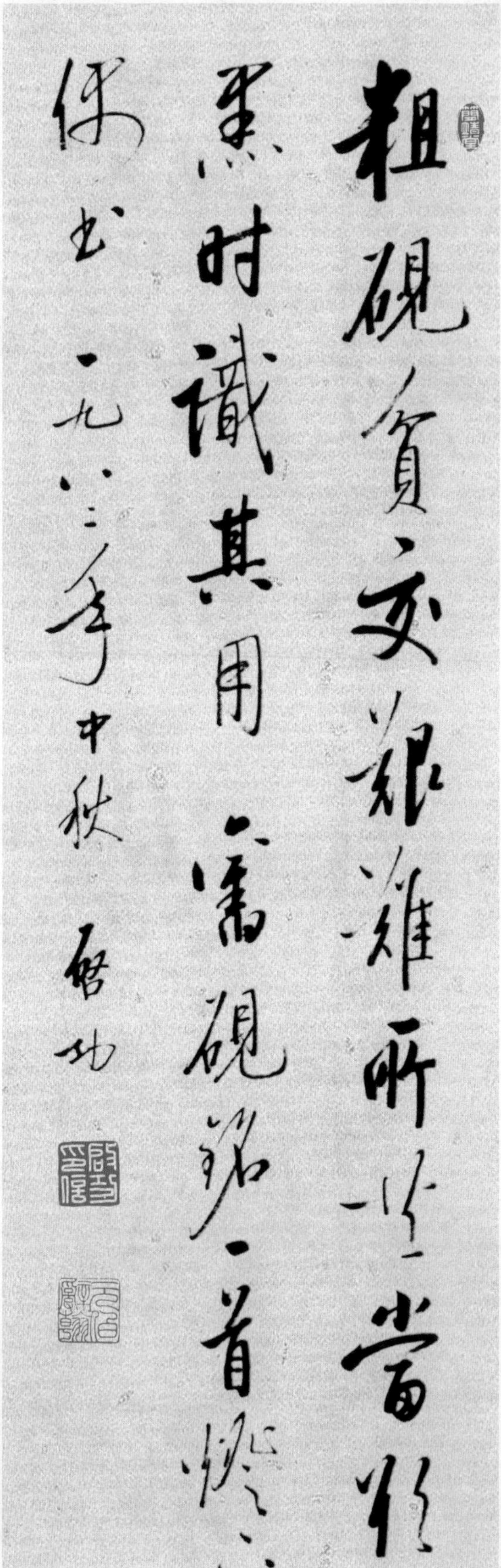

自作砚铭——粗砚贫交

一九八二年作　水墨纸本　103cm×33.5cm　个人收藏

天迥垂杨赤栏桥洞裹伊人娉娉当路行麻姑消息空闲阳向上不通潮声轻少萧扬葊

逸士山房一画

启功

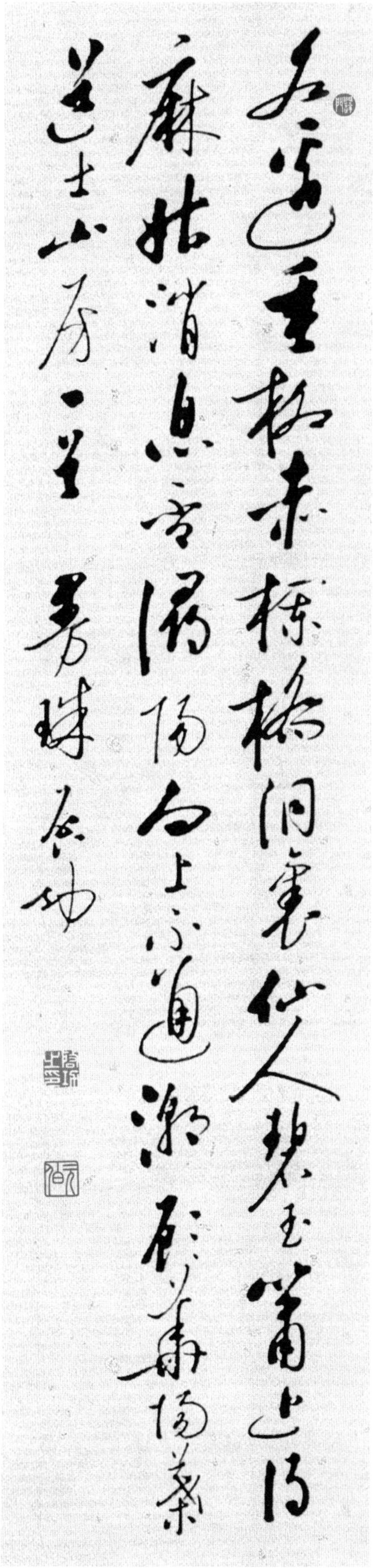

顾况句——水边垂柳赤栏桥

一九八二年作　水墨纸本　136cm×32.5cm　个人收藏

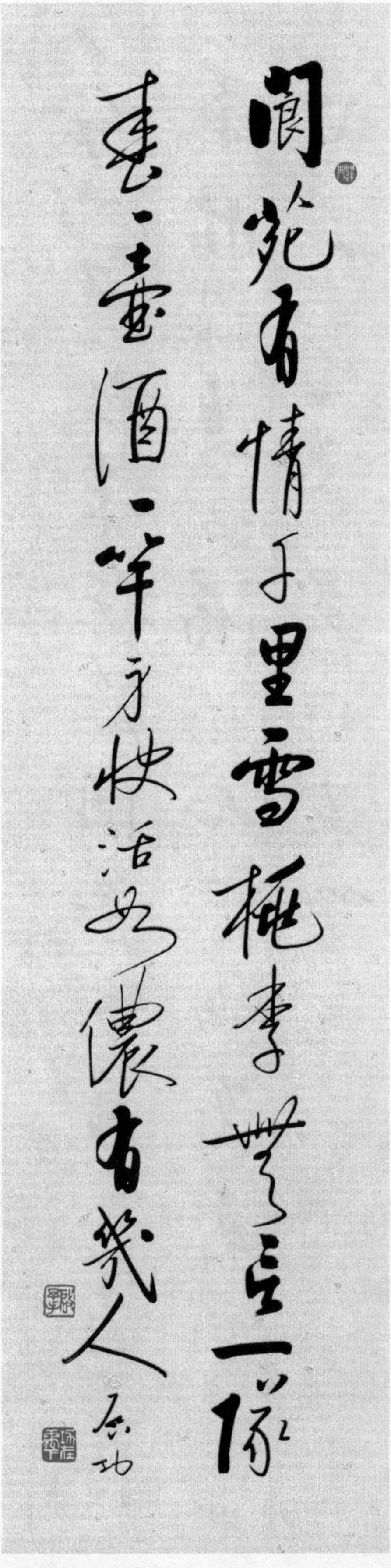
阆苑有情千里雪
桃李无言一队春
一壶酒一竿身快活如侬有几人
启功

李煜句——阆苑有情千里雪

二十世纪八十年代作 水墨纸本 136cm×34cm 个人收藏

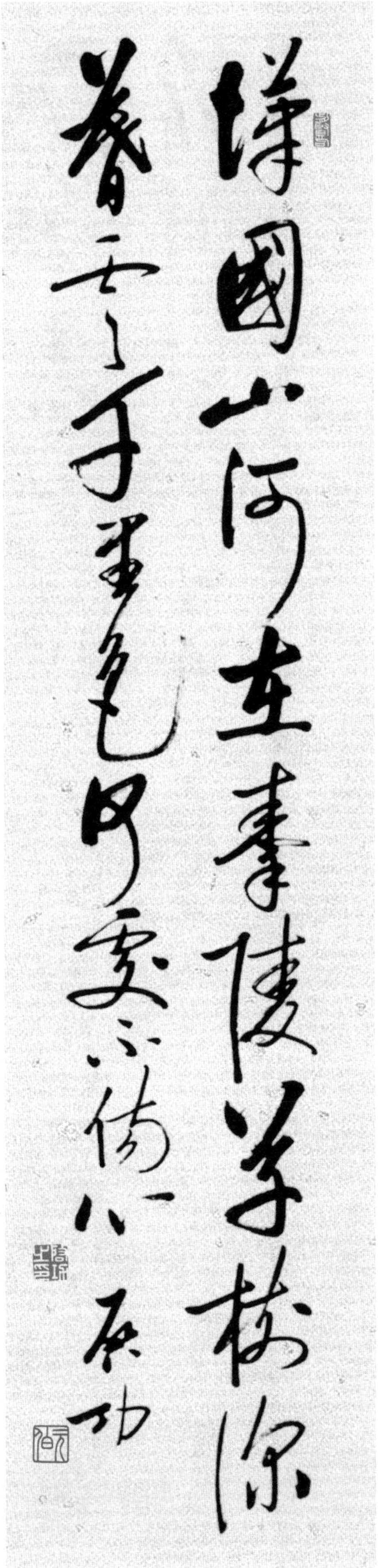

荆叔句——汉国山河在

一九八二年作　水墨纸本　136cm×32.5cm　个人收藏

一变当年飞将气 东征犹记挽弧大将不眉 中寺功古成三秋 高若其妄万朵东风尽 来天下只在胸中似僧说 辰功书

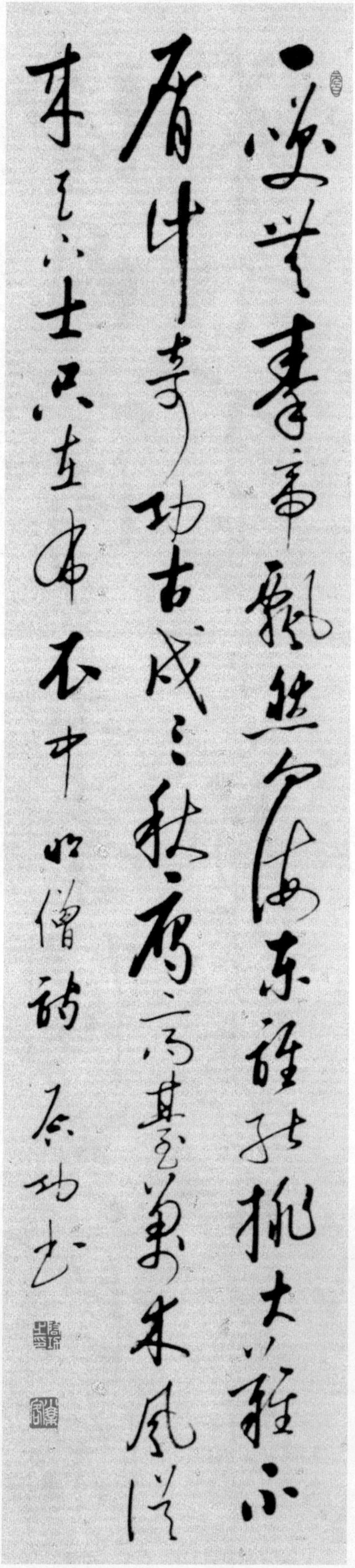

屈大均句——一笑无秦帝

一九八二年作　水墨纸本　134cm×32.5cm　个人收藏

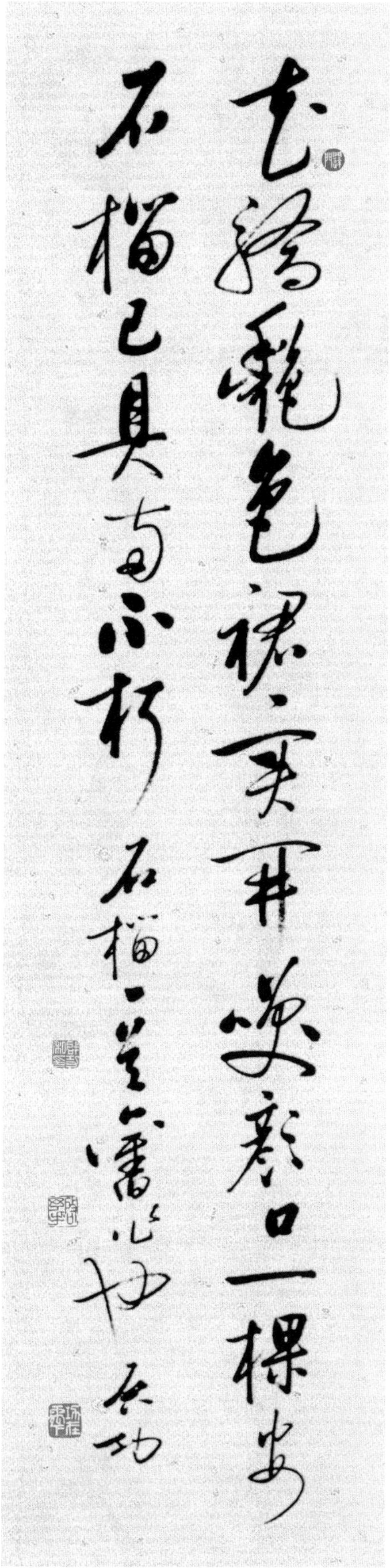

自作诗——花骄艳色裙

一九八二年作 水墨纸本 136cm×33.5cm 个人收藏

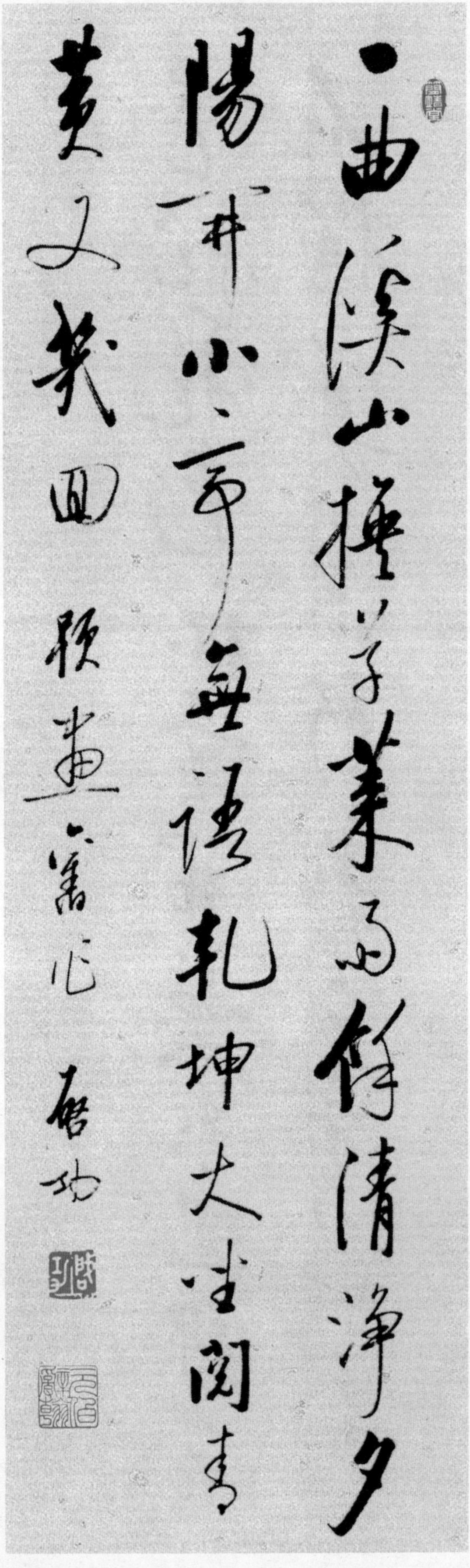

自作诗——一曲溪山换草莱

一九八二年作 水墨纸本 102.5cm×33cm 个人收藏

作客逢人日他鄉復此遊歸寄書遲

苹迸水重浮草色迎書笈炎蒸望雨收

家山在眼前是陸地方黃粒

德清句——作客逢人日

一九八二年作　水墨紙本　136cm×33.5cm　个人收藏

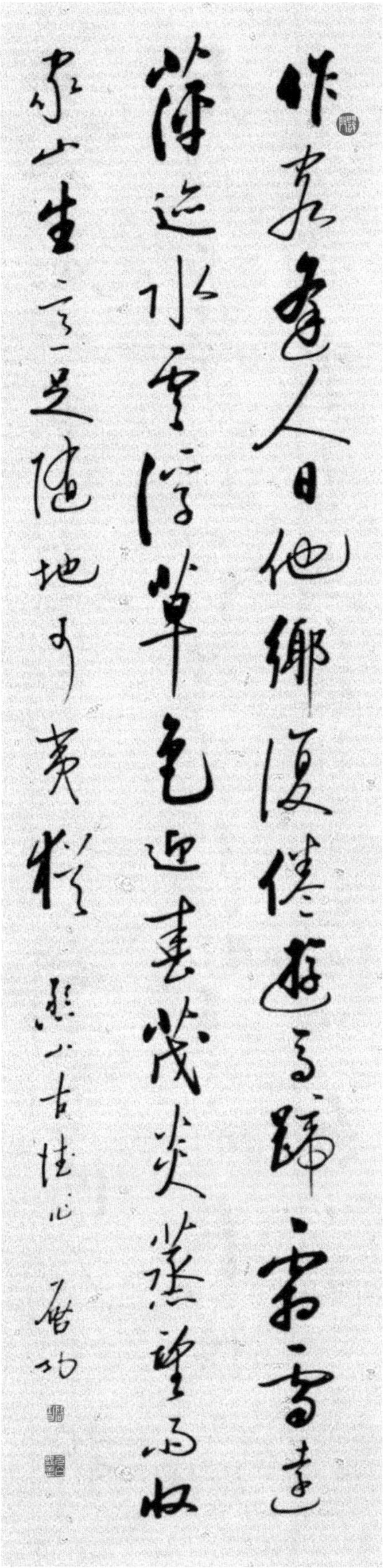

思入燕山雪征途梦正赊青苔飞断字
启溪疲痕细语生寺约瑶琴舞别后弹秀撒
如子摘雪月照琼玕燕山诗 启功

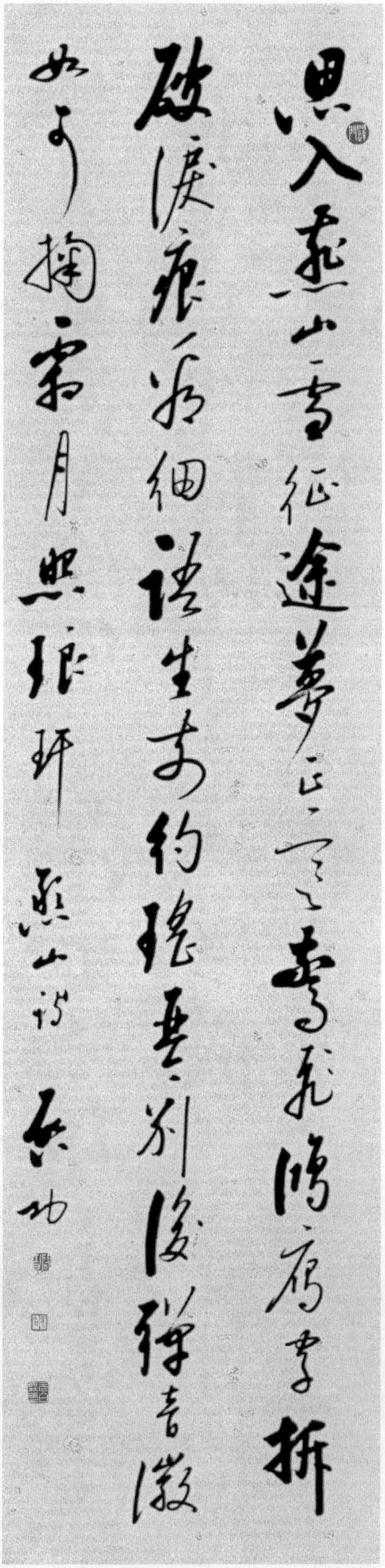

德清句——思入燕山雪

一九八二年作　水墨纸本　136cm×33.5cm　个人收藏

苏轼句——秋早川原净丽

一九八三年作　水墨纸本　136cm×33cm　个人收藏

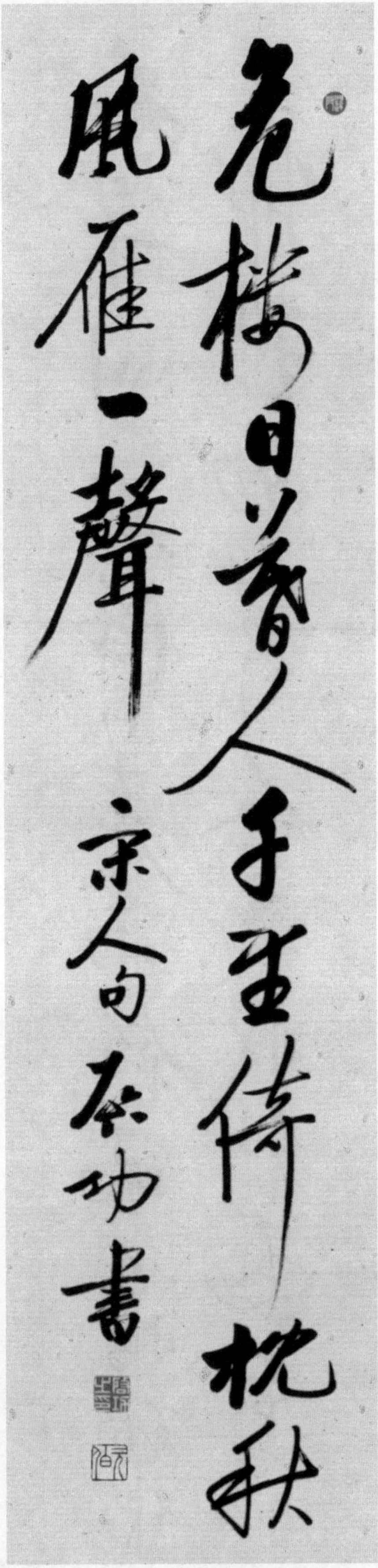
危樓日暮人千里欹枕秋
風雁一聲
宋人句 啓功書

宋人句——危楼日暮人千里

一九八三年作 水墨纸本 136cm × 32.5cm 个人收藏

我愛闌干架橫平似水流量來三四丈曲折

不勝秋我愛闌干裏流螢照案粟倚案

人不見清露上芭蕉 啟功書

何紹基句——我爱栏杆架

一九八三年作　水墨纸本　153cm×40.5cm　个人收藏

条

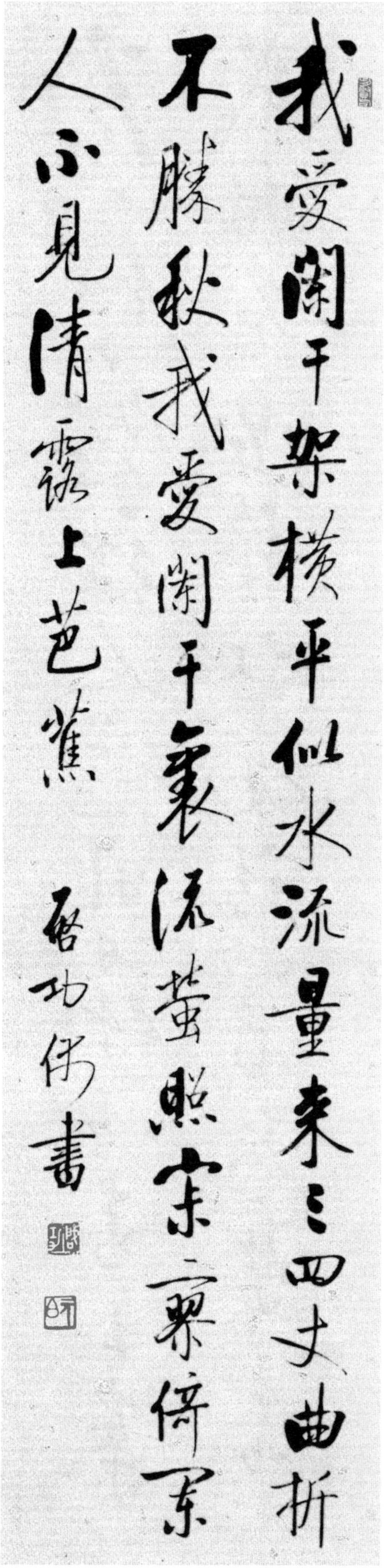

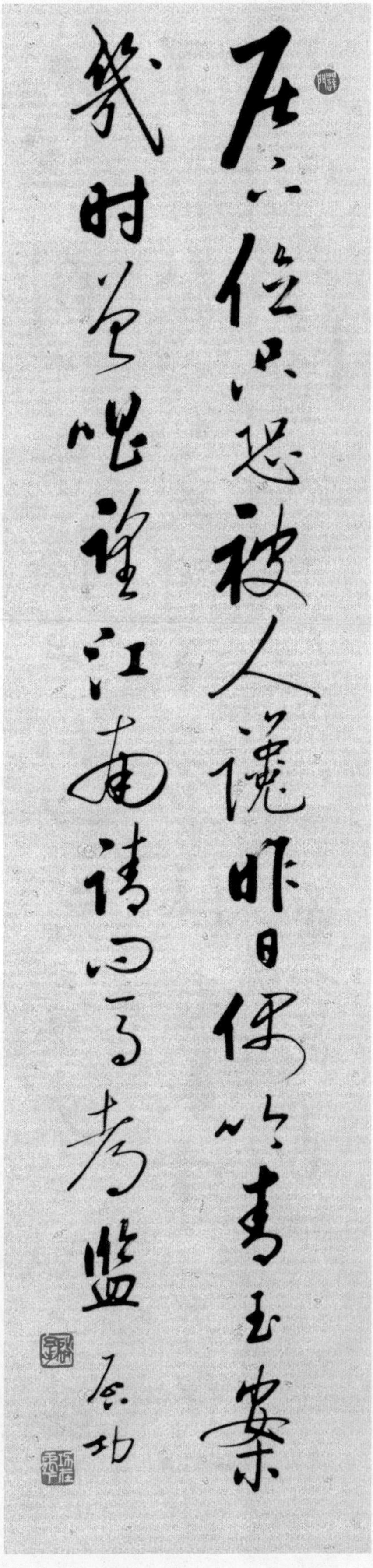

王齐叟句——居下位

一九八三年作　水墨纸本　136cm × 34cm　个人收藏

三十年前此院游，木兰花发院新修。如今再到经行处，树老无花僧白头。

启功

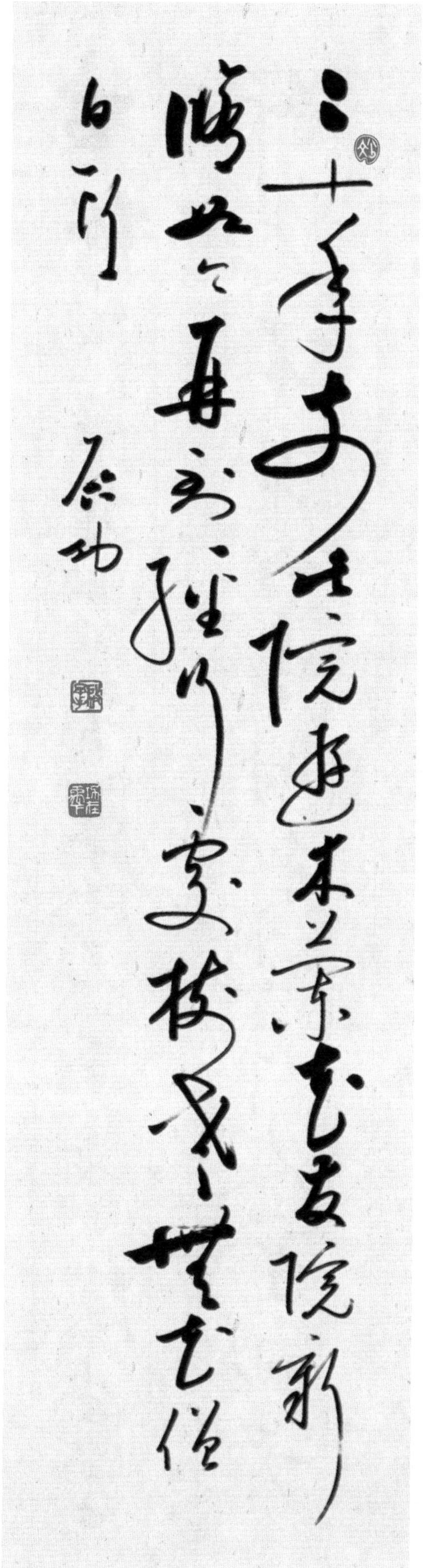

王播句——二十年前此院游

一九八三年作　水墨纸本　136cm×34cm　个人收藏

古松古松生古道枝不生■桑皮生■子

行人不見松栽时松見行人幾面老

宋僧诗也似脱实黏却不第三宗陽

元功

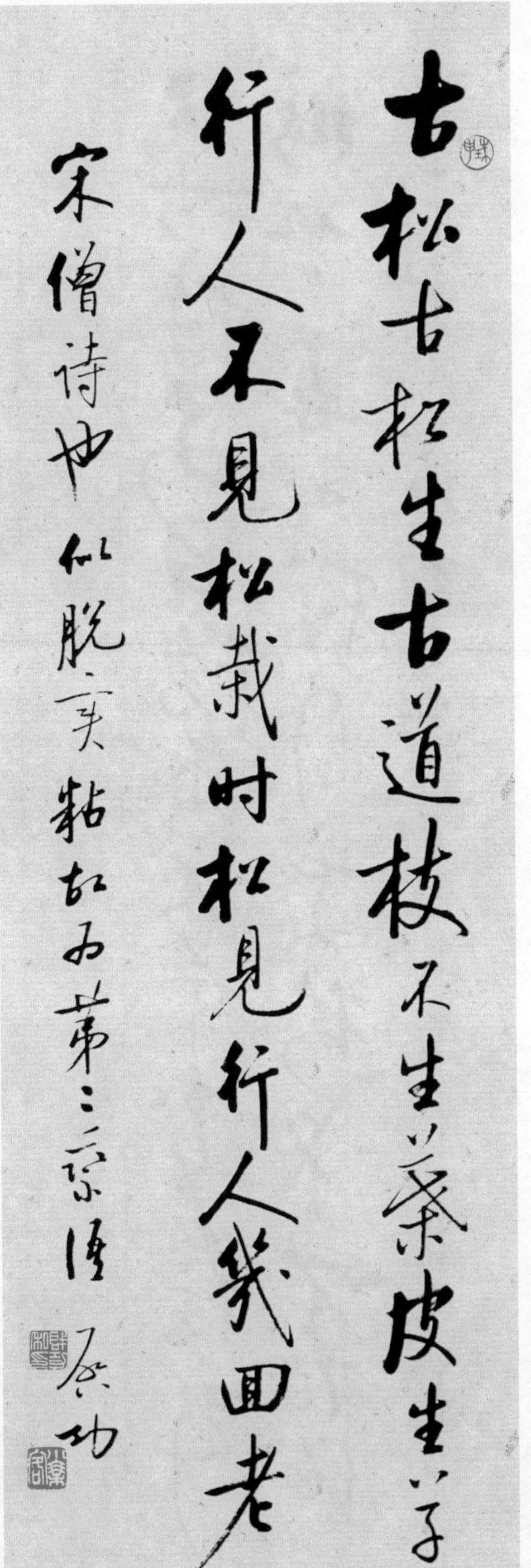

宋僧仲皎句——古松古松生古道

一九八三年作　水墨纸本　103.5cm×34cm　个人收藏

堂前燕子去而归堂上居人岂
又飞衔泥不画家先买
绿衣学连 颖明人画 启功

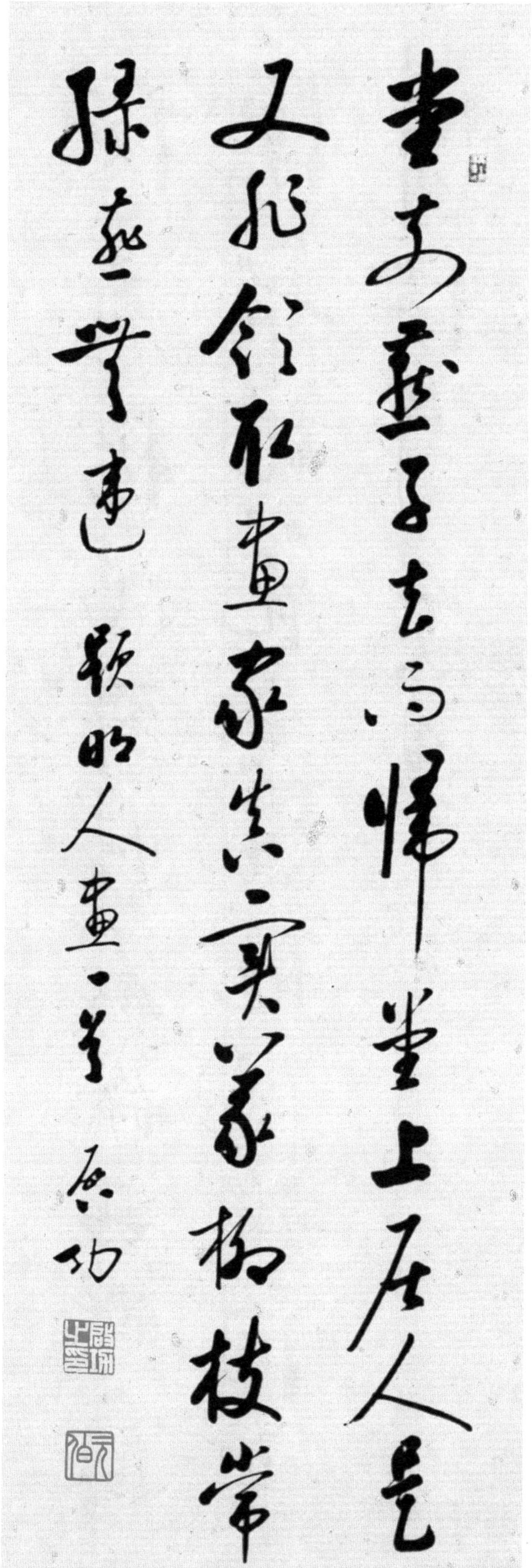

自作诗——堂前燕子去而归
一九八三年作　水墨纸本　101cm×34cm　个人收藏

隐隐飞桥隔野烟石矶西畔问渔船桃花尽日随流水洞在清溪何处边

一九八三年夏日书唐人句于浮光掠影楼 启功

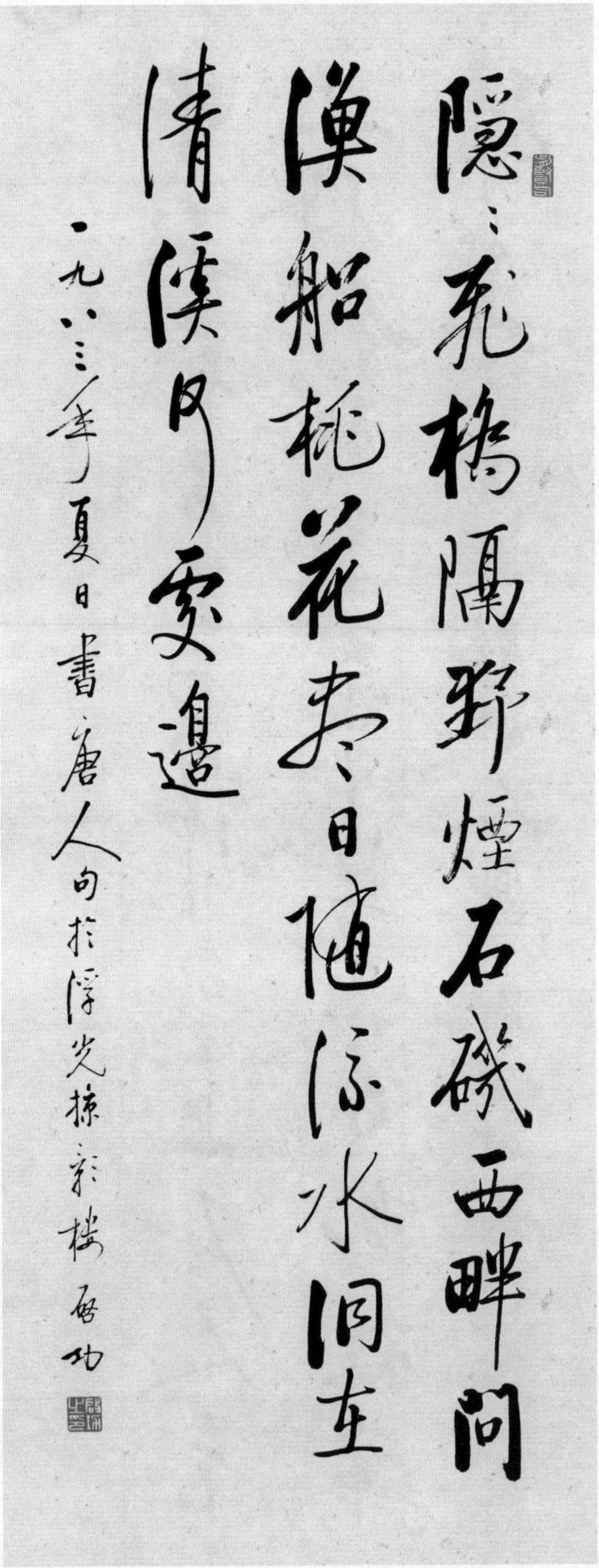

张旭句——隐隐飞桥隔野烟

一九八三年作 水墨纸本 115cm×45cm 个人收藏

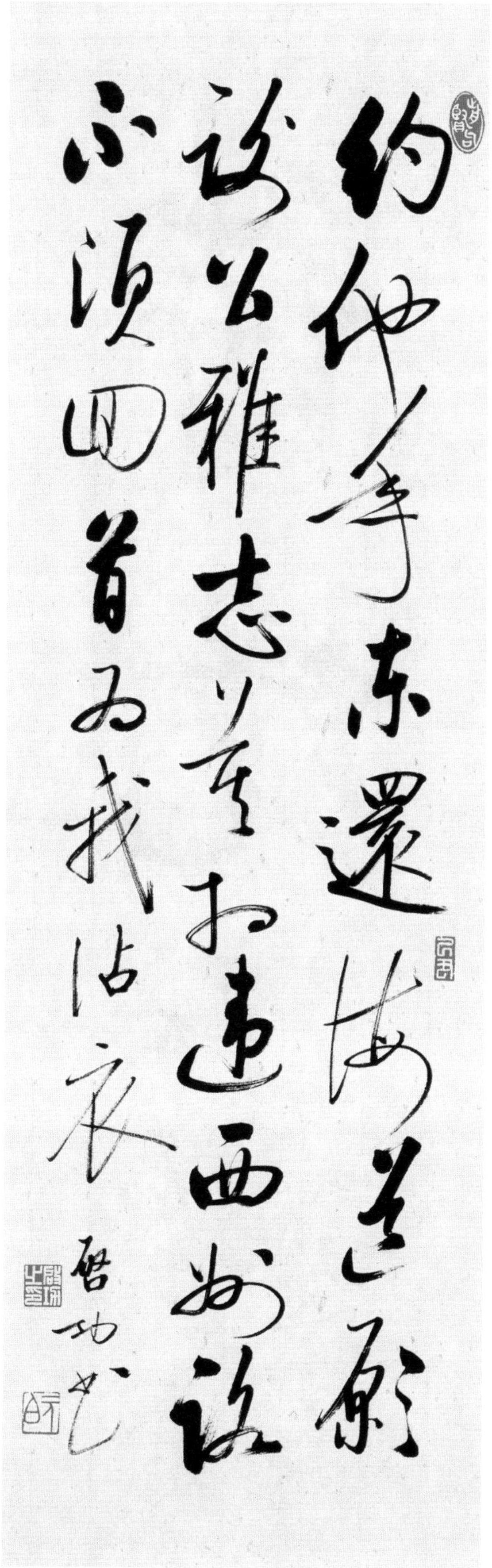

苏轼句——约他年东还海道

一九八五年作　水墨纸本　97cm×32cm　个人收藏

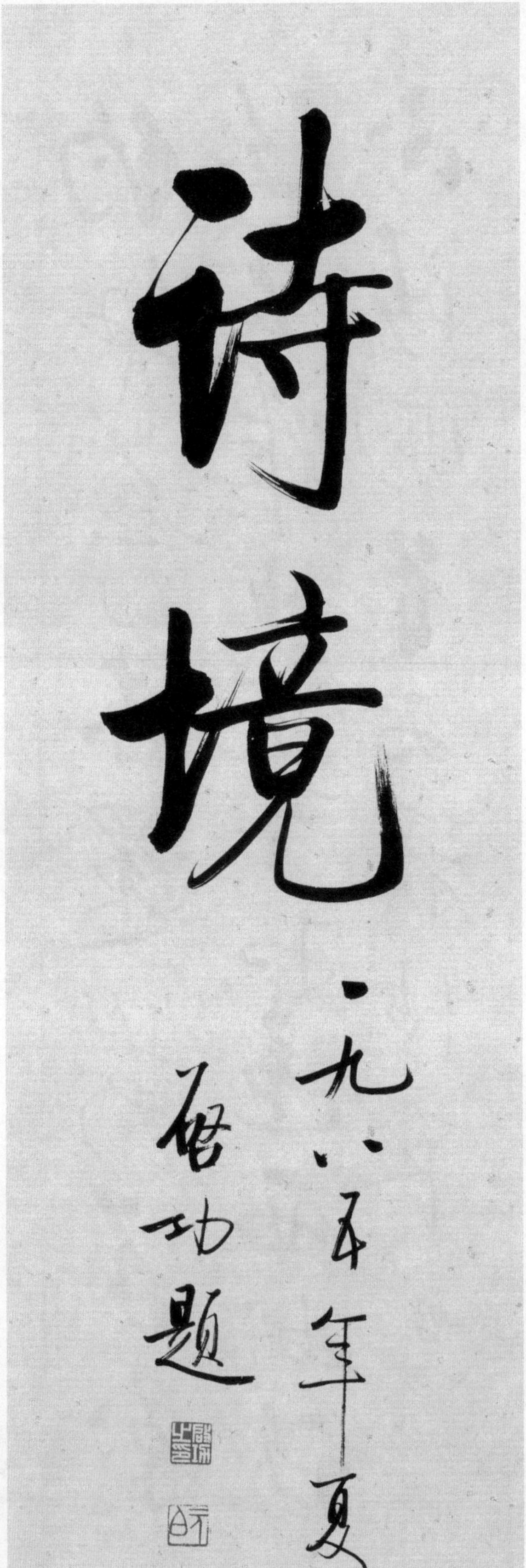

诗境

一九八五年作 水墨纸本 97cm×32cm 个人收藏

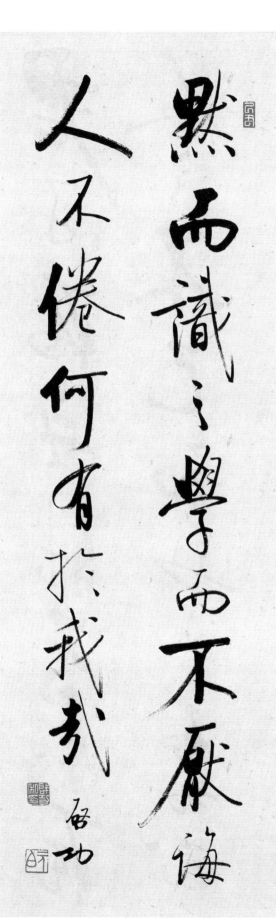

《论语》句——默而识之

一九八五年作 水墨纸本 95cm×30cm 个人收藏

条幅

《论语》句——君子病无能焉

一九八五年作　水墨纸本　94cm×32cm　个人收藏

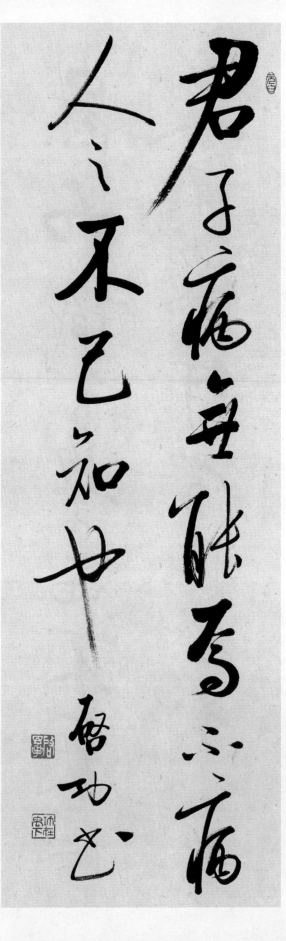

苦热念西风

恐来无时

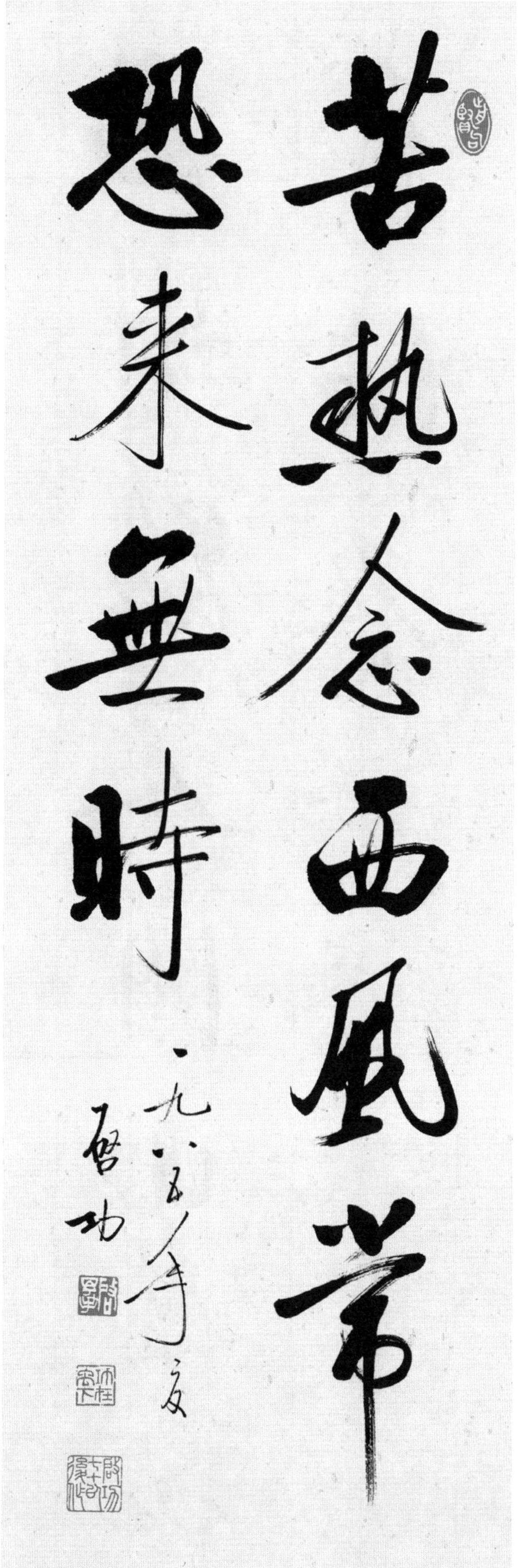

苏轼句——苦热念西风

一九八五年作　水墨纸本　94cm×32cm　个人收藏

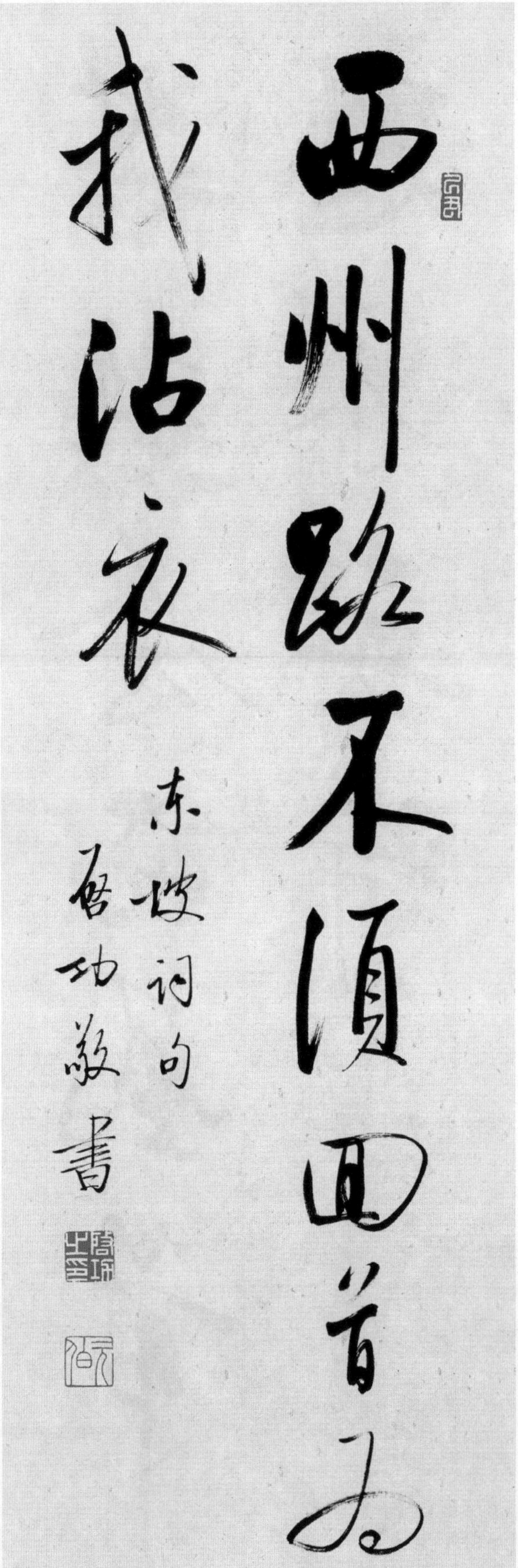

苏轼句——西州路

一九八五年作　水墨纸本　94cm×32cm　个人收藏

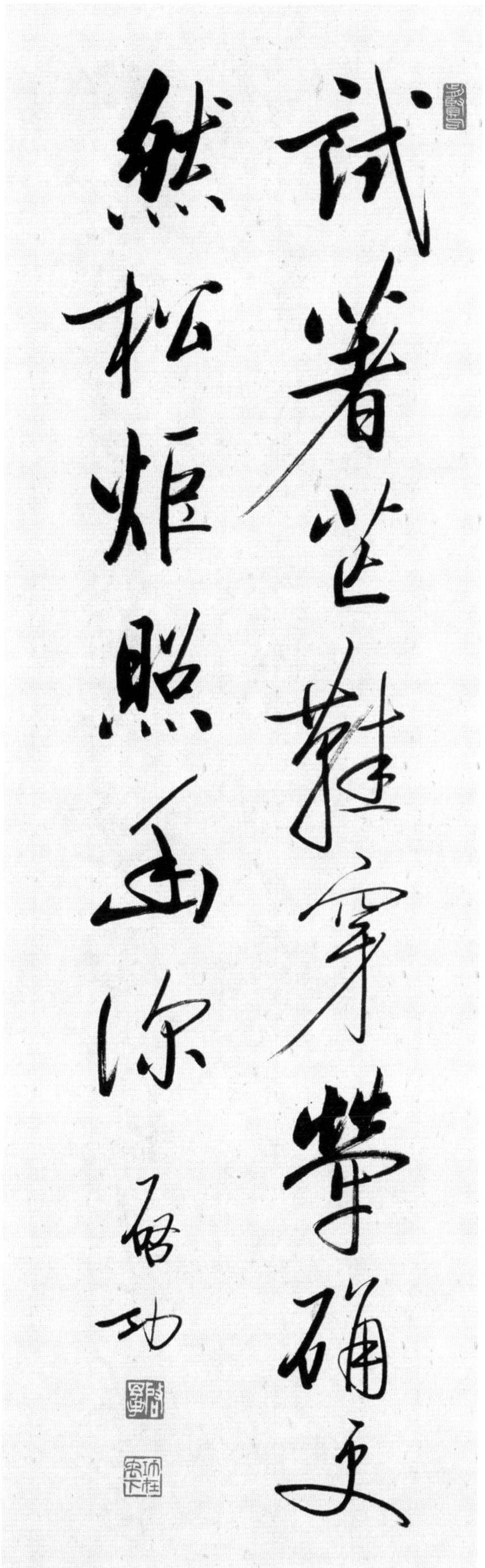

苏轼句——试著芒鞋穿荦确

一九八五年作　水墨纸本　94cm×32cm　个人收藏

竹叶青醥碧玉壶
桃花后开了
青丝䰀鬌
放翁句　元功书

陆游句——竹叶春醥碧玉壶

一九八五年作　水墨纸本　133cm×32cm　个人收藏

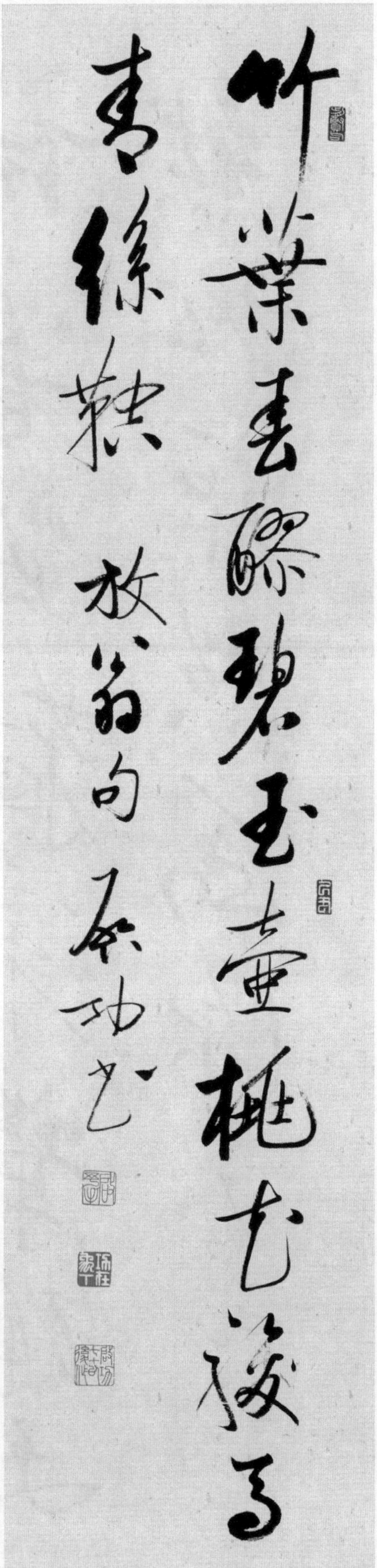

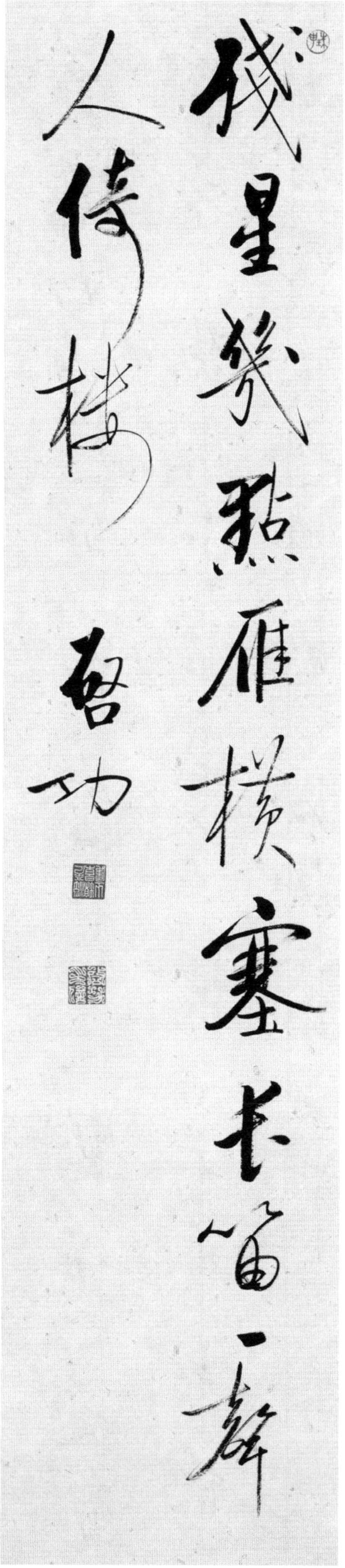

赵嘏句——残星几点雁横塞

一九八五年作　水墨纸本　133cm×32cm　个人收藏

苑墙曲曲柳冥冥林莽山青见一坡　雪香不断心绝摇曳入西陵白石道人诗不愧　敲空夏玉之称少於放翁精於放翁也　启功

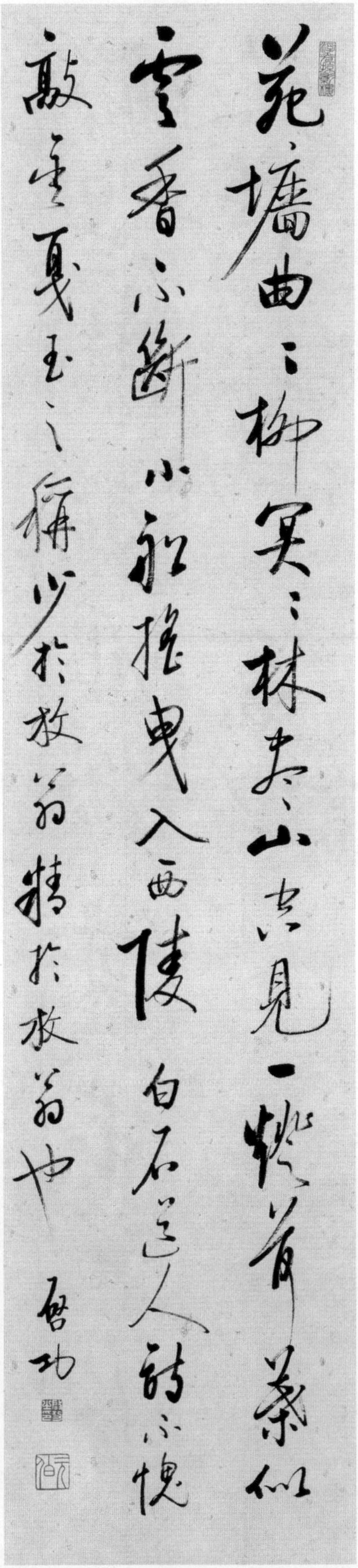

姜夔句——苑墙曲曲柳冥冥

一九八五年作　水墨纸本　133cm×32cm　个人收藏

王介甫金陵怀古词东坡亲之欲曰此老书振精世米元章又孫之出猥似杨少师此公亲心

化宰相当心搏之长辩

董祥宝渓唘功之

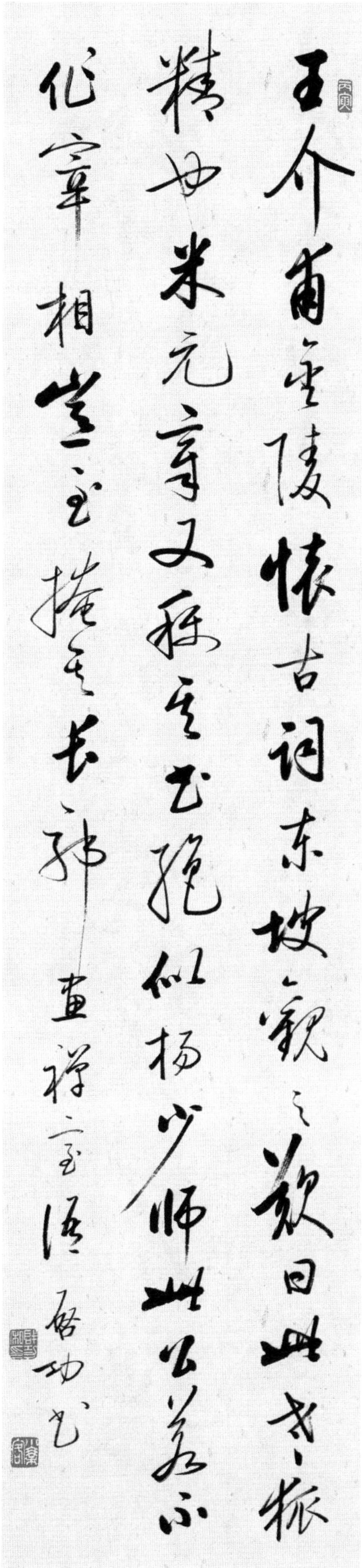

董其昌句——王介甫金陵怀古词

一九八五年作　水墨纸本　134cm×32cm　个人收藏

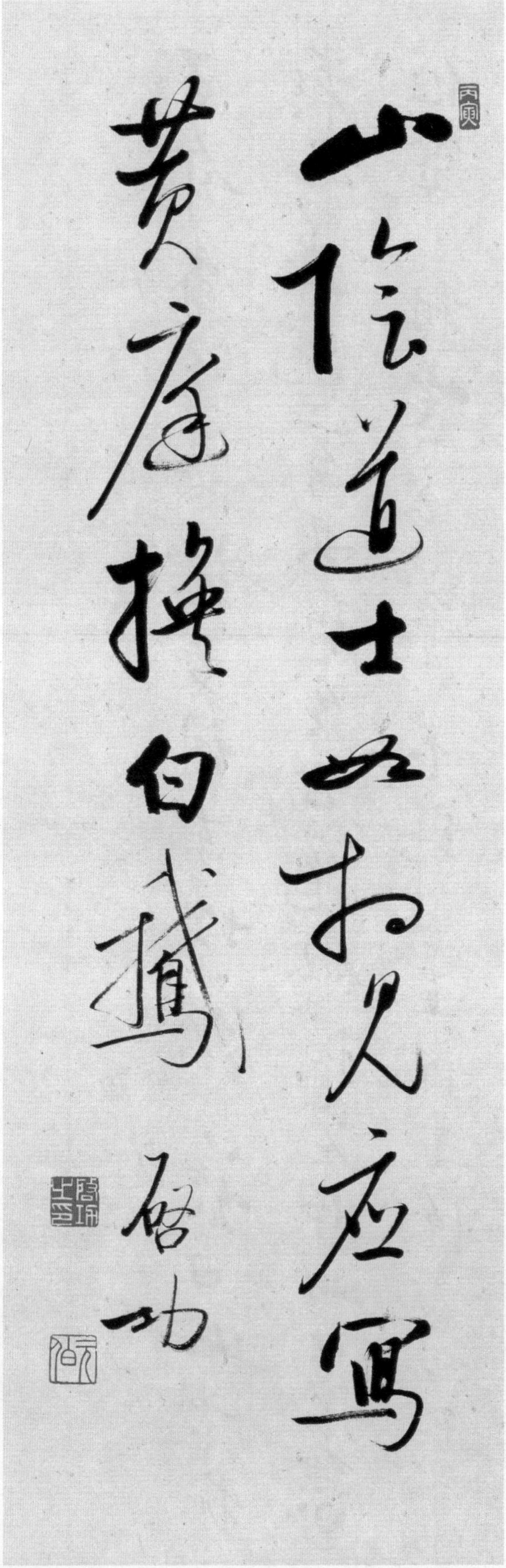
山阴道士如相见应写黄庭换白鹅
启功

李白句——山阴道士如相见

一九八六年作 水墨纸本 94cm×32cm 个人收藏

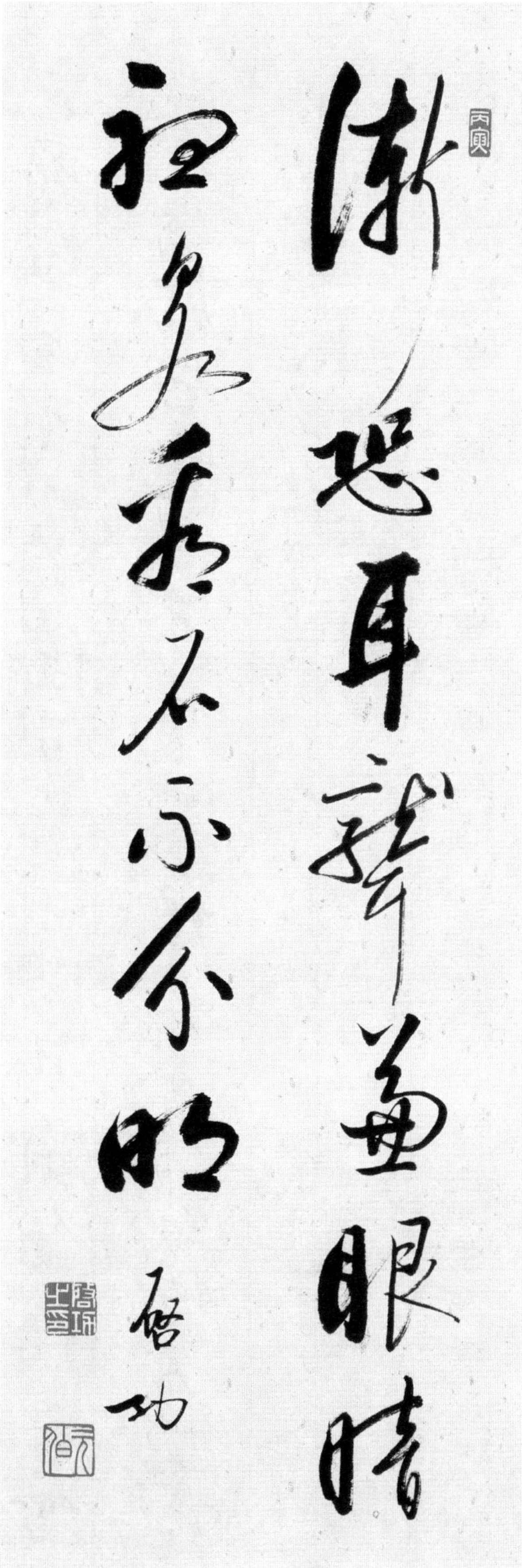

白居易句——渐恐耳聋兼眼暗

一九八六年作　水墨纸本　94cm×32cm　个人收藏

江國踰千里 山城僅百層 岸風翻細浪 石雪 凄雲燈留帶 才雄 夫銀花氣盆增圖南 未可料變化有鯤鵬 杜律 啟功

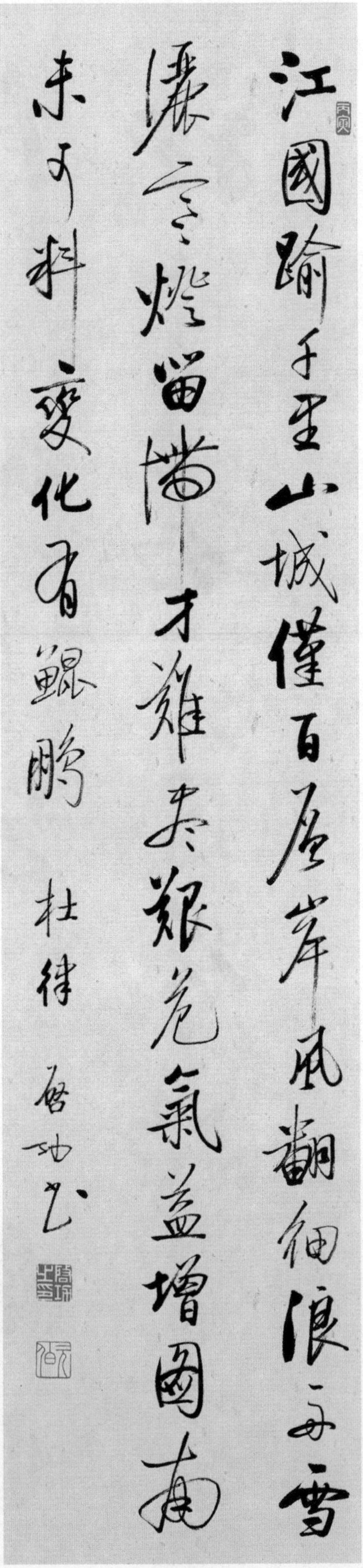

杜甫句——江国逾千里

一九八六年作　水墨纸本　134cm×32cm　个人收藏

中天悬明月，令严夜寂寥。悲笳数声动，壮士惨不骄。

杜甫句——闻道今春雁

杜律 启功书

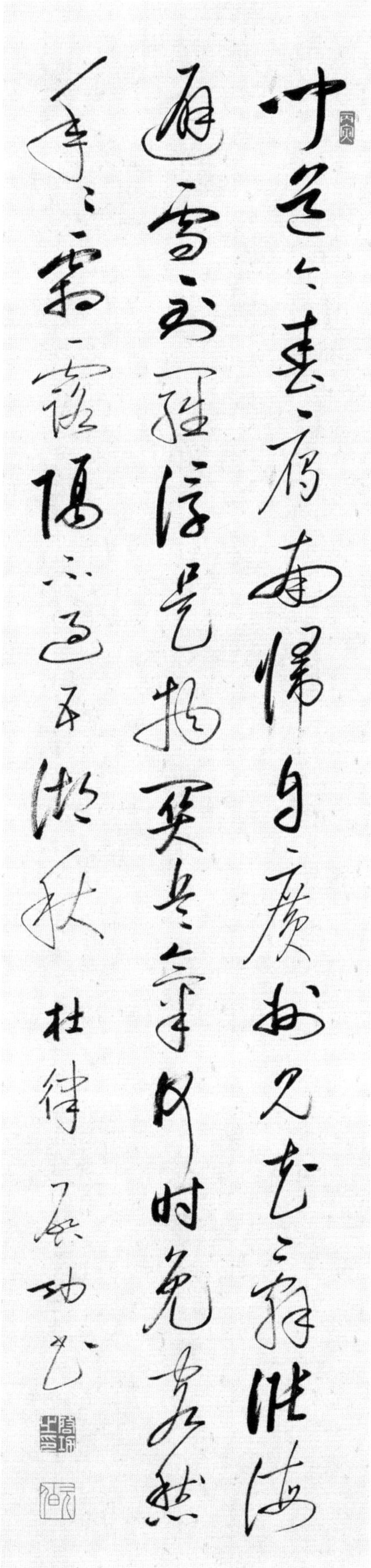

杜甫句——闻道今春雁
一九八六年作　水墨纸本　134cm×32cm　个人收藏

臣闻髍我至颖难疾带应感以至方难微

必顺竞以高髓漂山不与盈尺之云谷风悫

源必降称天之润　陆士衡演连珠之一　启功

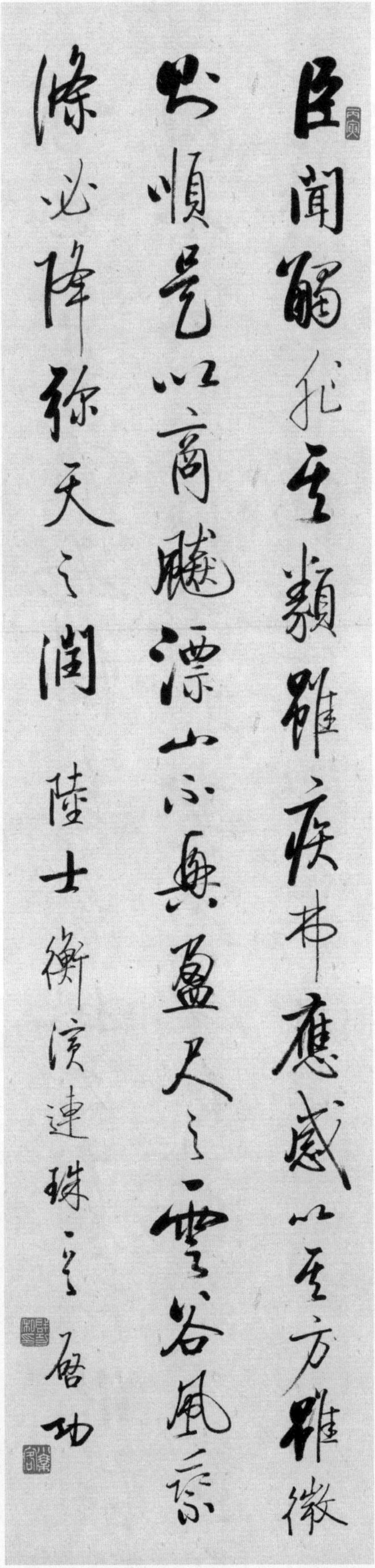

陆士衡句——臣闻触非其类

一九八六年作　水墨纸本　134cm×32cm　个人收藏

卓立群峰外

尔徂近高天白膀千家邑清秋万估弘词

人取佳句刻竟谁传 杜律启功

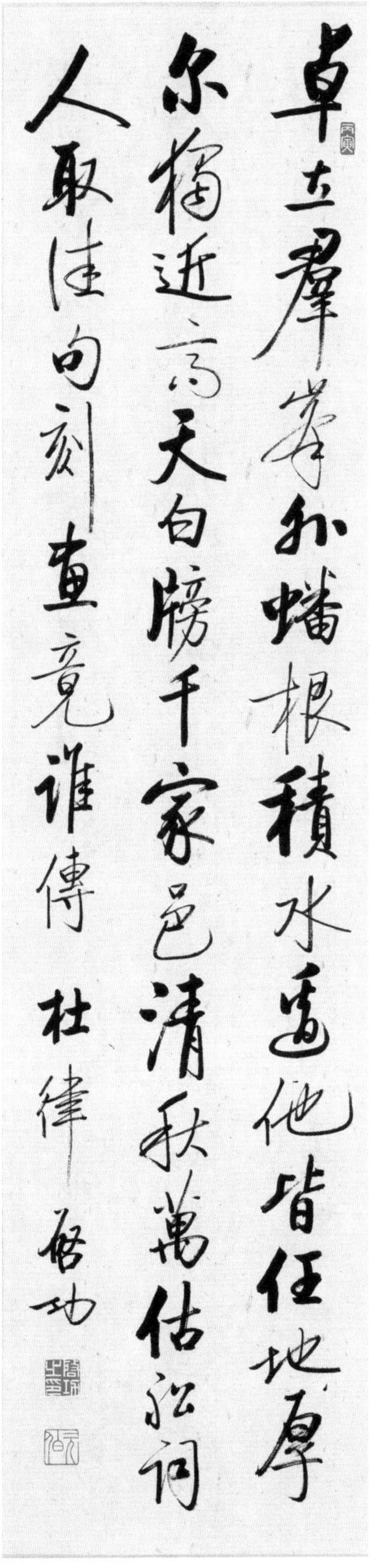

杜甫句——卓立群峰外

一九八六年作　水墨纸本　134cm×32cm　个人收藏

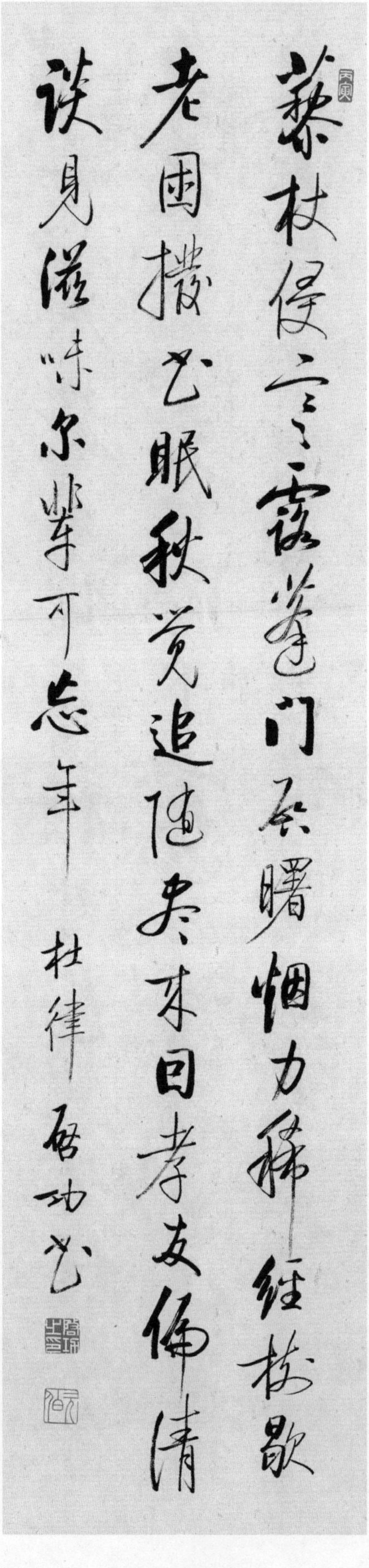

杜甫句——藜杖侵寒露

一九八六年作 水墨纸本 134cm×32cm 个人收藏

臣聞郁烈之芳出於委灰芬香之音生於猞絃是以貞女要名於沒世烈士赴節於當年

陸平原演連珠一首 啟功

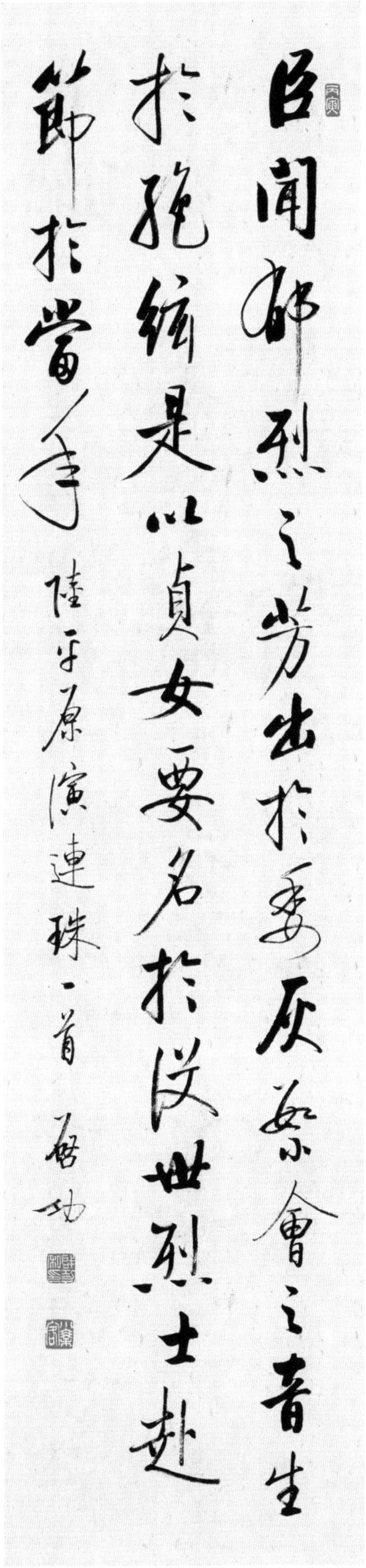

陆士衡句——臣闻郁烈之芳

一九八六年作 水墨纸本 134cm×32cm 个人收藏

臣闻通变者用约而利博明其要者罕遂

而应穷是以天地之赜诔於六位万殊之曲

窮於不纶　陆士衡演连珠一章　启功

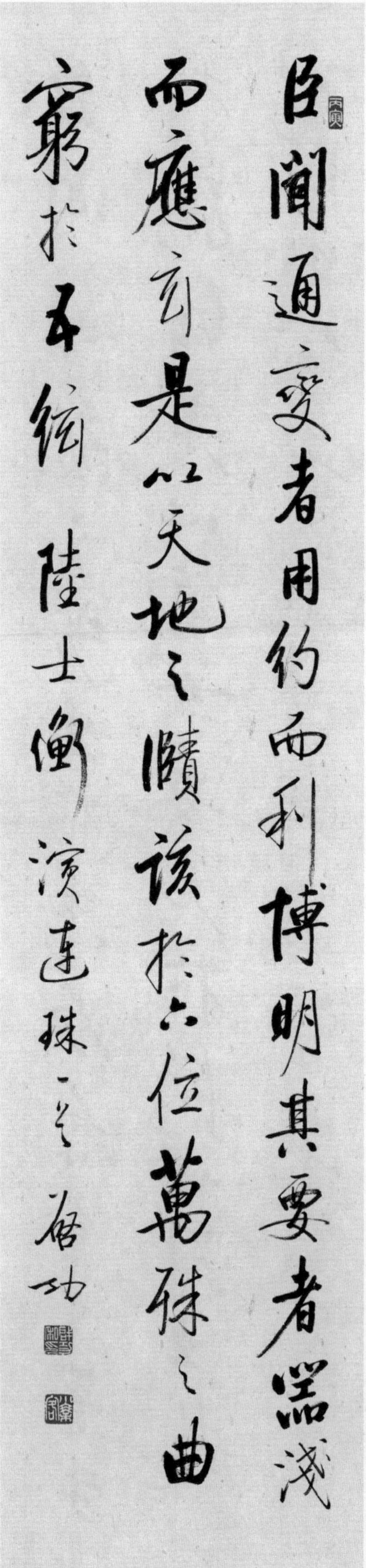

陆士衡句——臣闻通变者

一九八六年作　水墨纸本　134cm×32cm　个人收藏

酒力欺寒浅心清睡較遅梅

龍孥雪彩和月度疎籬

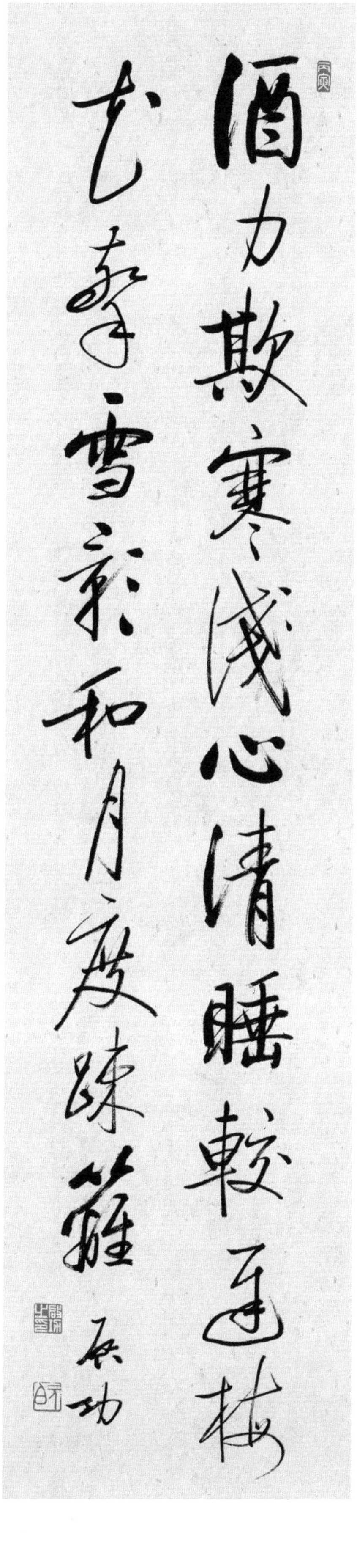

赵葵句——酒力欺寒浅

一九八六年作　水墨纸本　134cm×32cm　个人收藏

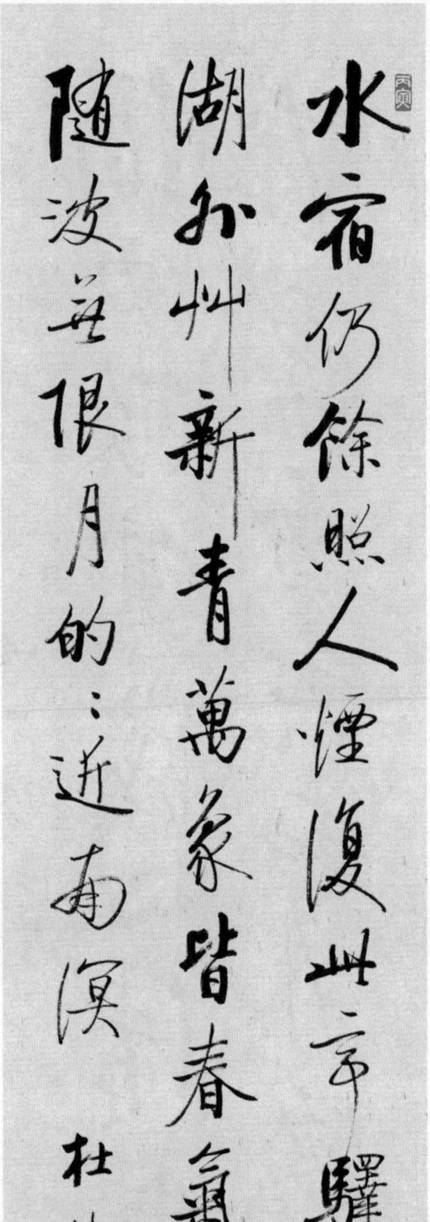
水宿仍餘照人煙復此亭驛邊沙舊白
湖外草新青萬象皆春氣孤槎自客星
隨波無限月的的近南溟
杜律 啟功

杜甫句——水宿仍馀照

一九八六年作 水墨纸本 134cm×32cm 个人收藏

曼倩不来花落尽
云月当楼

启功

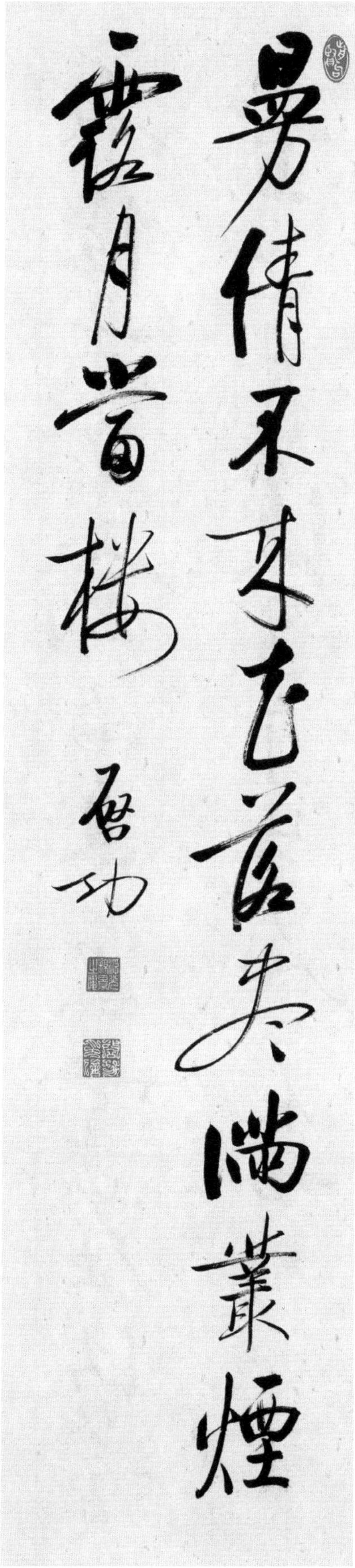

温庭筠句——曼倩不来花落尽

一九八六年作　水墨纸本　134cm×32cm　个人收藏

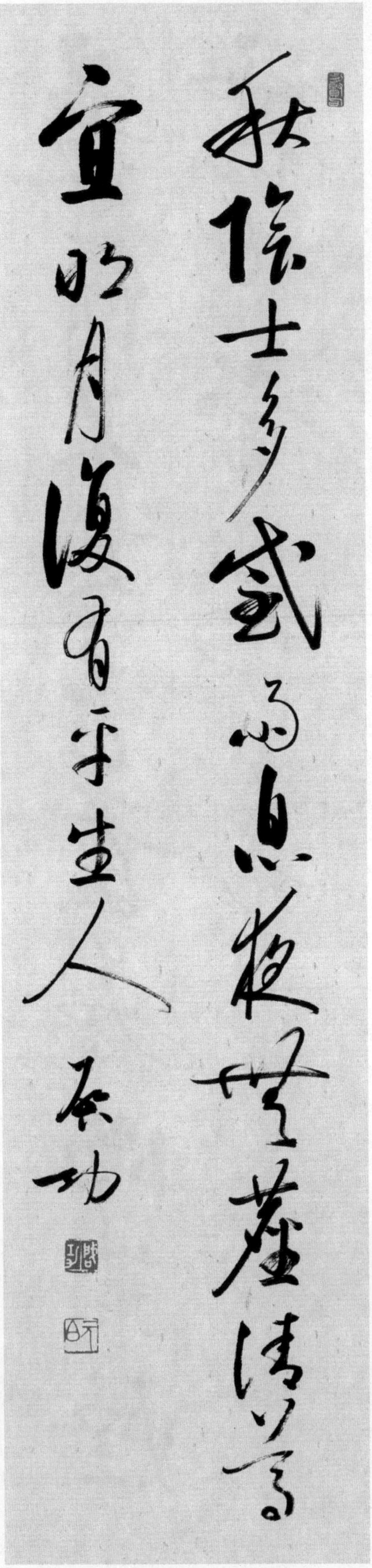

张说句——秋阴士多感

一九八六年作　水墨纸本　134cm×32cm　个人收藏

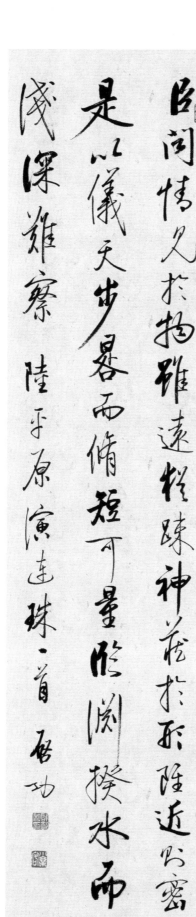

臣聞情見於物難遠精疎神�019於近以密是以儀天步暴而脩短可量臨淵撥水而淺深難察

陸平原演連珠一首 啓功

陆士衡句——臣闻情见于物

一九八六年作　水墨纸本　134cm×32cm　个人收藏

条　幅

至和无攫醒　至平无捣抑不忘微妙　究竟陷口　出者我不堪气洗我不　愁心此心知有在尚复此微吟　启功

苏轼句——至和无攫醒

一九八六年作　水墨纸本　134cm×32cm　个人收藏

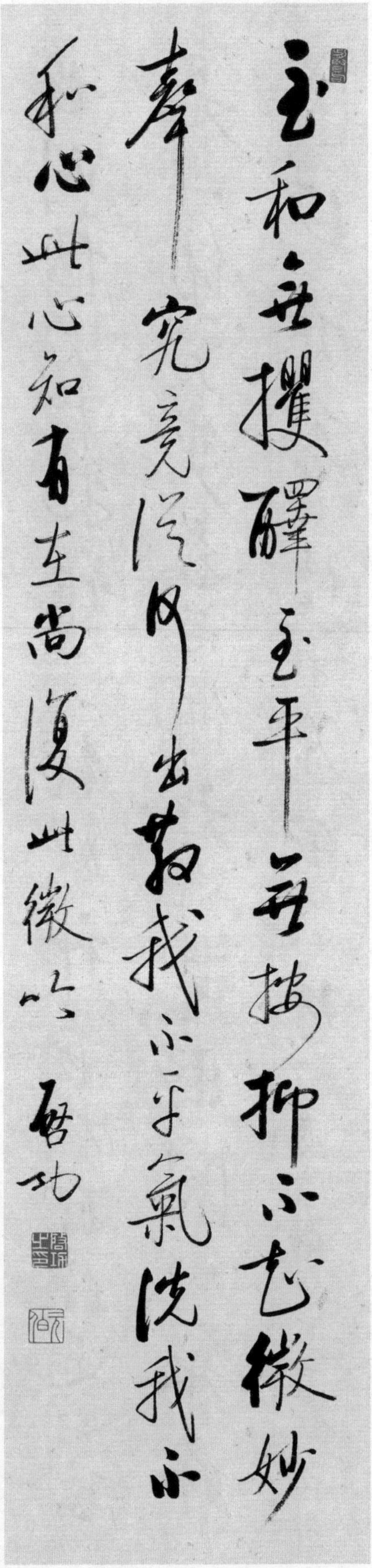

中人以上可以語上也中人以下不可以語上也

啟功

《论语》句——中人以上

一九八六年作　水墨纸本　134cm×32cm　个人收藏

条幅

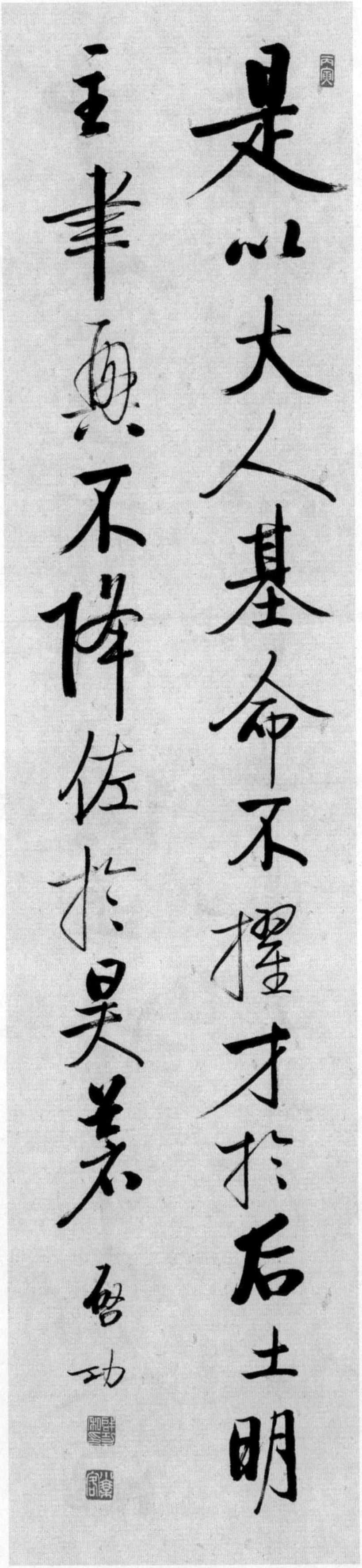
是以大人基命不擢才於后土明
主垂拱不降佐於昊蒼
啓功

陆士衡句——是以大人基命

一九八六年作 水墨纸本 134cm×32cm 个人收藏

山谷论子瞻自谓于载人观画与李伯时之囿读公赏会翰墨自谓萧富贵而厚于艺轻生死而重于画所云古艺一样也

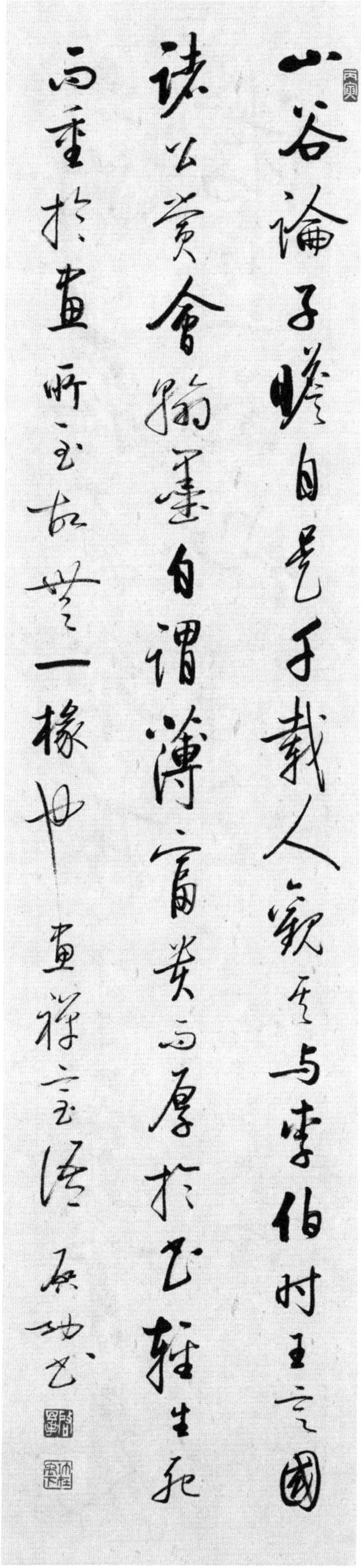

董其昌句——山谷论子瞻

一九八六年作　水墨纸本　134cm×32cm　个人收藏

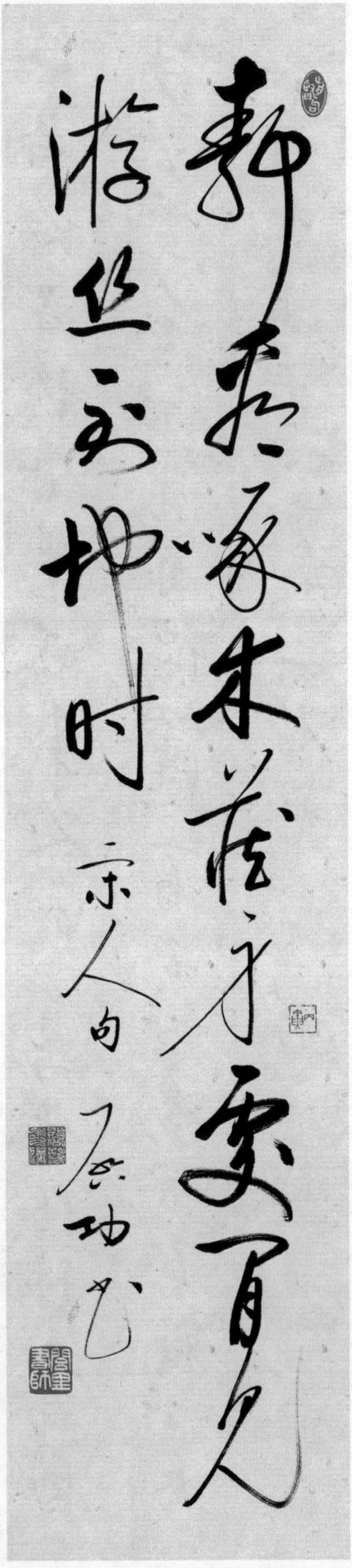

晏殊句——静看啄木藏身处

一九八六年作 水墨纸本 134cm×32cm 个人收藏

（草书作品）

陆平原宾连珠一章 启功

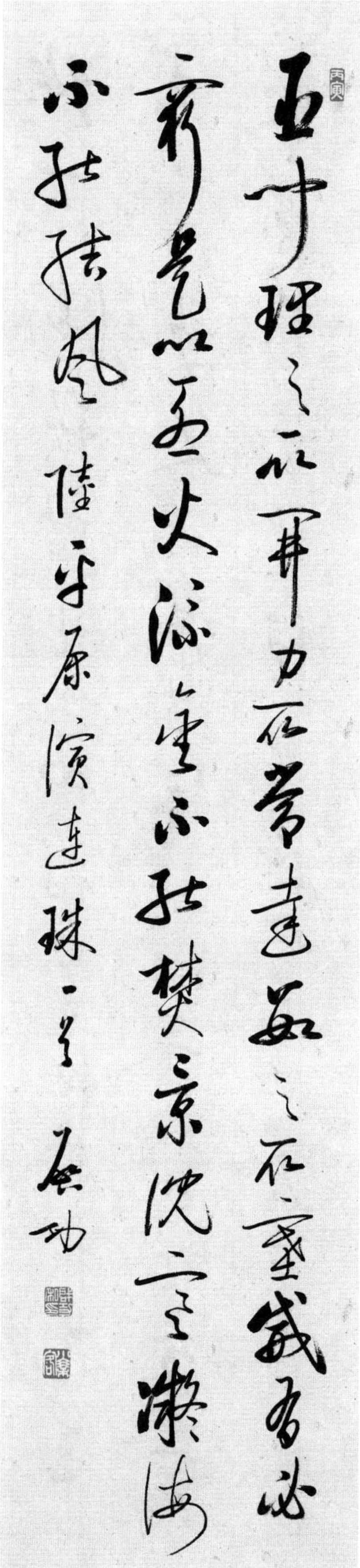

陆士衡句——臣闻理之所开

一九八六年作 水墨纸本 134cm×32cm 个人收藏

张东海颇矜诗重一西兆自日把於我南去书小泷啖人东涛在当时以素为一重压尤岂怪素川艺尤住画许一宝涛东功艺

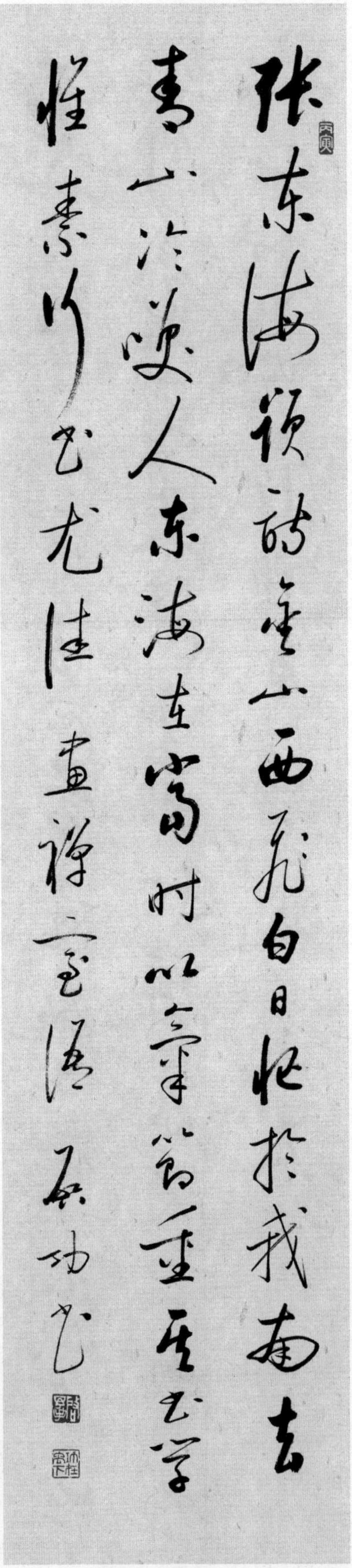

董其昌句——张东海题诗金山

一九八六年作　水墨纸本　134cm×32cm　个人收藏

陸魯望詩云丈夫非無淚不灑別離間
細對尊酒耻為遊子顏蓬茨反覆遍之賦如子
雲之反騷惜江左此一轉
董禪室語 啟功書

董其昌句——陆鲁望诗云
一九八六年作　水墨纸本　134cm×32cm　个人收藏
条

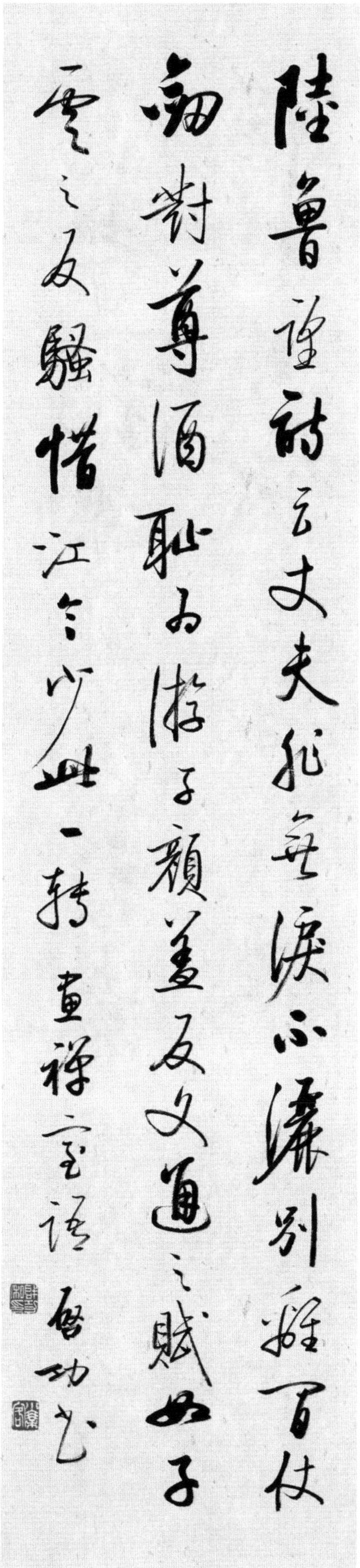

万邦凯乐非悦钟鼓之娱天下
怀仁非感玉帛之惠　启功

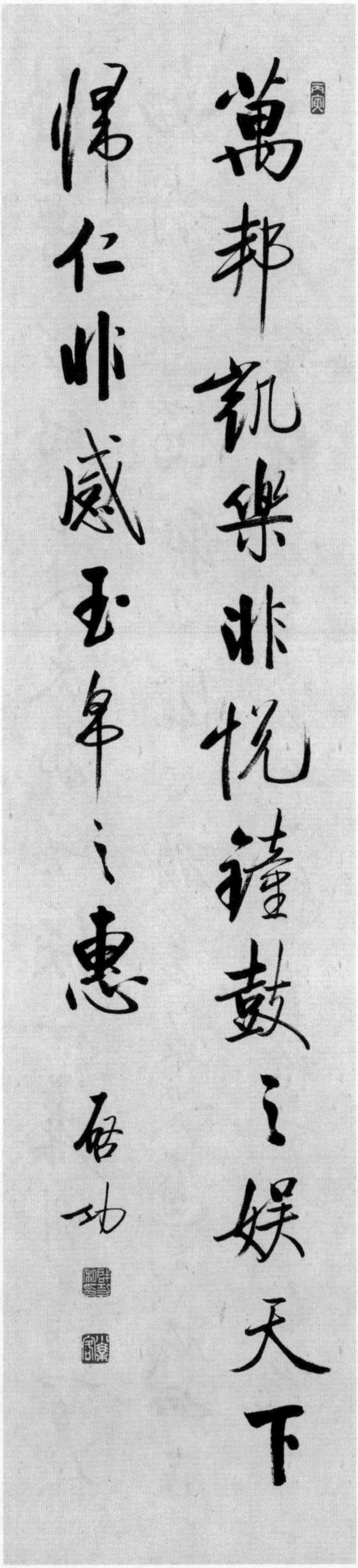

陆士衡句——万邦凯乐

一九八六年作　水墨纸本　134cm×32cm　个人收藏

暗于治者唱繁而和寡審乎
揣者力约而功峻 陆士衡语 启功

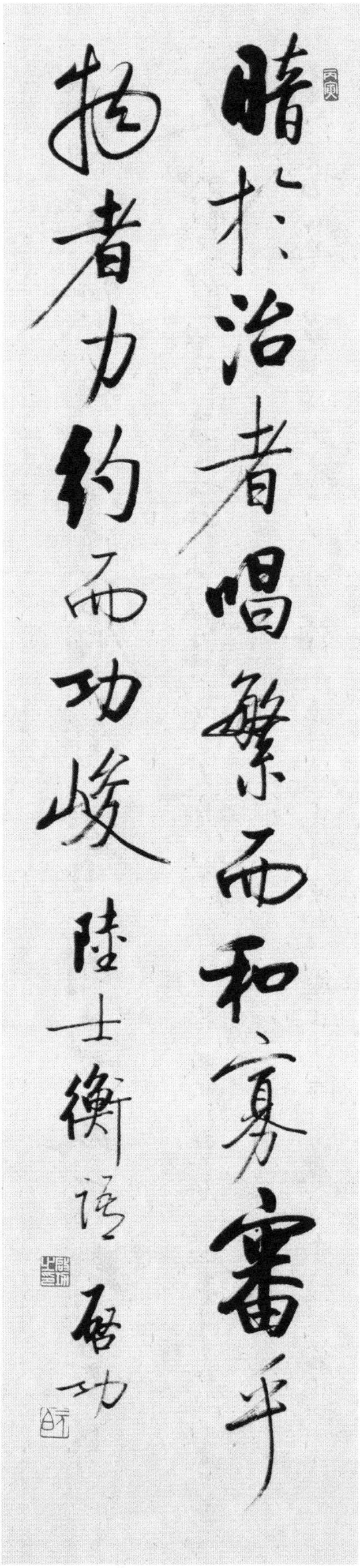

陆士衡句——暗于治者

一九八六年作 水墨纸本 134cm×32cm 个人收藏

旧迹依稀署廊廊 昏涛无改为轩昂 人犹记吴王事 莫说今犹草最芳 寻题生 阁古迹一首一九八六年作翠青径飞 净居晨京启功

自作诗——旧迹依稀响屦廊

一九八六年作　水墨纸本　139cm×34cm　个人收藏

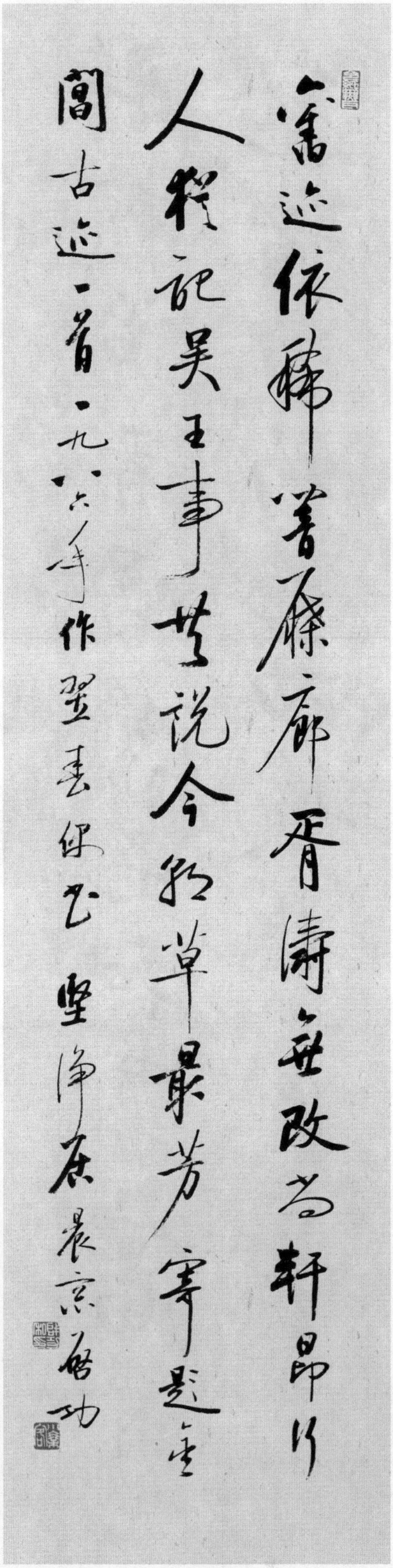

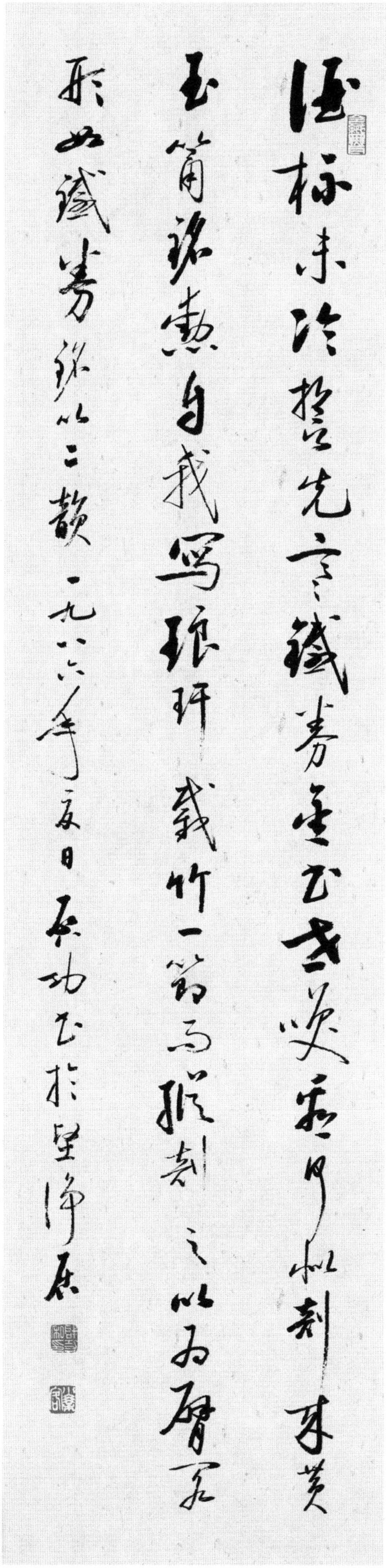

自作诗——酒杯未冷誓先寒

一九八六年作　水墨纸本　139cm×34cm　个人收藏

秋分菊本自锄山手傅枯藤作矮柴似紫茸芪其用力程芪程将一季

东坡此宋人诗中刊布之难指刻手只见稿费手 启功

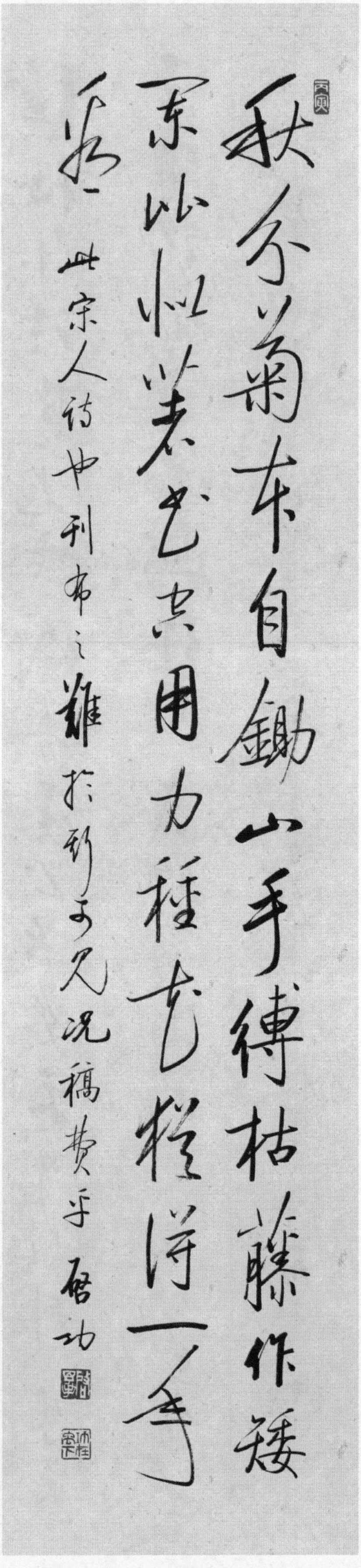

高翥句——秋分菊本自锄山

一九八六年作 水墨纸本 125cm×30cm 个人收藏

鹤放随游废梅开伴苦吟

孤高林处士毕竟有牵心

临西湖孤山偶拈 启功

自作诗——鹤放随游展

一九八七年作 水墨纸本 94cm×32cm 个人收藏

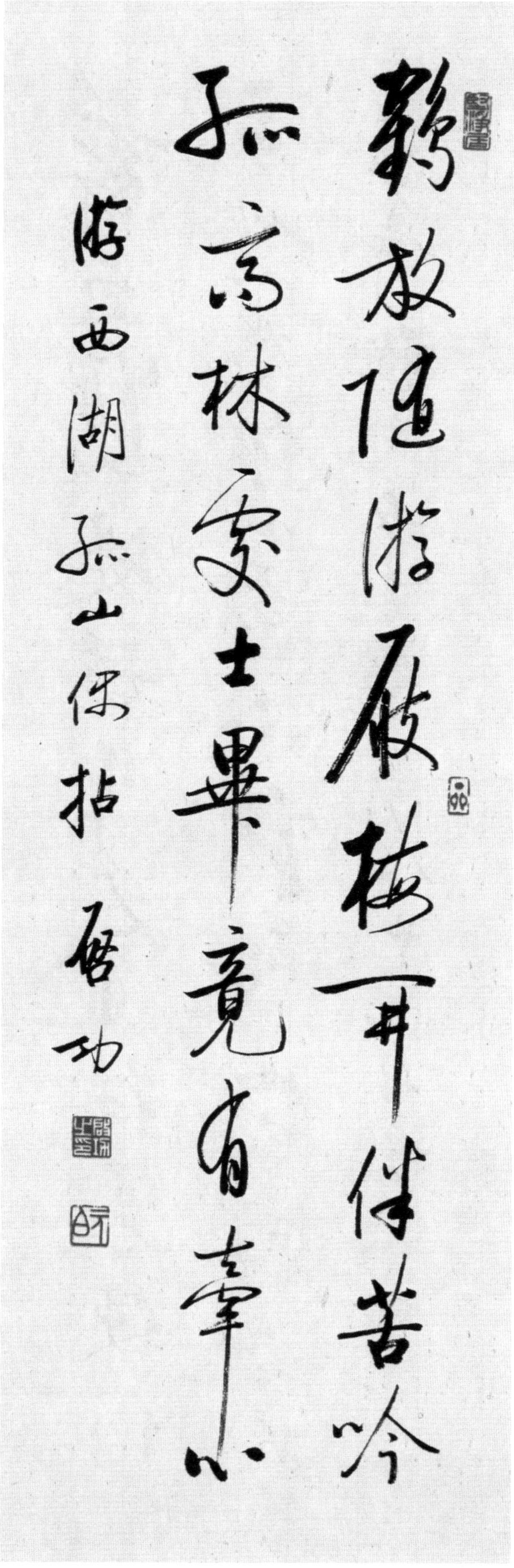

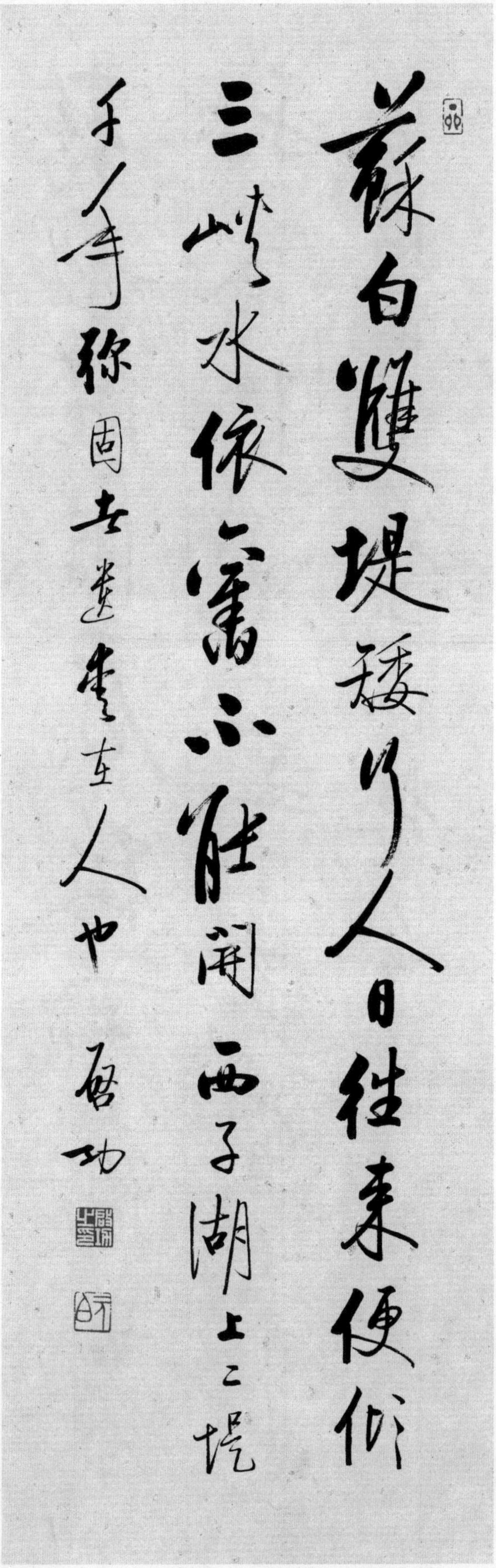

自作诗——苏白双堤矮

一九八七年作 水墨纸本 98cm×32cm 个人收藏

渡口和帆落城邊帶甲收

好四戊陵空宿江上侍危樓

一九八七年夏日光唐句 启功

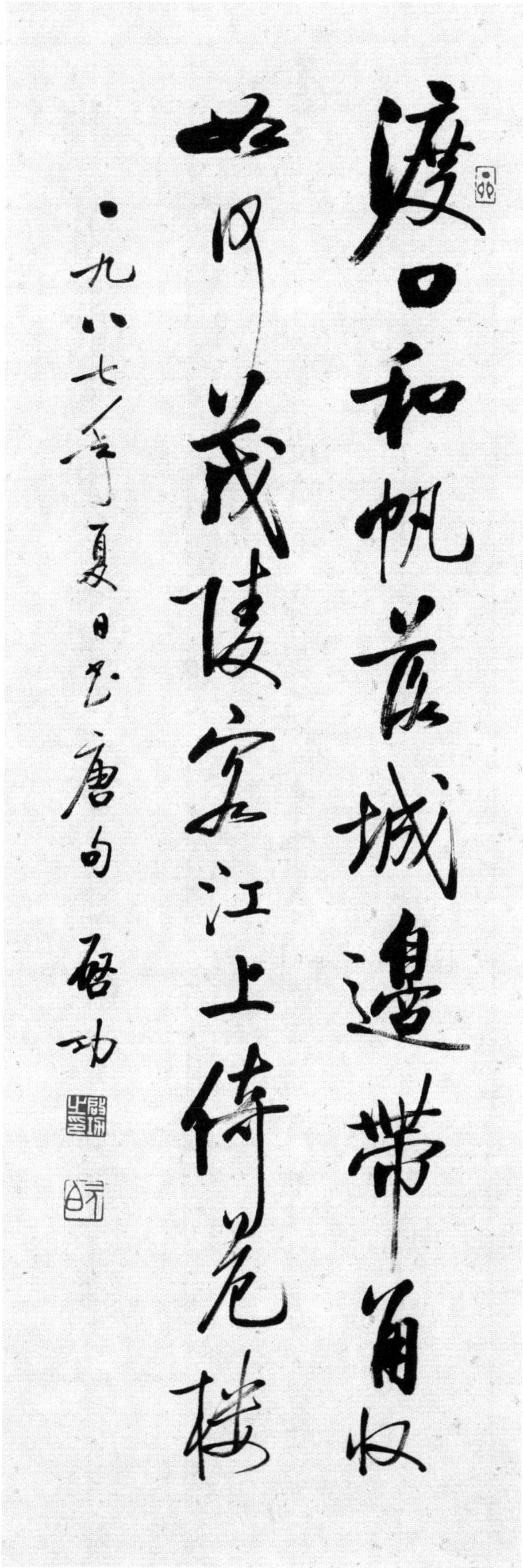

陆龟蒙句——渡口和帆落

一九八七年作　水墨纸本　100cm×34cm　个人收藏

石介作三豪诗云男儿
豪於诗永叔豪於
寂师雄豪於影永林二赠
师雄杜默三影少见
有云学术中戞龍文子门前大器　启功

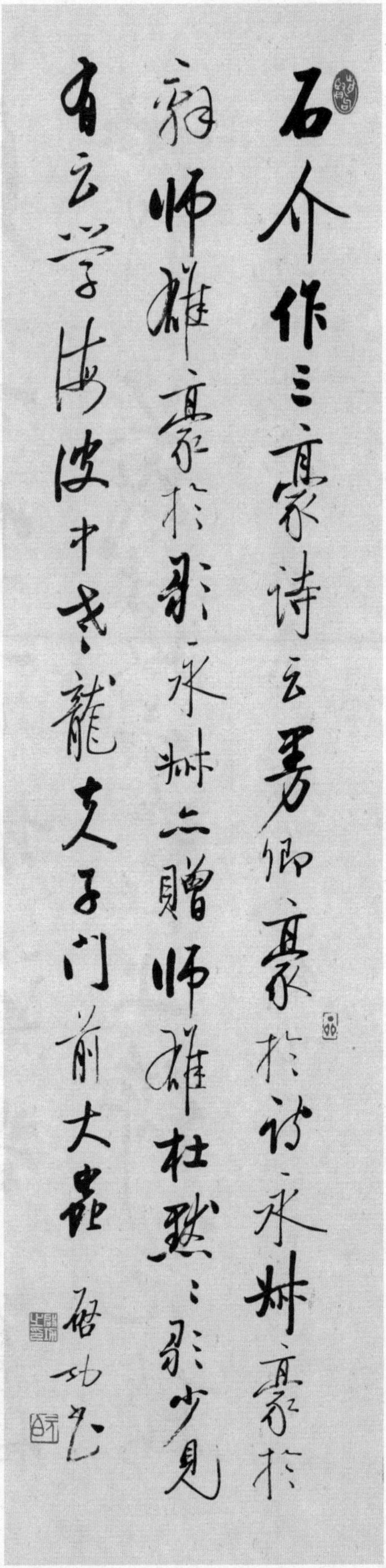

苏轼句——石介作三豪诗云

一九八七年作　水墨纸本　134cm×33cm　个人收藏

百花齐放值明时　事业犹如竞发枝
府垂饶稼锦绣锦绣绸缪更攀新　艳两三枝四川
渡口攀枝花工业区微颂　一九八七年春正萧心启功

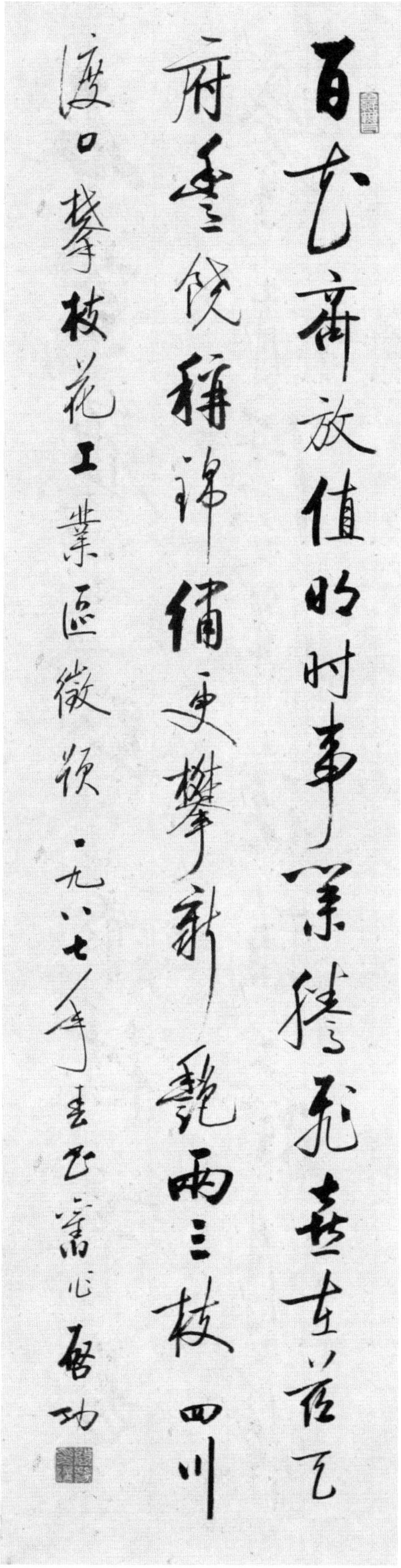

自作诗——百花齐放值明时
一九八七年作　水墨纸本　139cm×34cm　个人收藏

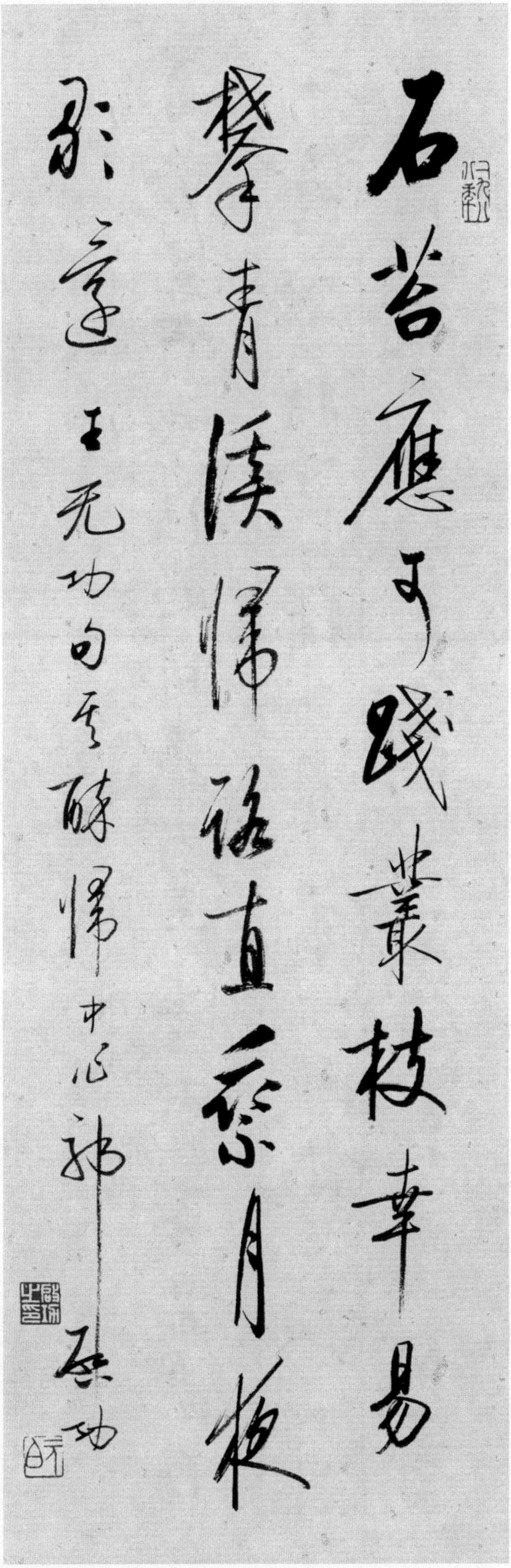
石苔应可践
丛枝幸易攀
青溪归路直
乘月夜歌还
王无功句
启功

王绩句——石苔应可践

一九八八年作 水墨纸本 94cm×32cm 个人收藏

腹中書籍幽時曬　肘後醫方靜處栽

杜句　功書

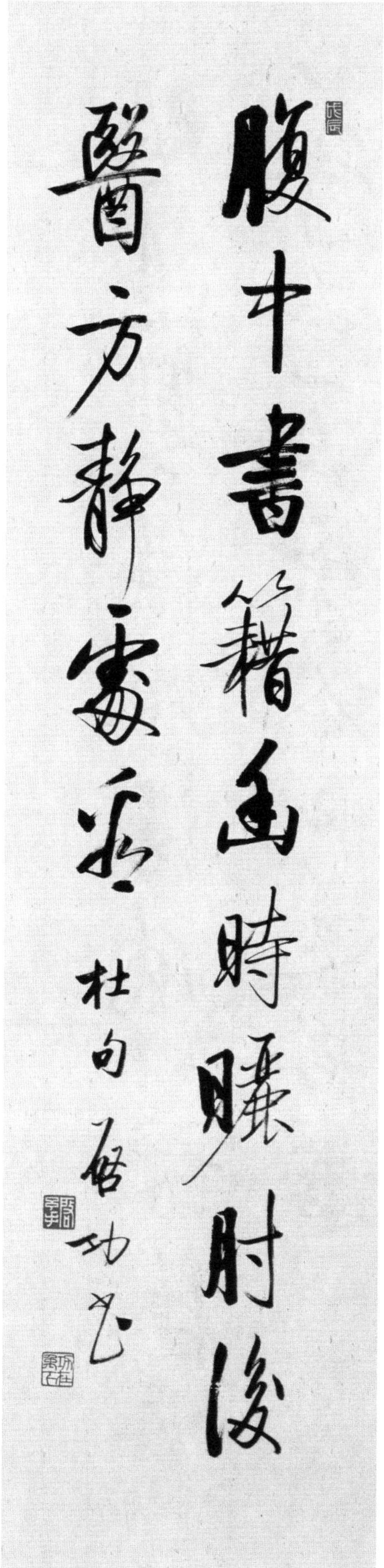

杜甫句——腹中书籍幽时晒

一九八八年作　水墨纸本　128cm×32cm　个人收藏

明月雙溪水清風小詠樓沙

手不在變今日送君遊

唐人句 一九八八年夏日 啓功

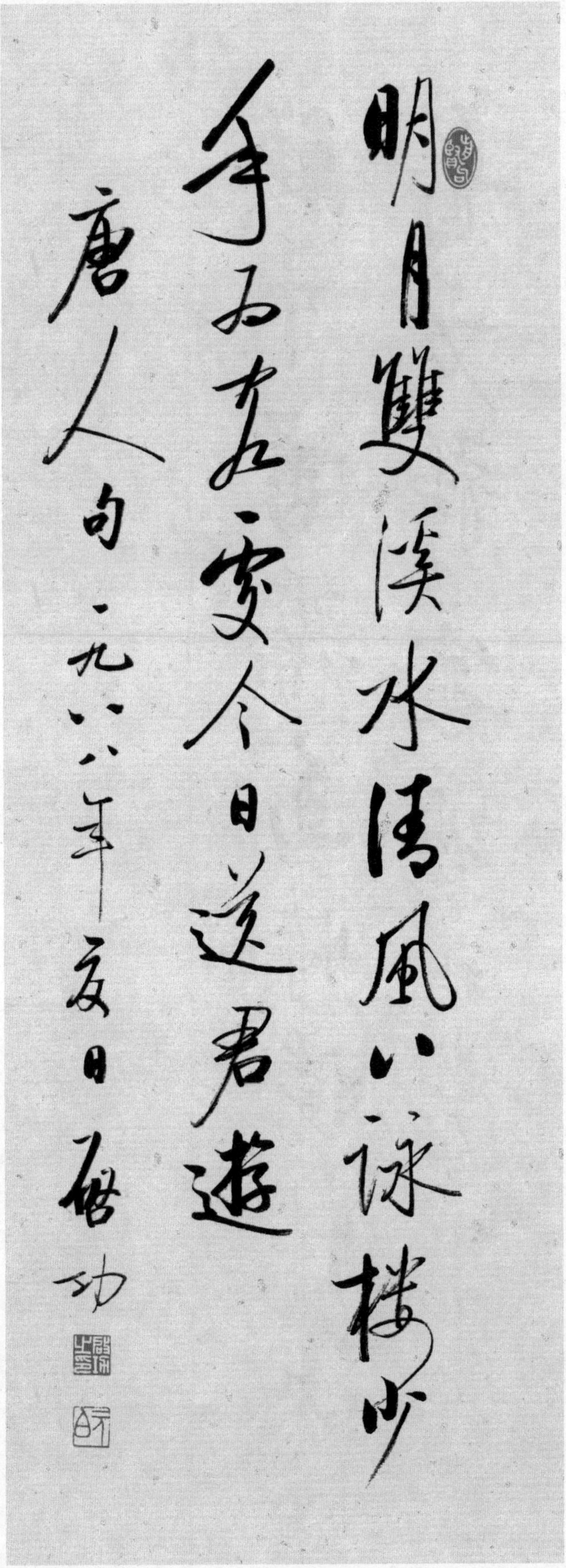

严维句——明月双溪水

一九八八年作　水墨纸本　102cm×30cm　个人收藏

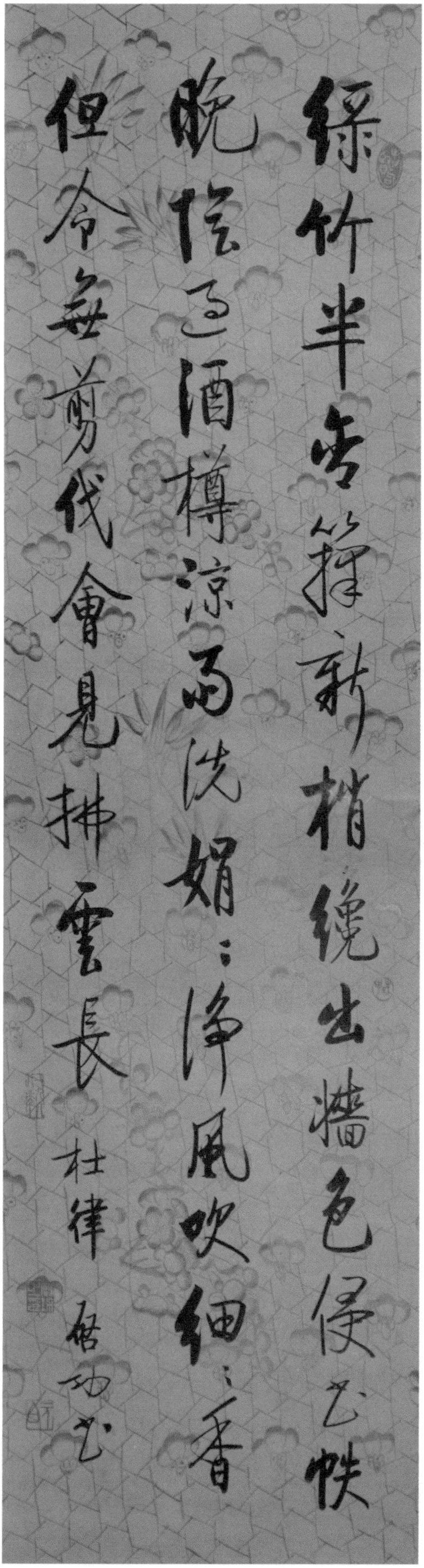
绿竹半含箨新梢才出墙色侵书帙
晚阴过酒樽凉雨洗娟娟净风吹细细香
但令无剪伐会见拂云长
杜律 启功书

杜甫句——绿竹半含箨

一九八九年作　水墨纸本　126cm×36cm　个人收藏

啟功全集 第十六卷

94

伊昔黄花酒

杜甫句——伊昔黄花酒
一九八九年作　水墨紙本　95cm×33cm　個人收藏

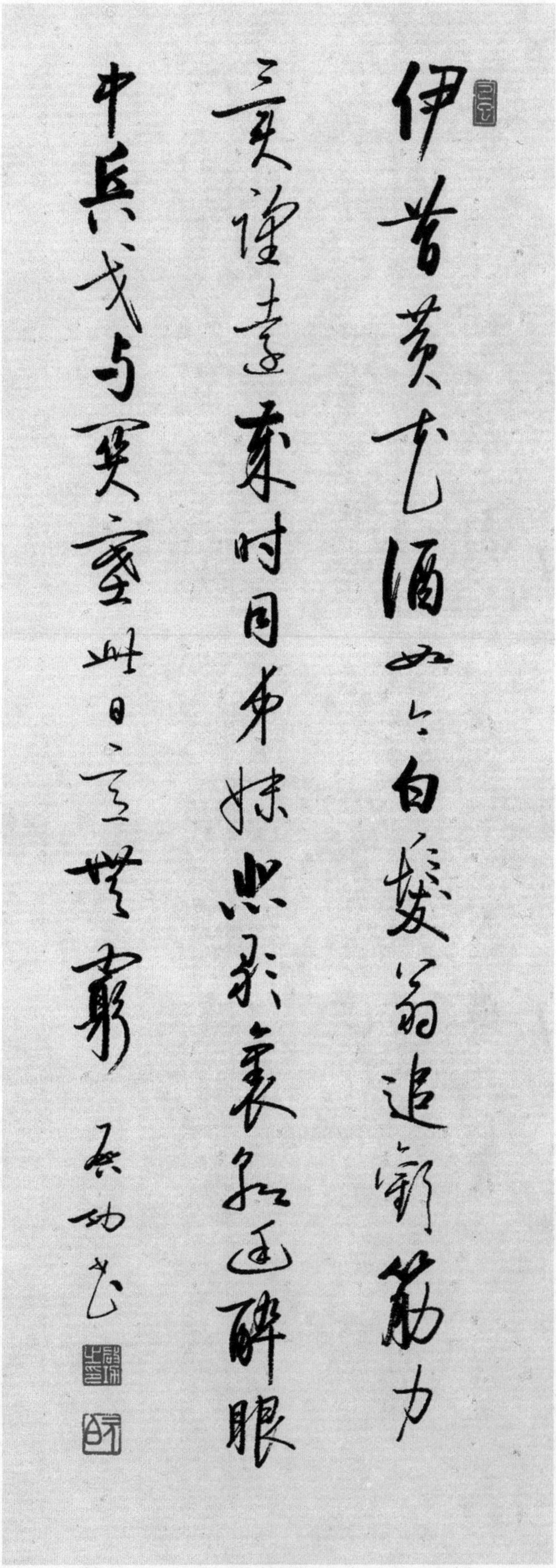

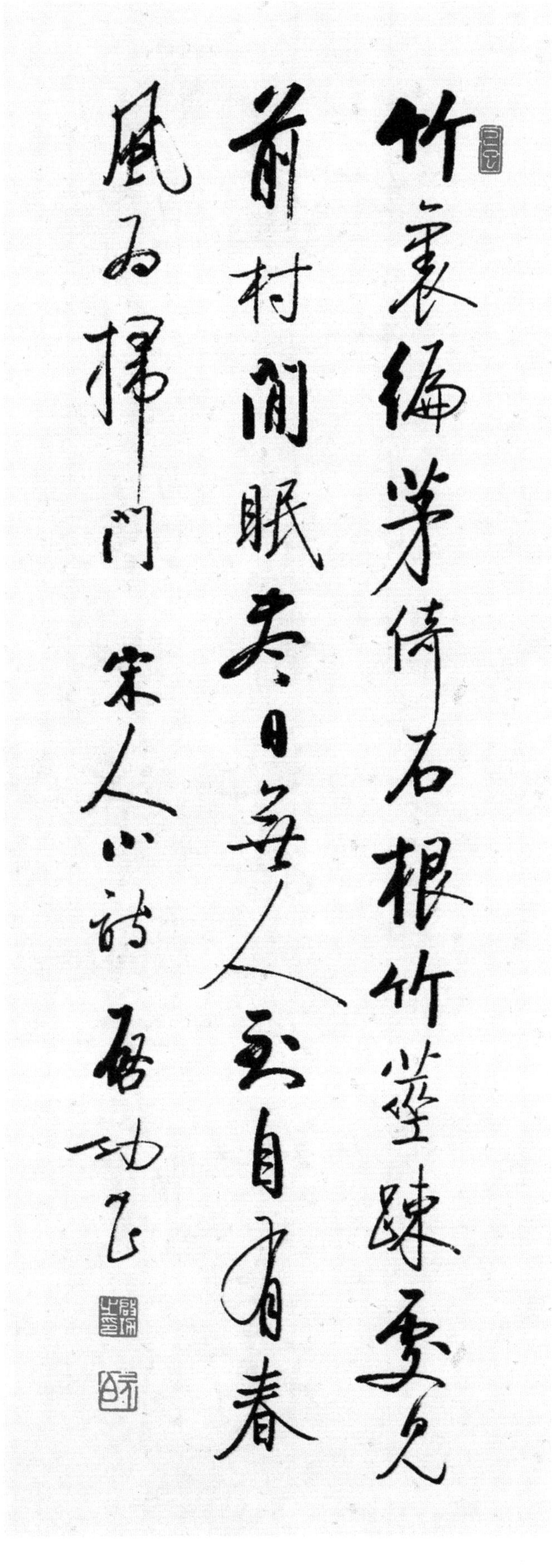
竹里编茅倚石根竹茎踈处见
前村闲眠尽日无人到自有春
风为扫门 宋人诗 启功

王安石句——竹里编茅倚石根

一九八九年作　水墨纸本　95cm×33cm　个人收藏

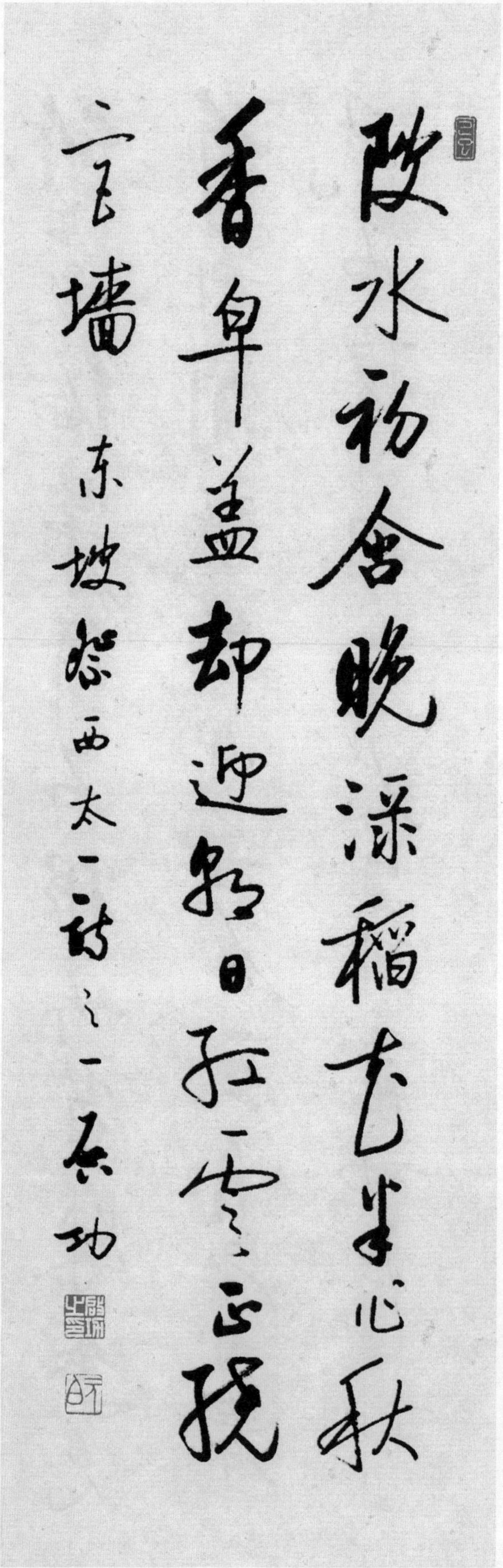

苏轼句——陂水初含晚渌

一九八九年作 水墨纸本 95cm×33cm 个人收藏

半陂黄叶雾苍苍，水远逦杨柳斜。

日暮炊烟孤枕远，汉回罪家

王安石句 王介甫领西太二言楼二言宗人好西心言 与可苏黄便右妙襄 启功

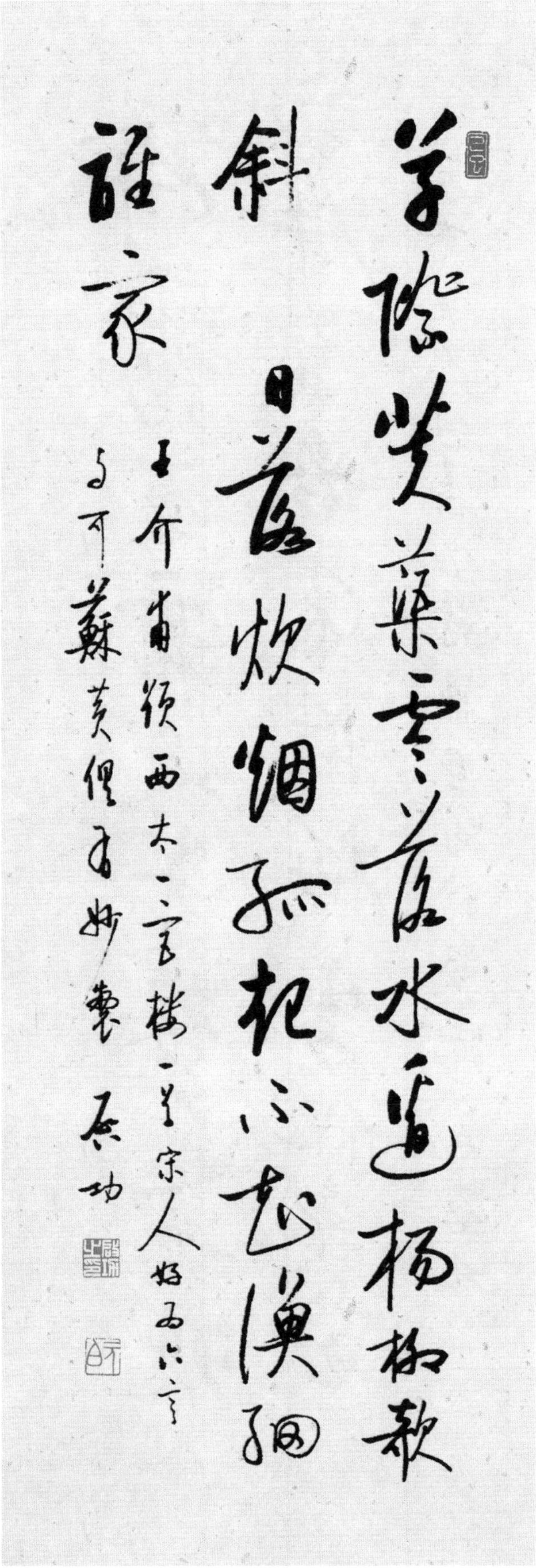

王安石句——草际芙蕖零落
一九八九年作　水墨纸本　95cm×33cm　个人收藏

掩霭凌霜久蓬根逐吹频

摩生若有性桃李但争春

一九八九年夏书徐鼎臣句於坚净居 启功

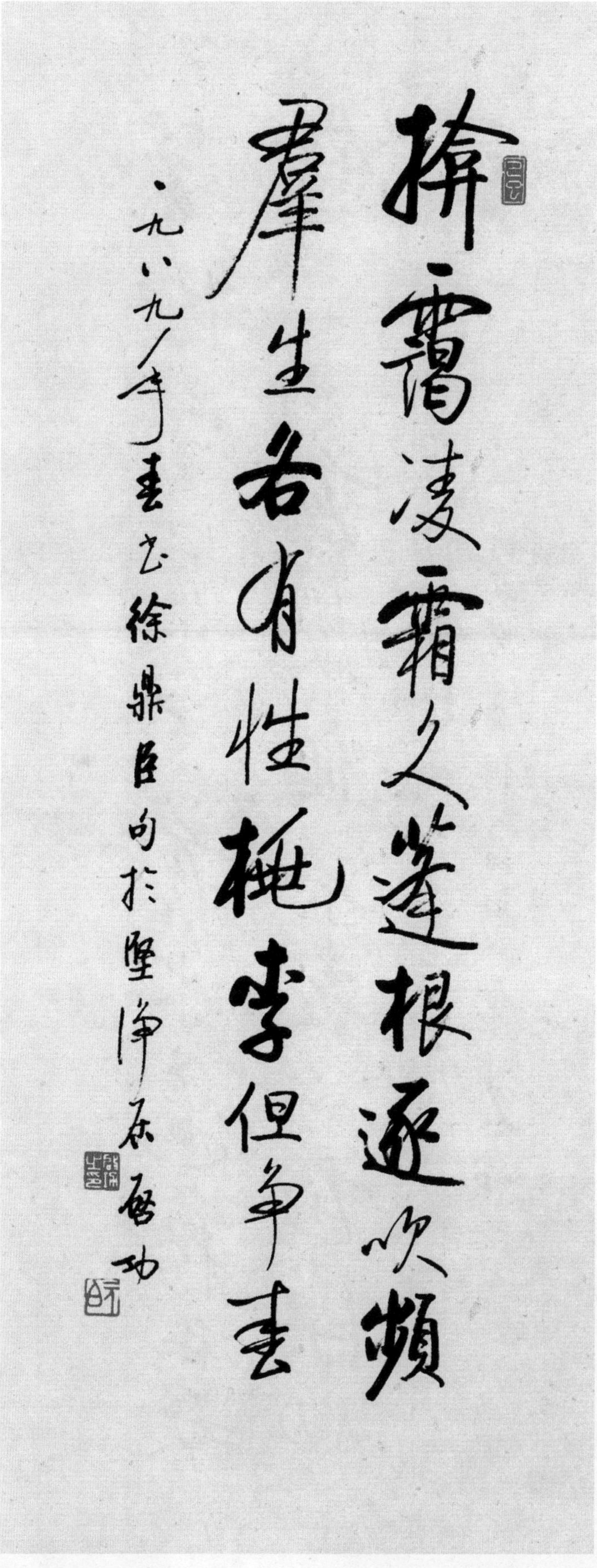

徐铉句——掩霭凌霜久

一九八九年作 水墨纸本 95cm×33cm 个人收藏

簪組非無累園林末是歸世
喧長不到月必故山薇一章一

一九九八年春玄□徐鉉詩省句 啓功

徐鉉句——簪組非無累

一九八九年作　水墨紙本　95cm×33cm　個人收藏

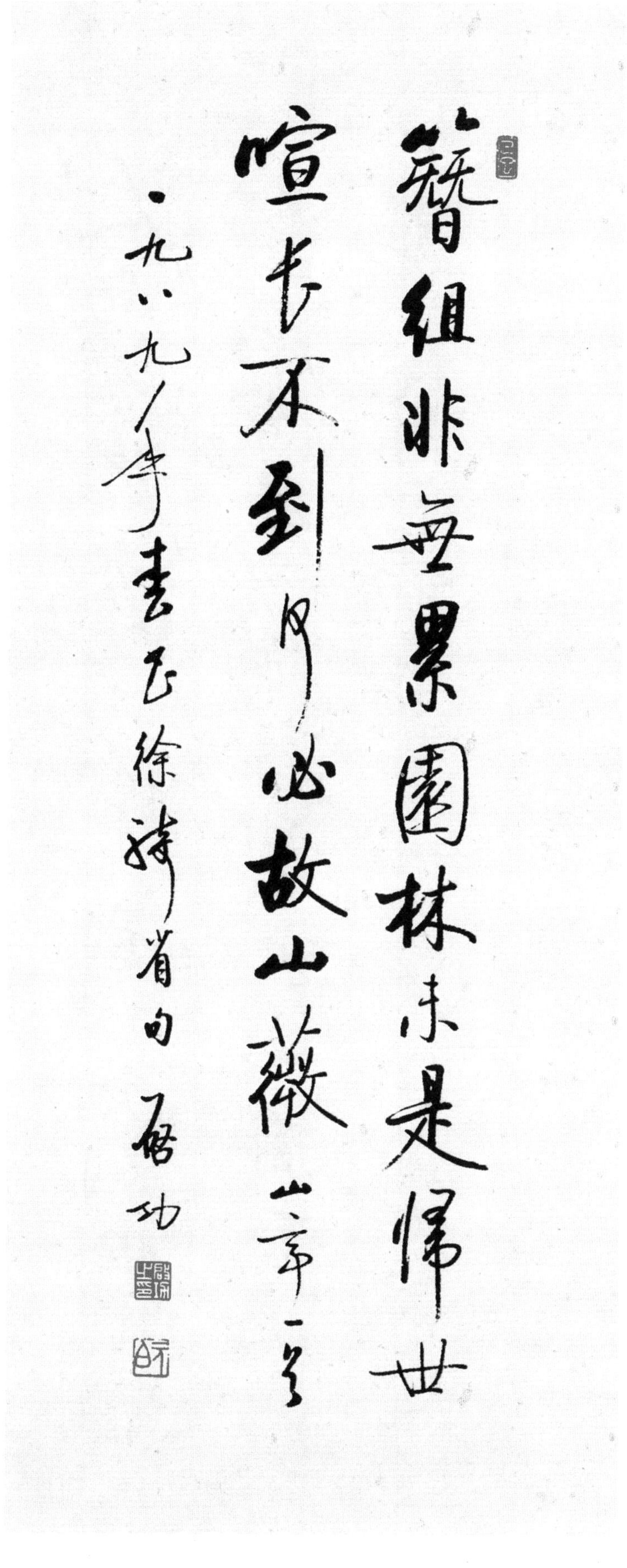

人向长安渡口归 长安不见但云霏

只应白鹭曾相识 犹认云前头更不

飞　牟陵阳艳句 一九八九年五月 启功

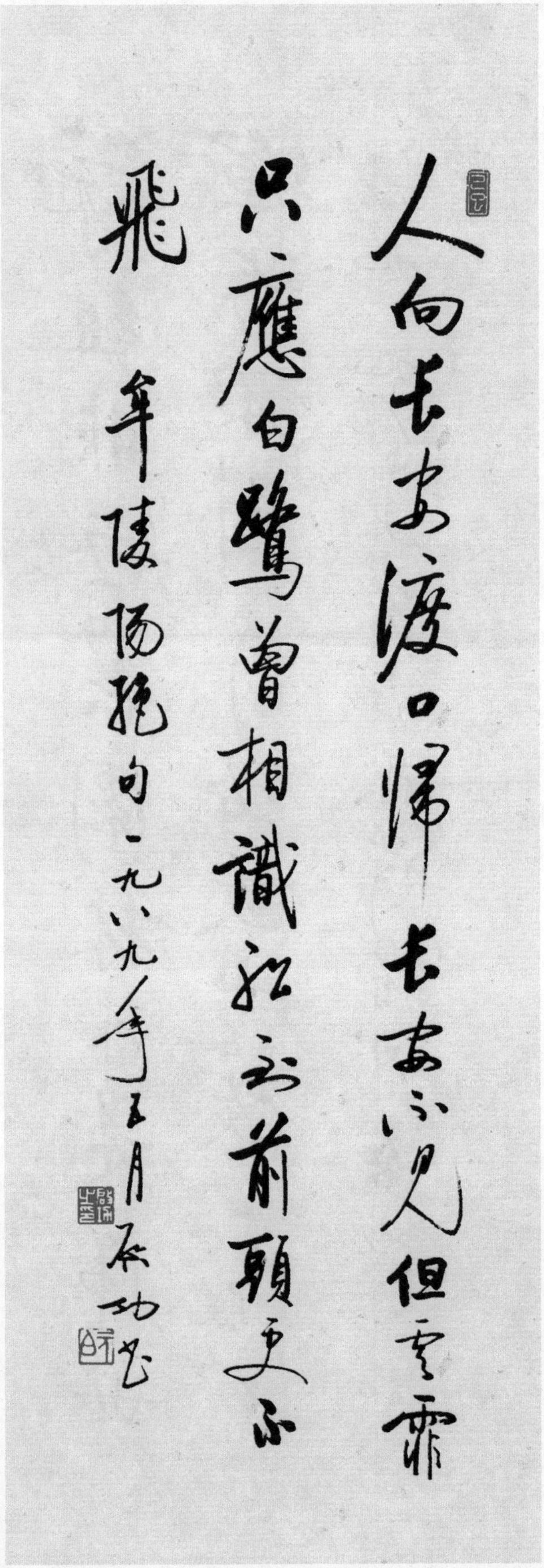

牟陵阳句——人向长安渡口归

一九八九年作　水墨纸本　95cm×33cm　个人收藏

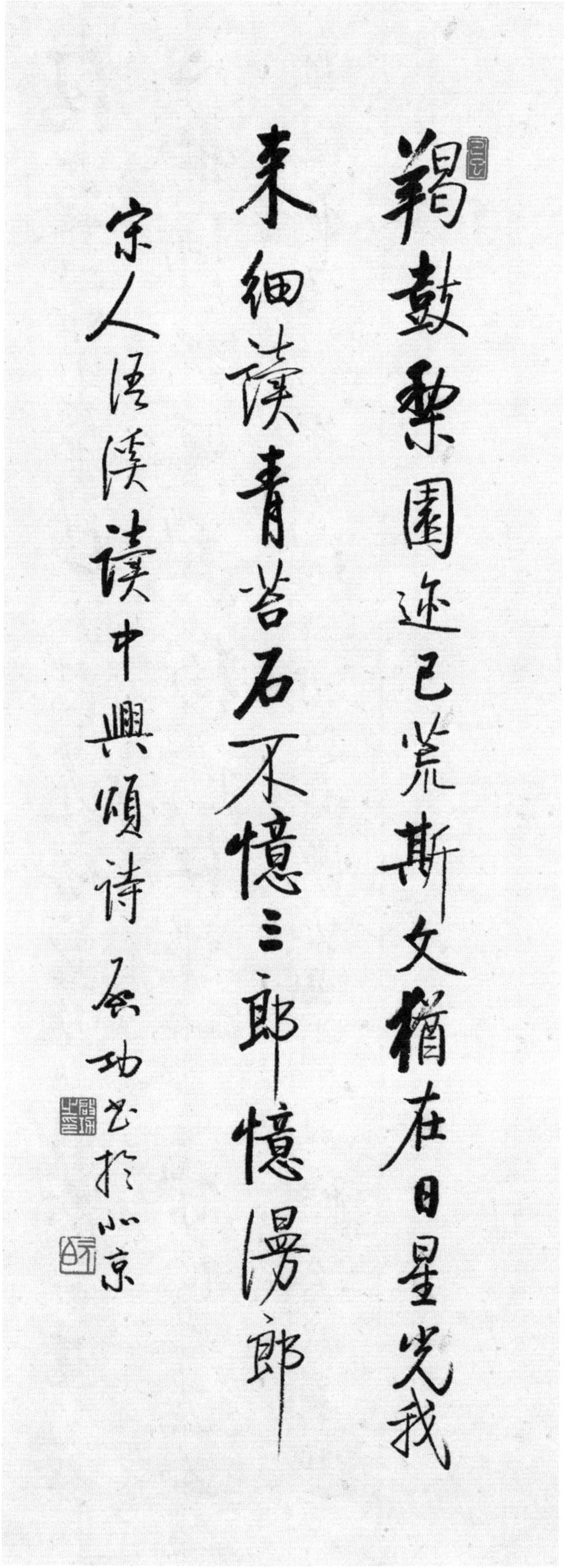
羯鼓梨園迹已荒斯文猶在日星光我
来細讀青苔石不憶三郎憶漫郎
宋人浯溪讀中興頌詩 启功書於北京

李芾句——羯鼓梨园迹已荒

一九八九年作　水墨纸本　95cm × 33cm　个人收藏

清夜谨声众外传峦宽久月报玉悲

心期诗观枫桥夜泊江邨一省宗贤唐人

住建夜泊诗中号纪中正江邨漠火曲園笏极赏之　启功

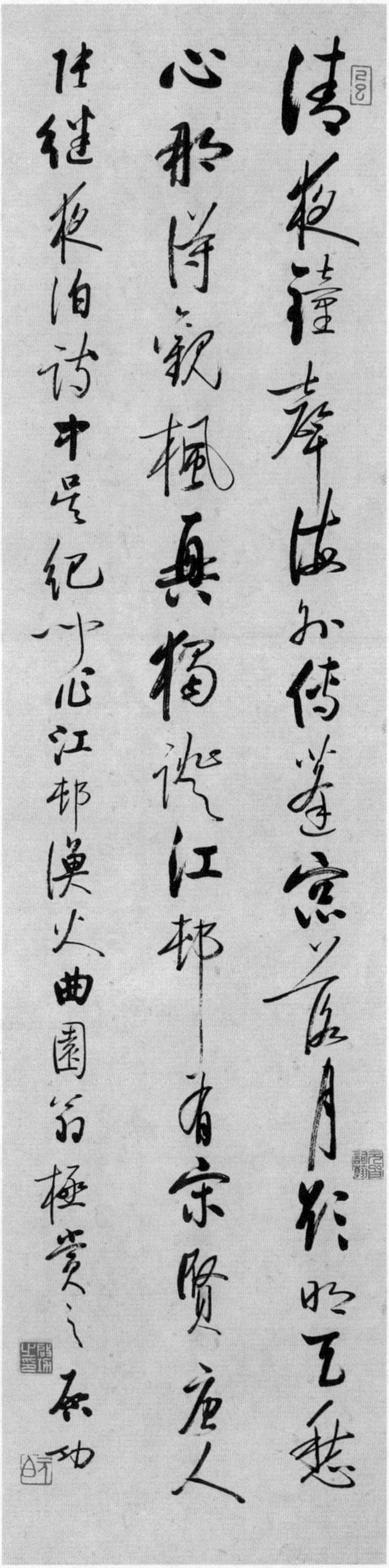

自作诗——清夜钟声海外传

一九八九年作　水墨纸本　134cm×33cm　个人收藏

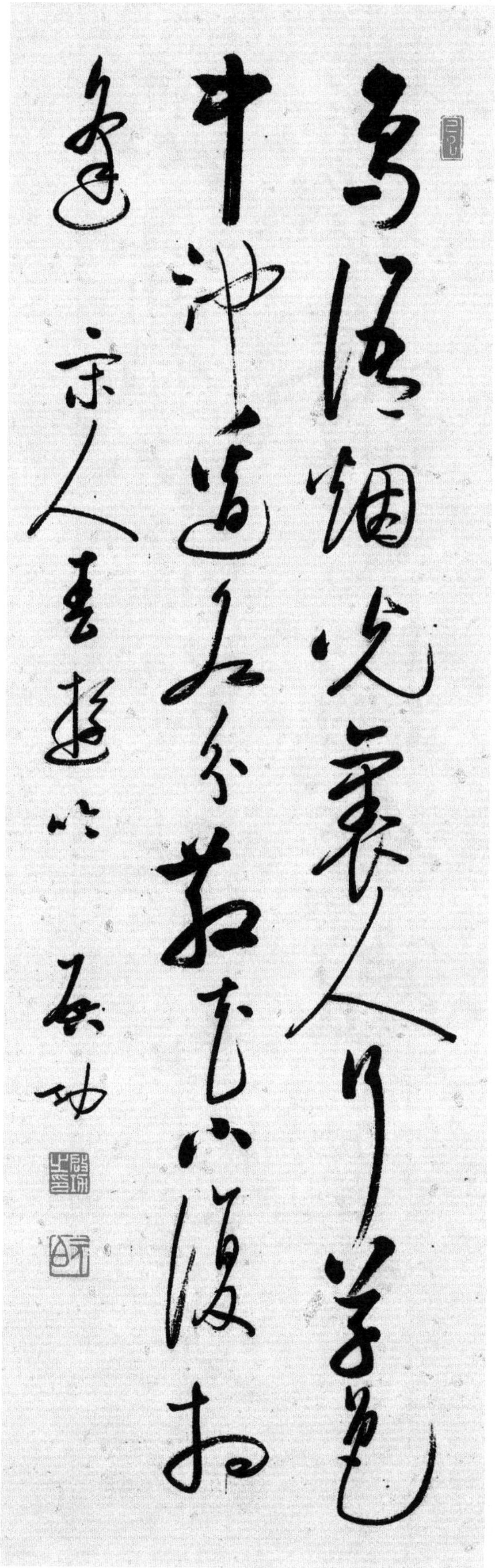

吴沆句——鸟语烟光里

一九八九年作　水墨纸本　95cm×33cm　个人收藏

石鼎夜聯詩筆健

囊春酹酒錢粗布

啟功

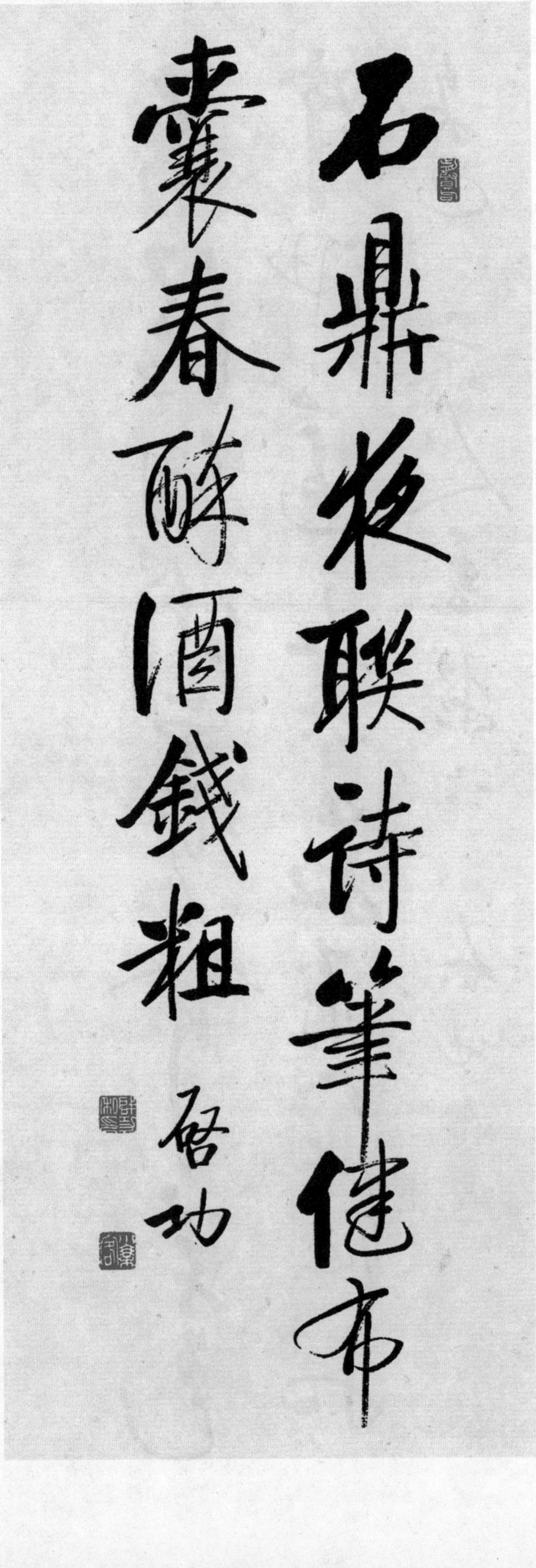

李子迁句——石鼎夜联诗笔健

二十世纪八十年代作　水墨纸本　98cm×34cm　个人收藏

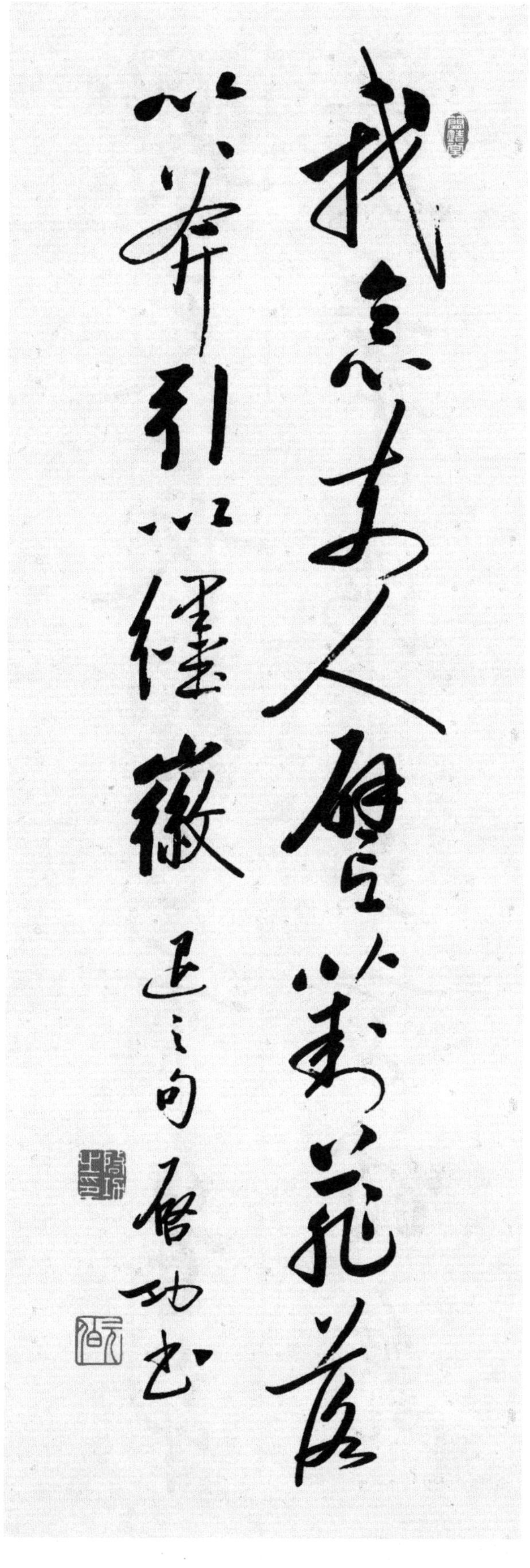

韩愈句——我念前人譬葑菲

二十世纪八十年代作　水墨纸本　98cm×34cm　个人收藏

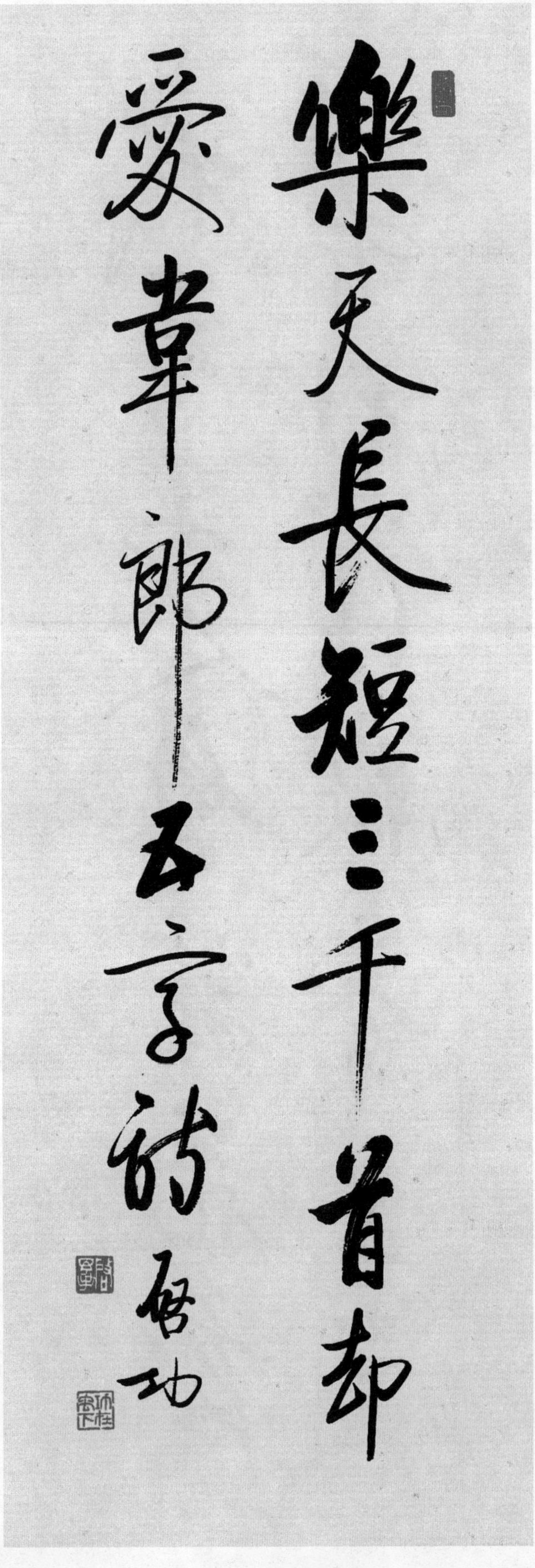
樂天長短三千首
卻愛韋郎五字詩
啟功

苏轼句——乐天长短三千首

二十世纪八十年代作 水墨纸本 98cm×34cm 个人收藏

窈窕雲山三兔穴飄飄
風樹一鳩巢

啟功

赵宜禄句——窈窕云山三兔穴

二十世纪八十年代作　水墨纸本　98cm×34cm　个人收藏

条

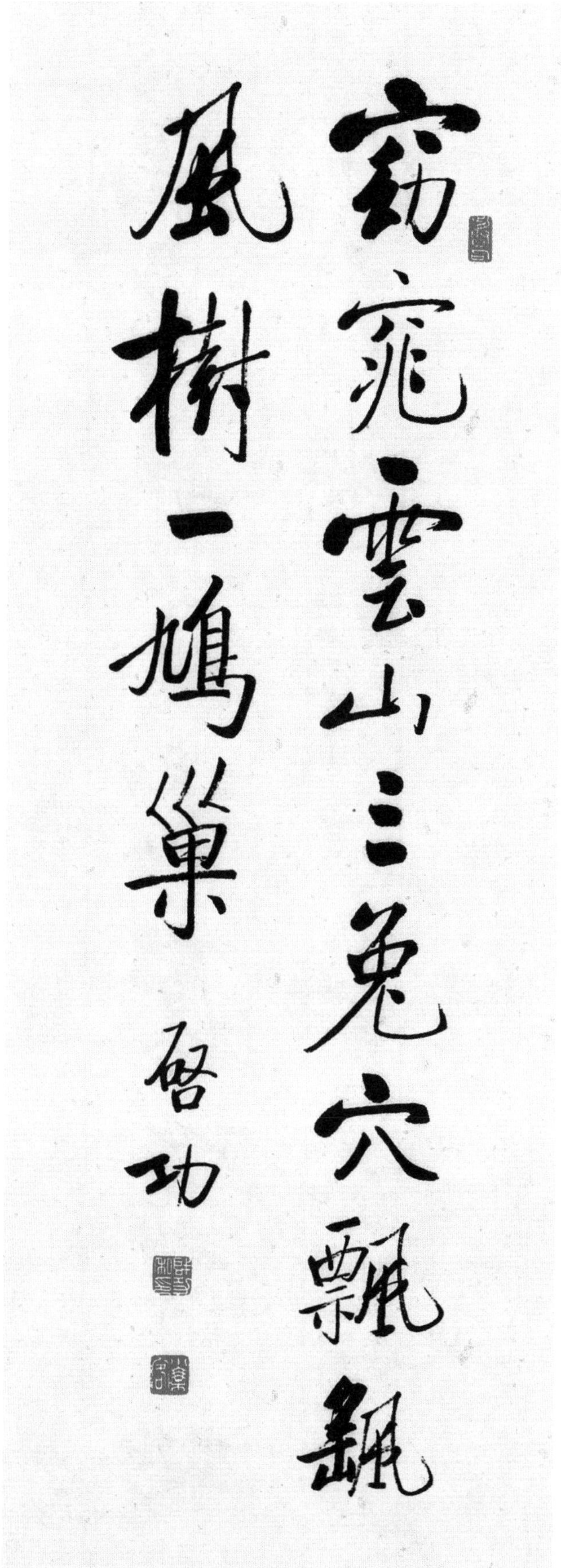

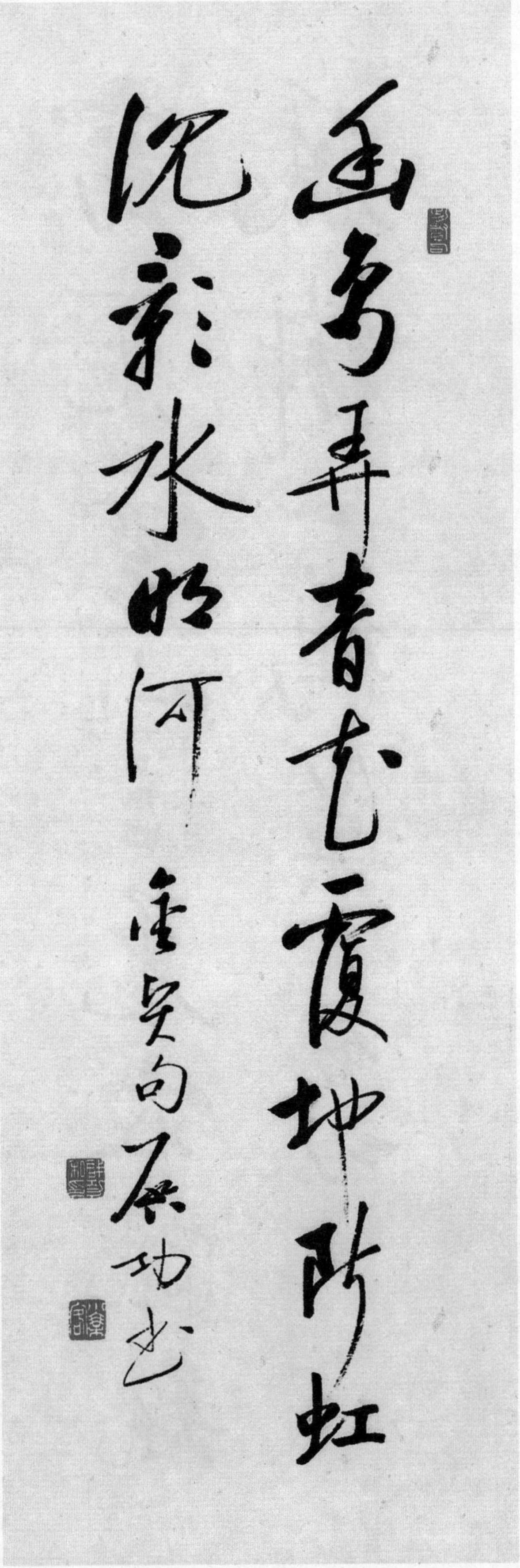

刘祁句——幽鸟弄音花覆地

二十世纪八十年代作　水墨纸本　98cm×34cm　个人收藏

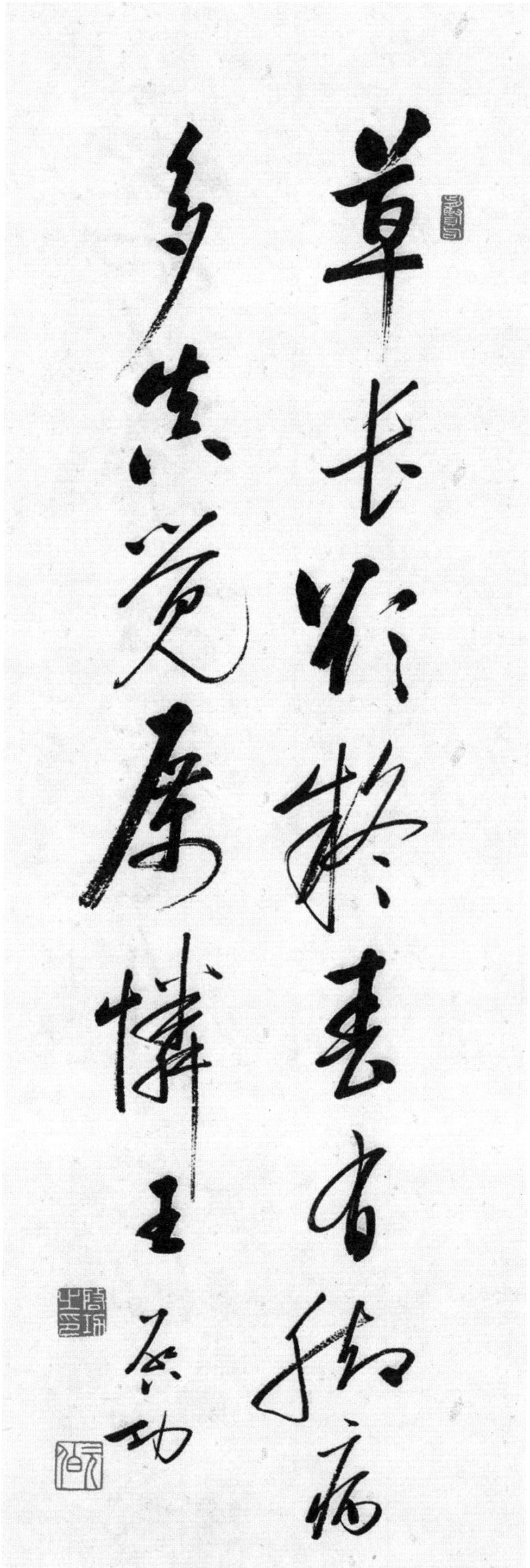

前贤句——草长欲疑春有脚

二十世纪八十年代作　水墨纸本　98cm×34cm　个人收藏

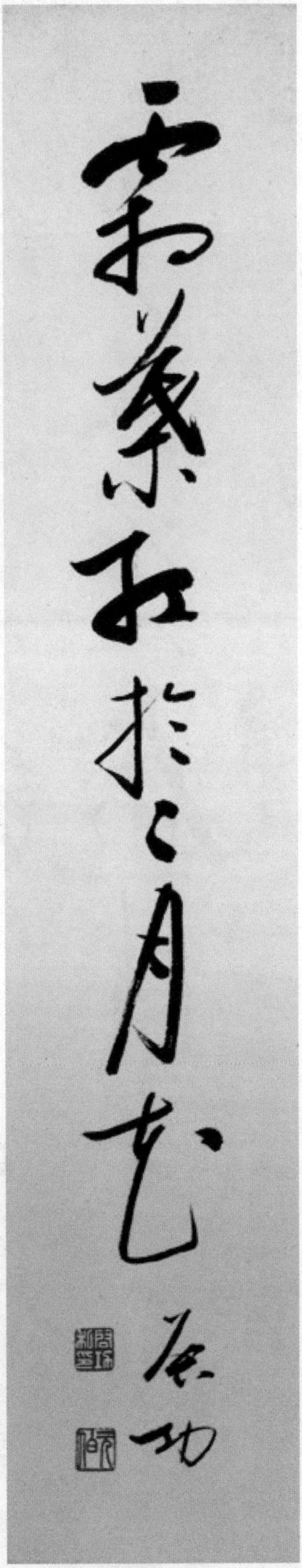

霜叶红于二月花

二十世纪八十年代作　水墨纸本　个人收藏

光摇玉斗三千丈气傲

金风五百霜

主人句 启功书

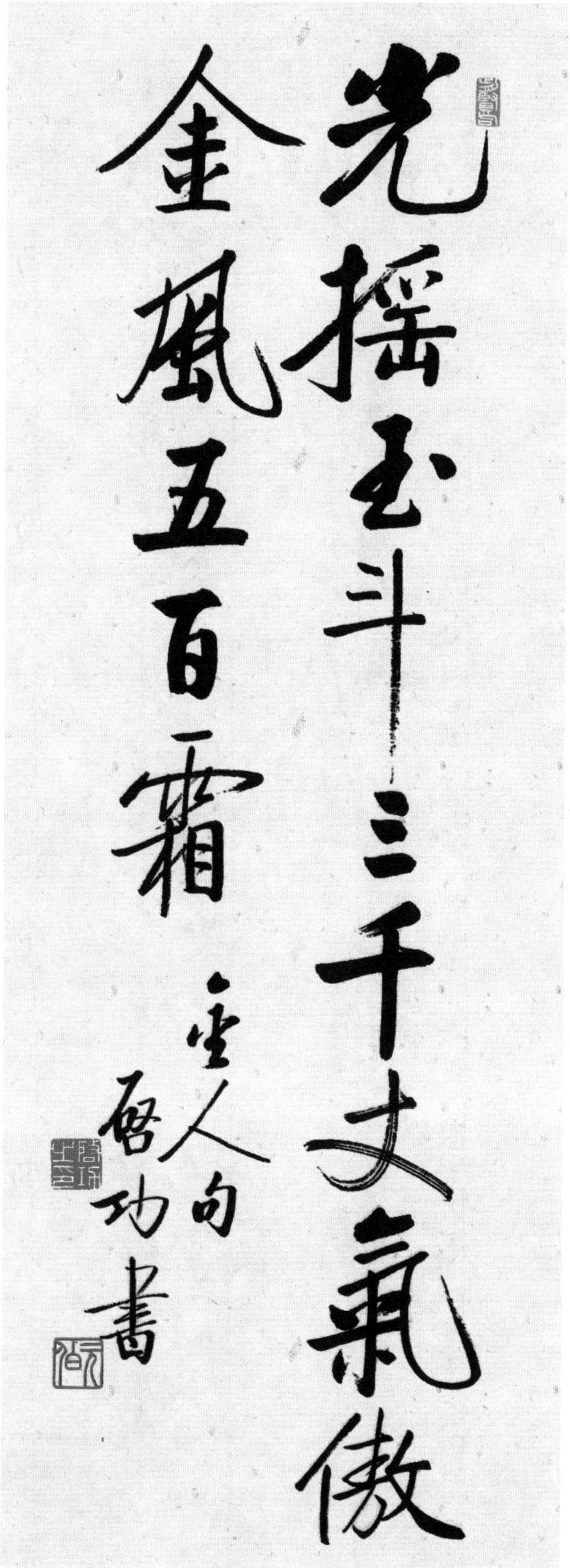

杨云翼句——光摇玉斗三千丈

二十世纪八十年代作　水墨纸本　98cm×34cm　个人收藏

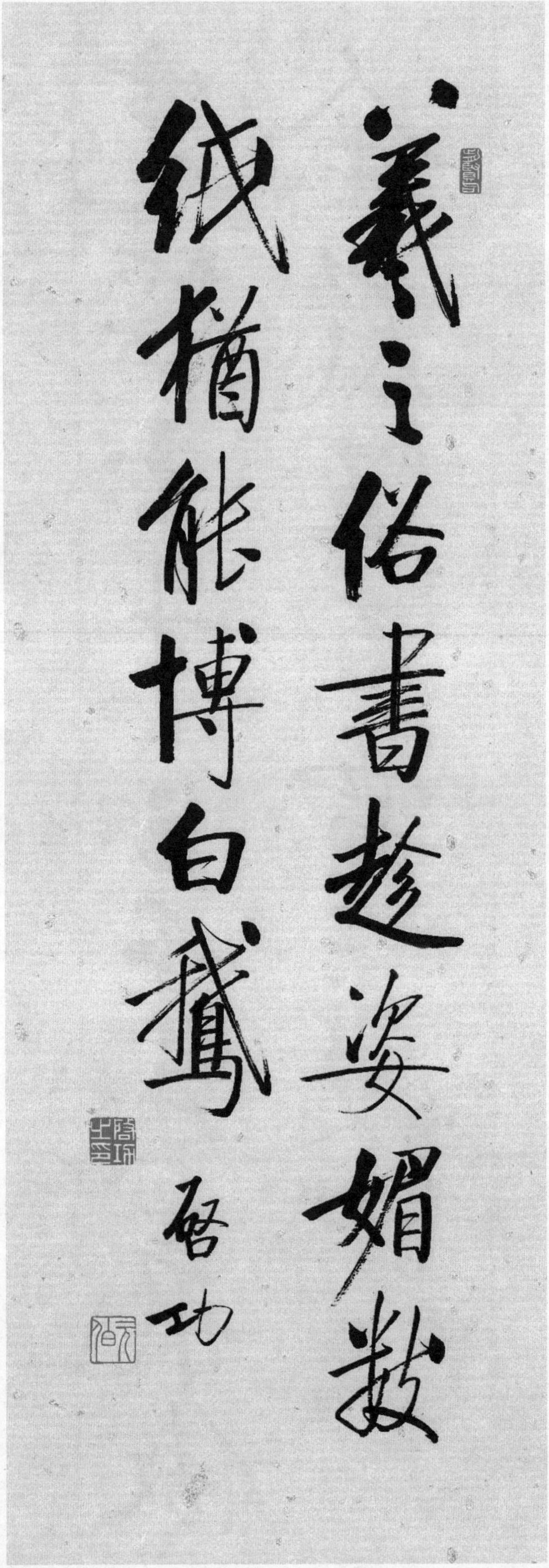
羲之俗書趁姿媚數
紙猶能博白鵝
啓功

韩愈句——羲之俗书趁姿媚

二十世纪八十年代作　水墨纸本　98cm × 34cm　个人收藏

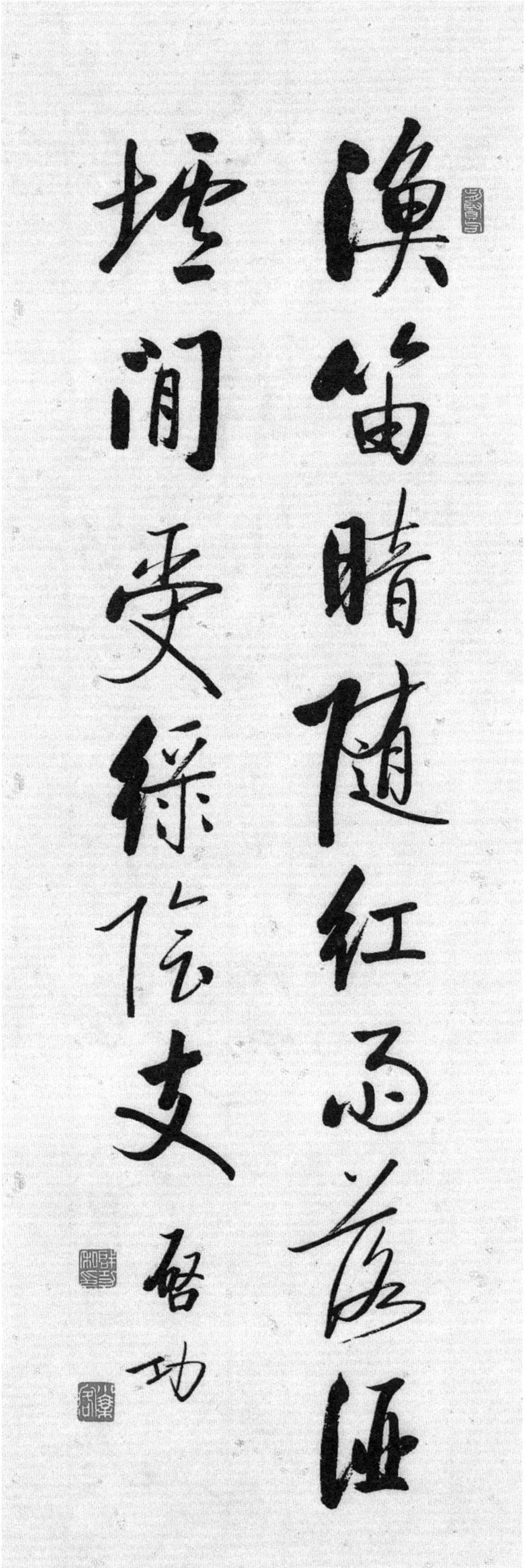

周亮工句——渔笛暗随红雨落

二十世纪八十年代作 水墨纸本 98cm×34cm 个人收藏

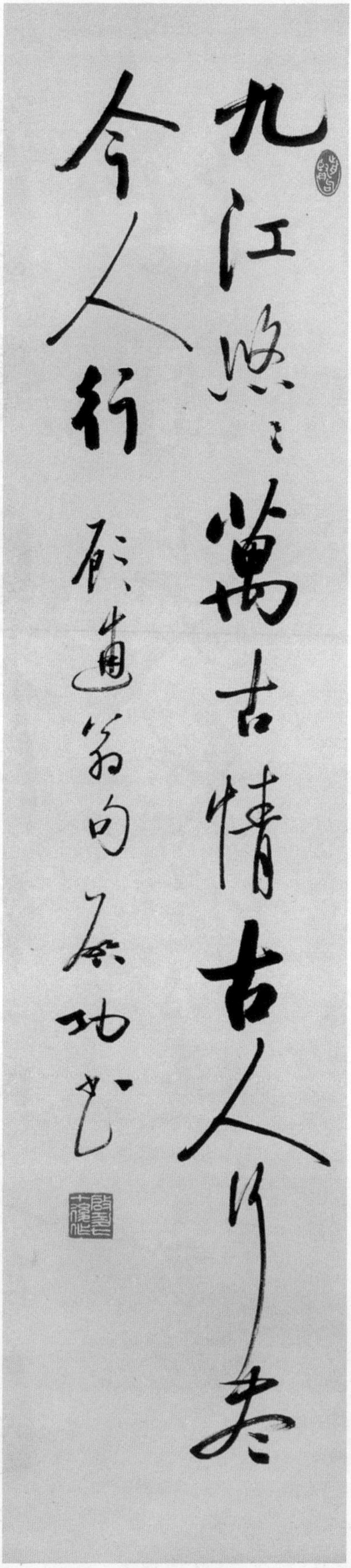

顾况句——九江悠悠万古情

二十世纪八十年代作 水墨纸本 132cm×28cm 个人收藏

蛇来笔下爬成字
入诗中打作腔　启功

自作句——蛇来笔下爬成字
二十世纪八十年代作　水墨纸本　94cm×30cm　荣宝斋藏

条幅

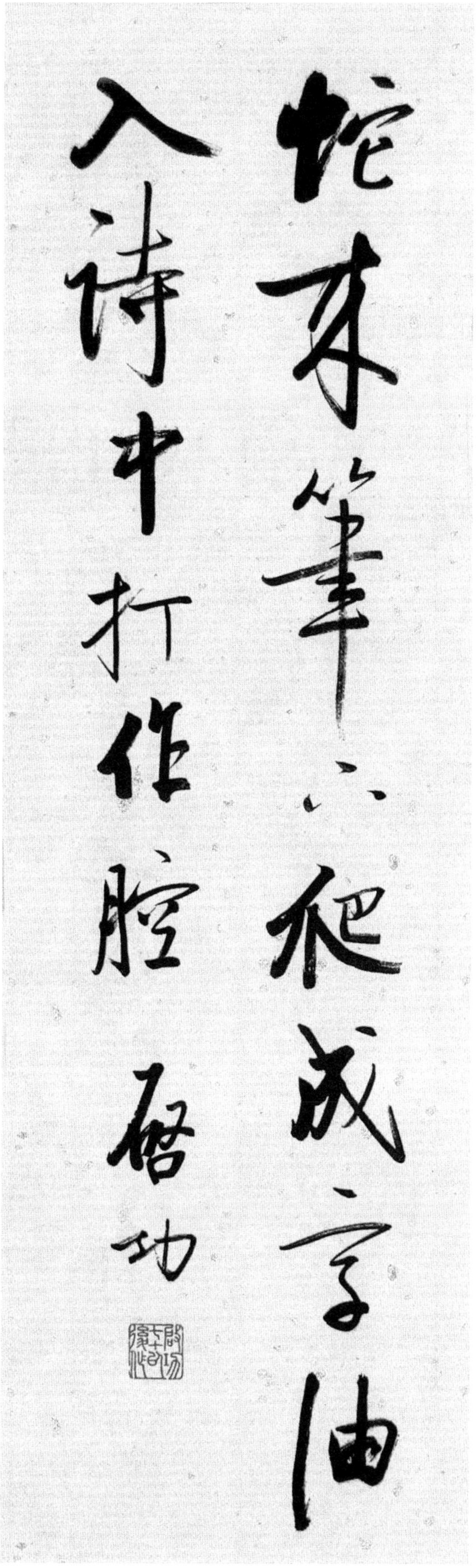

相如何必称病，须去官就下。其谁不许也。文与可句 启功书

相如何必称病，须去官就下。其谁不许也。文与可句 启功书

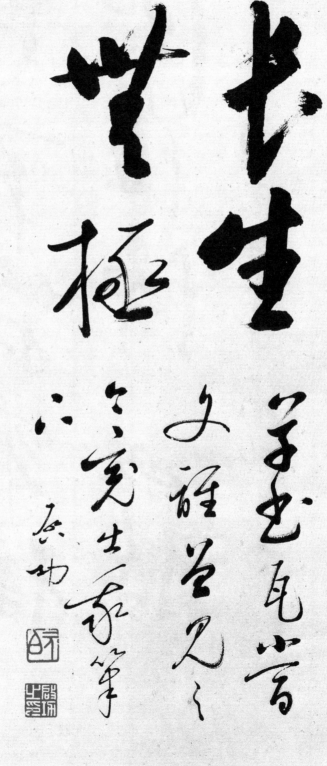

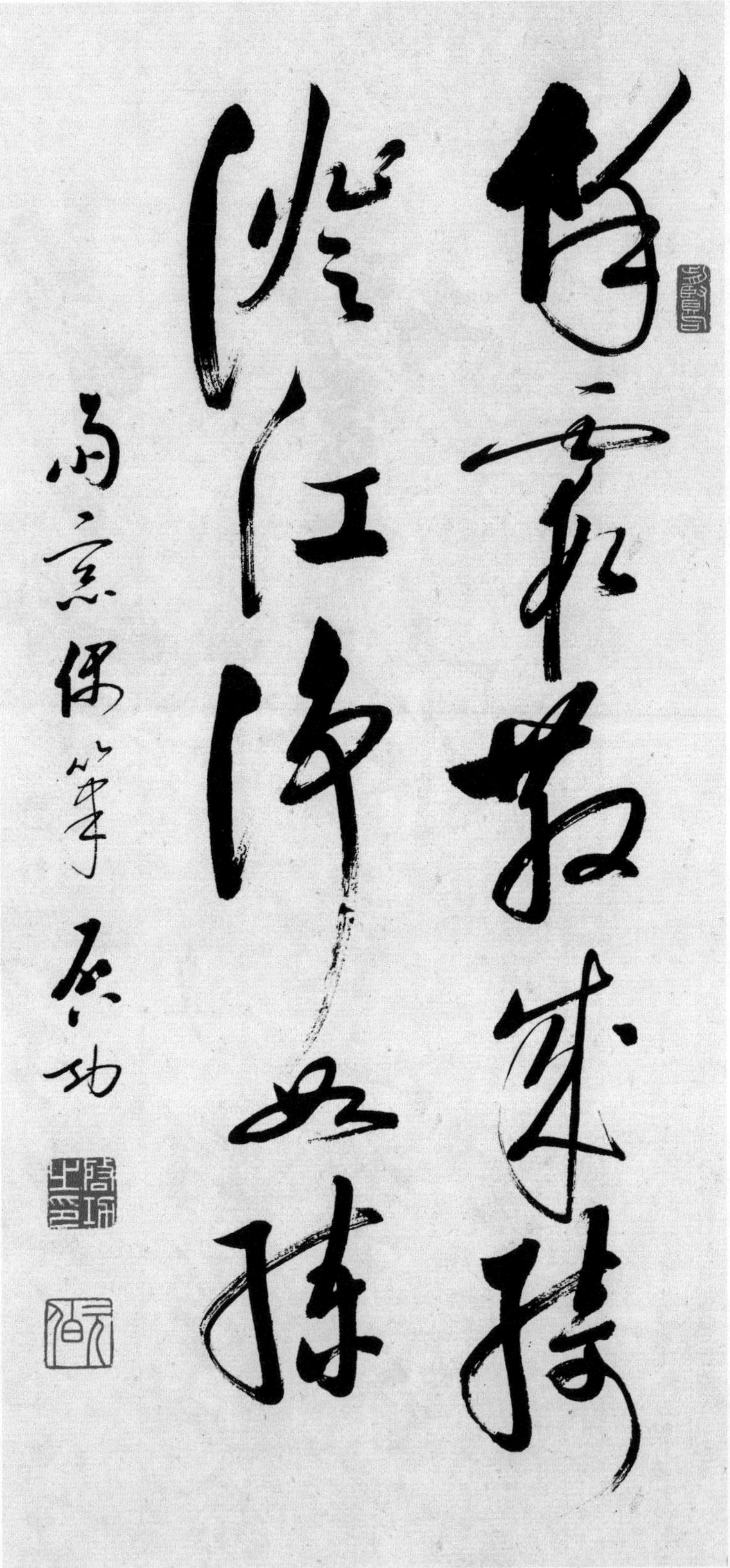

谢朓句——馀霞散成绮

二十世纪八十年代作　水墨纸本　67cm×28cm　个人收藏

天一生水

羲皇稽命至于羲皇稽命
此四言曾镌书府
功

天一生水

二十世纪八十年代作　水墨纸本　67cm×28cm　个人收藏

条

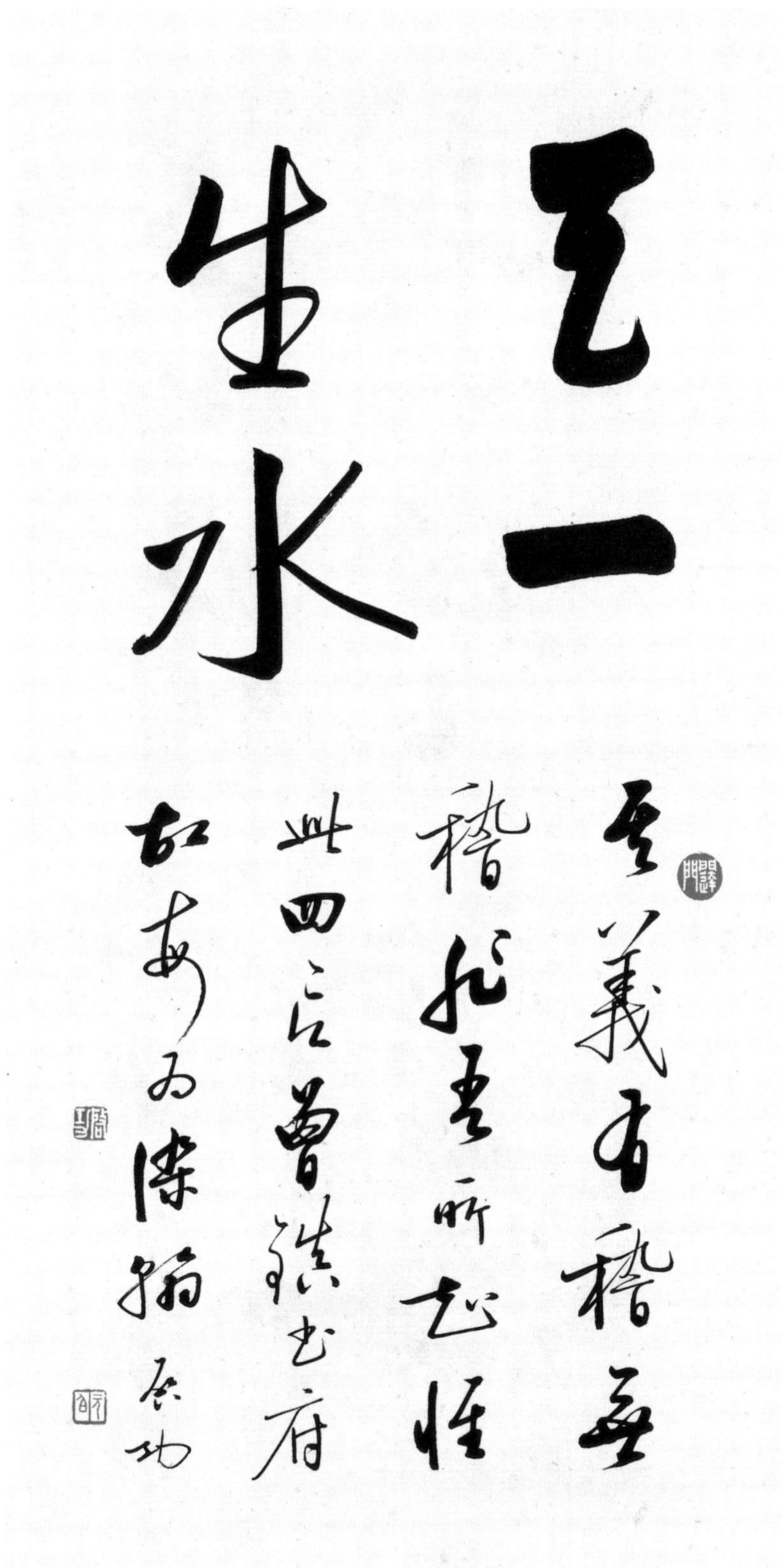

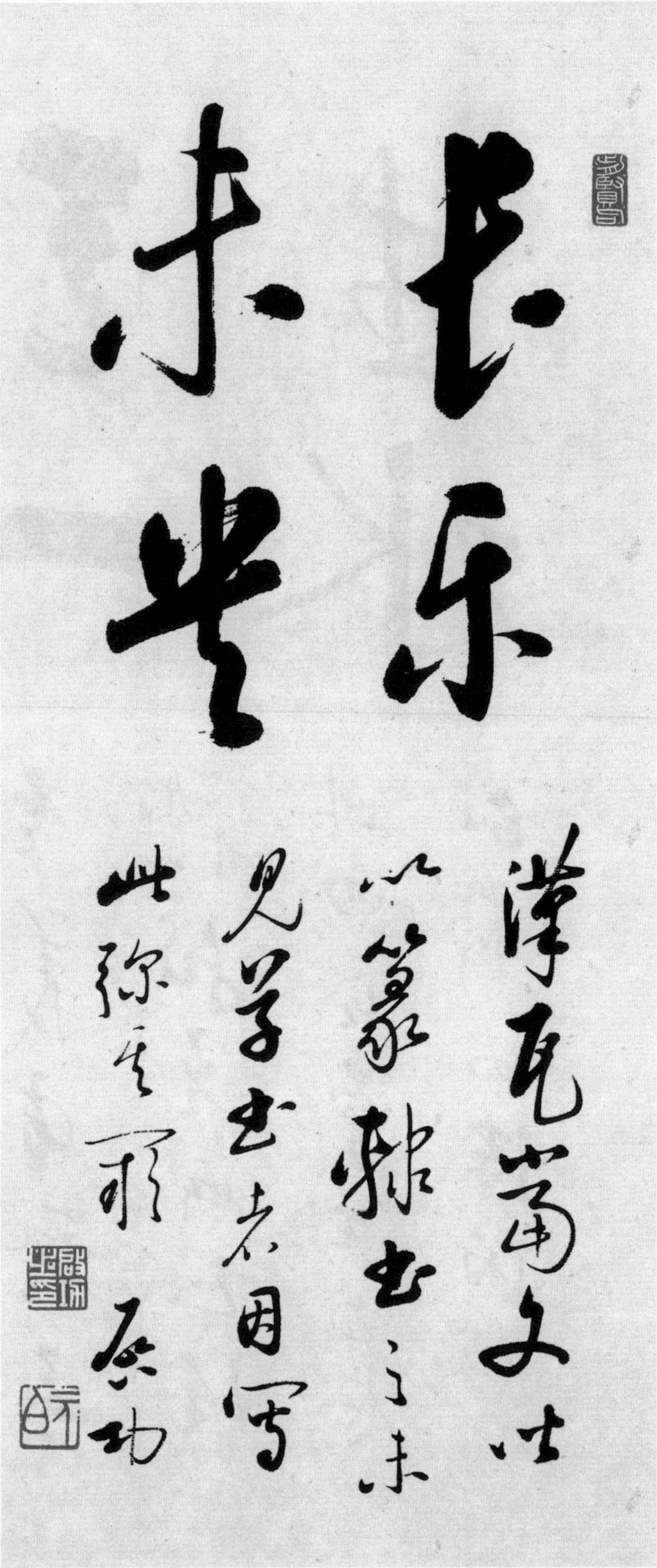

长乐未央

二十世纪八十年代作　水墨纸本　67cm×28cm　个人收藏

東望望長安正值日初出長安不可見喜見長安日

岑嘉州衔六物人语句 启功

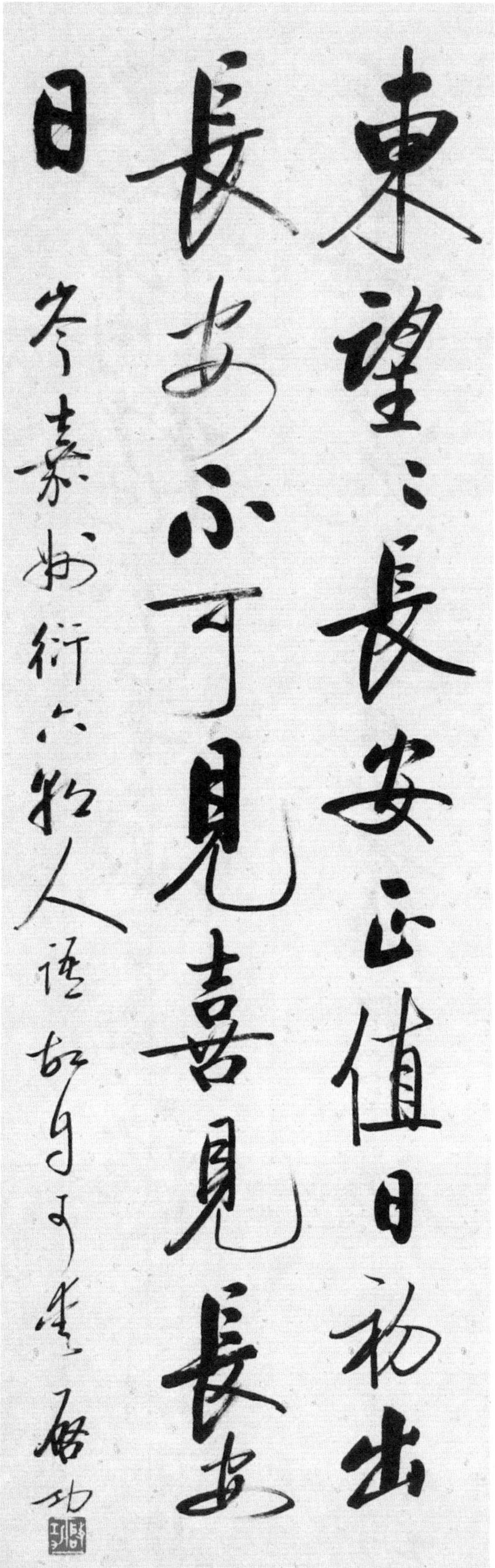

岑参句——东望望长安

二十世纪八十年代作　水墨纸本　98cm×34cm　个人收藏

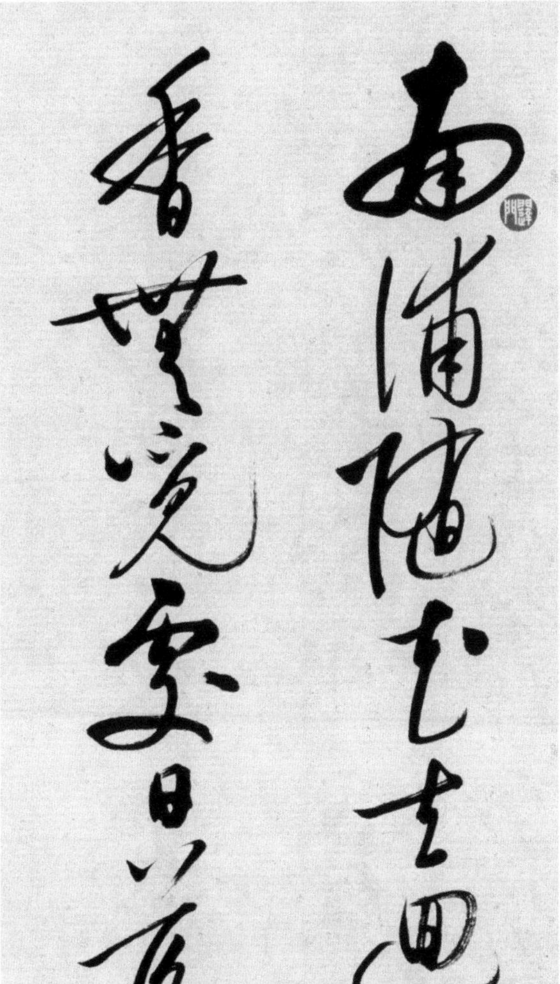

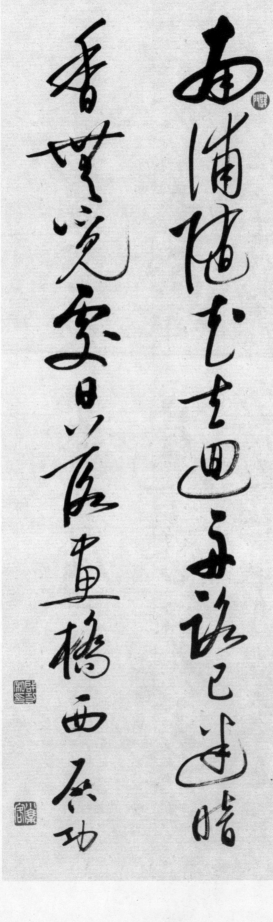

王安石句——南浦随花去

二十世纪八十年代作　水墨纸本　91.5cm×30cm　个人收藏

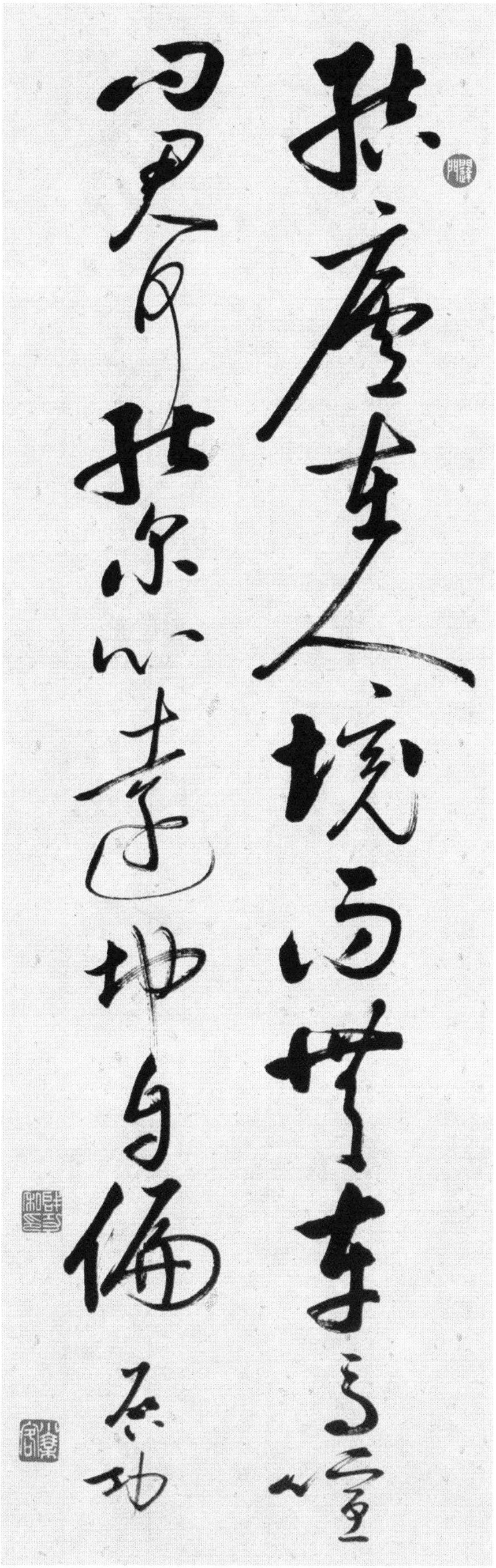

陶渊明句——结庐在人境

二十世纪八十年代作　水墨纸本　91.5cm×30cm　个人收藏

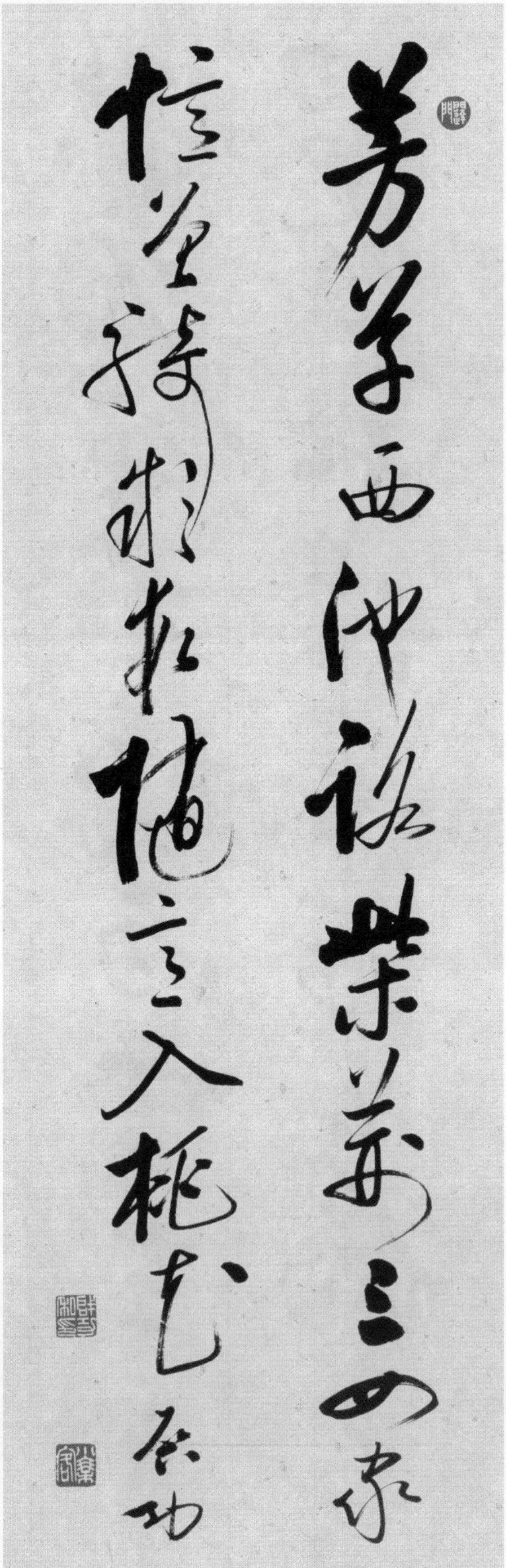

宋人句——芳草西池路

二十世纪八十年代作　水墨纸本　91.5cm×30cm　个人收藏

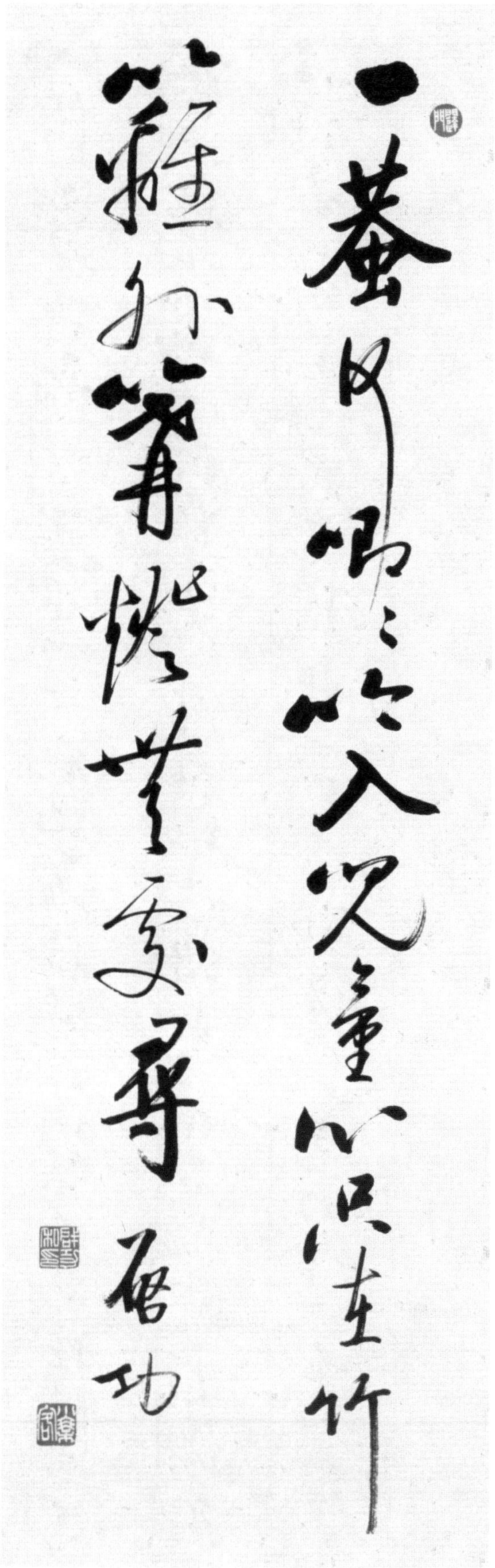

朱继芳句——一蚕何唧唧

二十世纪八十年代作　水墨纸本　91.5cm×30cm　个人收藏

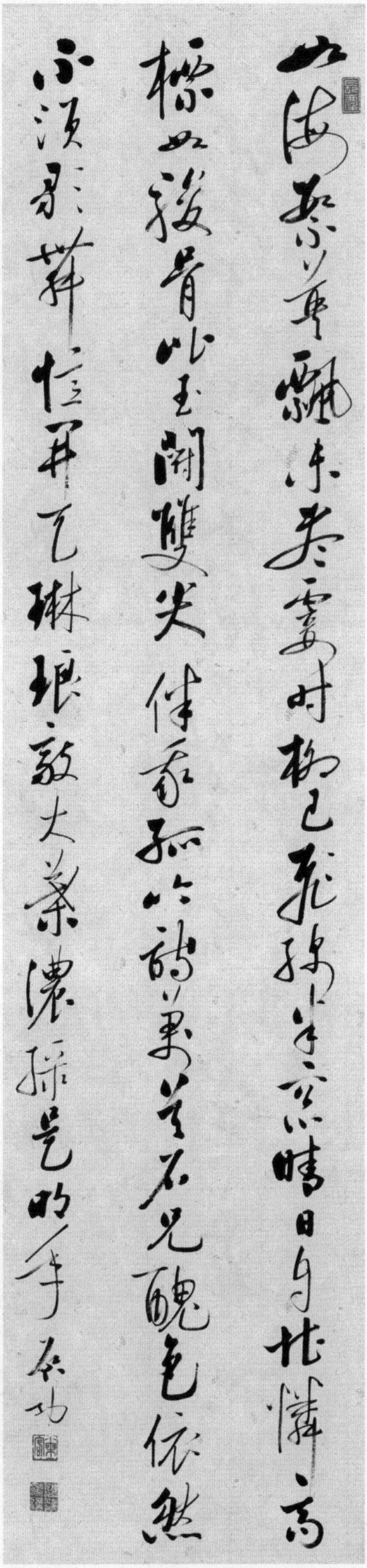

自作诗——如海繁英飘未尽

二十世纪八十年代作 水墨纸本 168cm×42cm 钓鱼台国宾馆藏

主賓動靜不相侔 新句相侔詩句雖從語法求筆少
陵坐碧畫日斗紅寺搦死樓翠原…
孔寺接死樓少陵孤悅泰八符格郎馬川
啟功

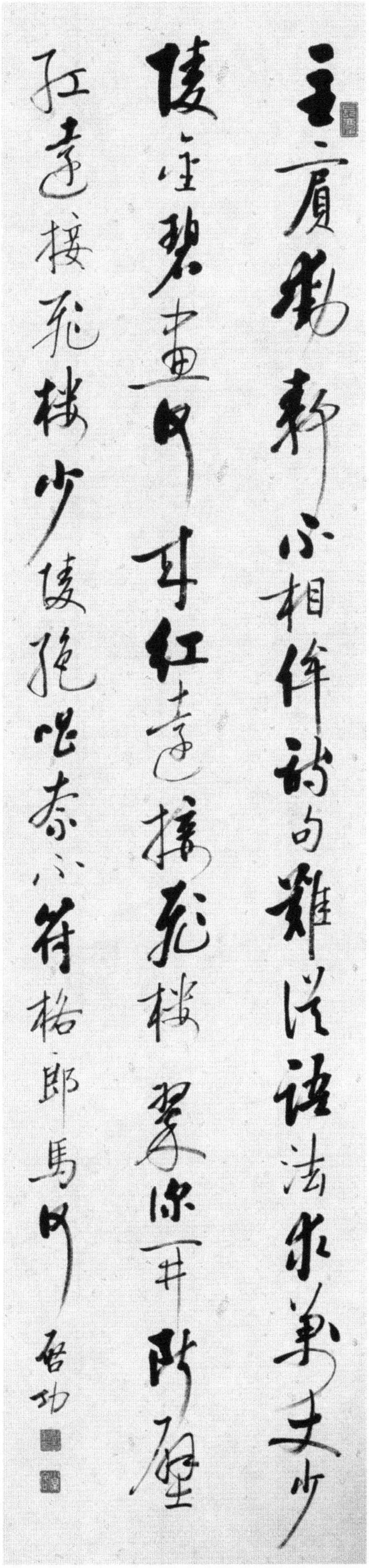

自作诗——主宾动静不相侔

二十世纪八十年代作　水墨纸本　168cm×43cm　钓鱼台国宾馆藏

云明待陌春柳拂沟新雨歇斜阳未没芳心待人

启功

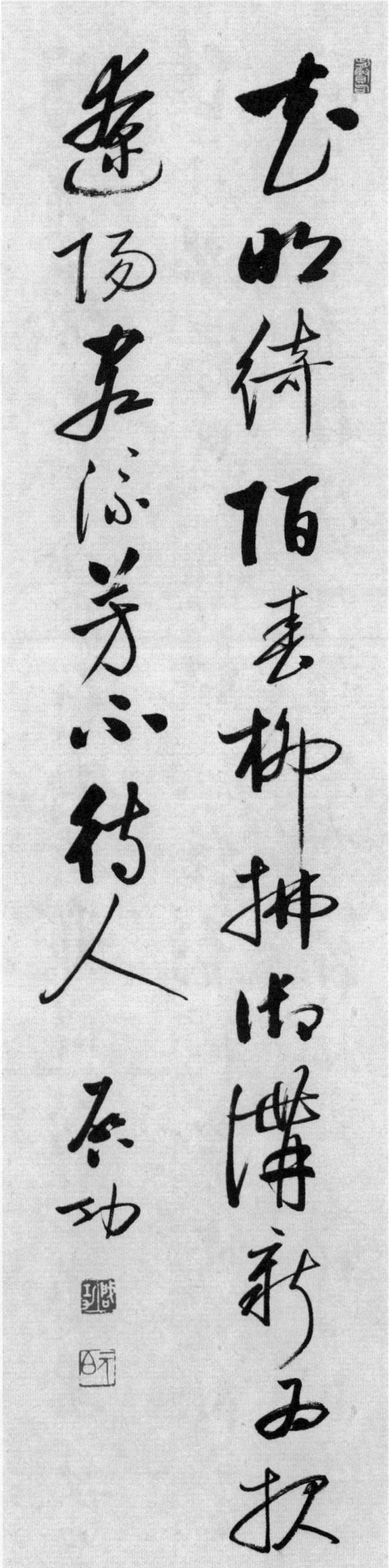

王涯句——花明绮陌春

二十世纪八十年代作　水墨纸本　135cm×33cm　个人收藏

想見之累觀海市

宿的憶夢遊黃鹤

苏轼句——想见之累观海市

二十世纪八十年代作　水墨纸本　100cm×32cm　个人收藏

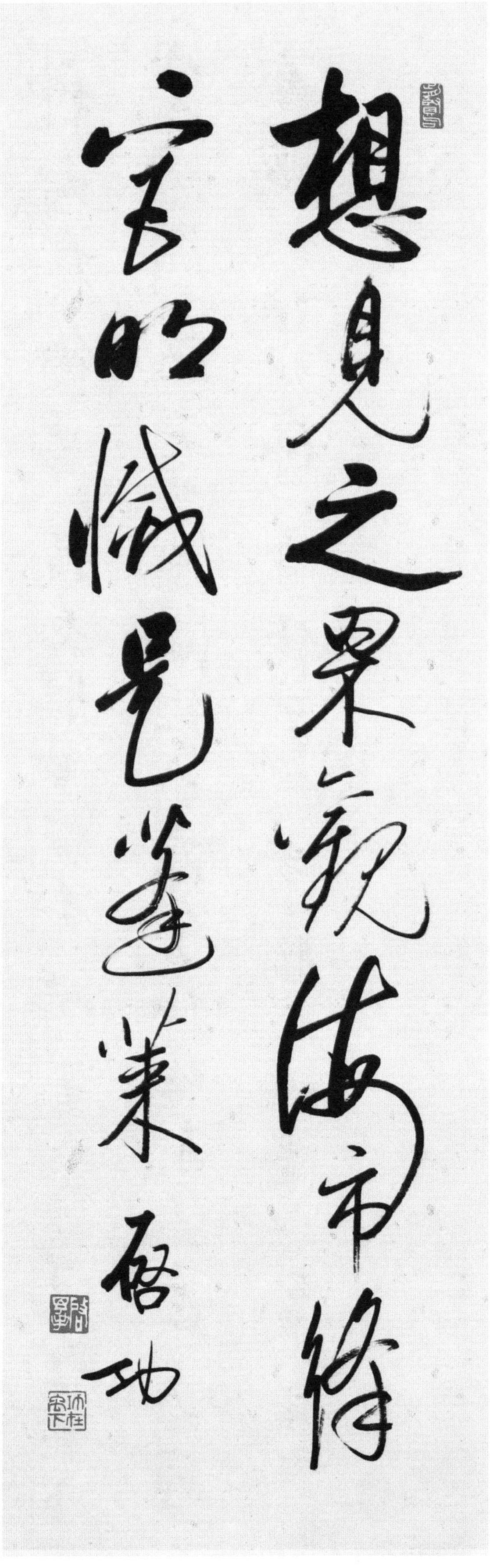

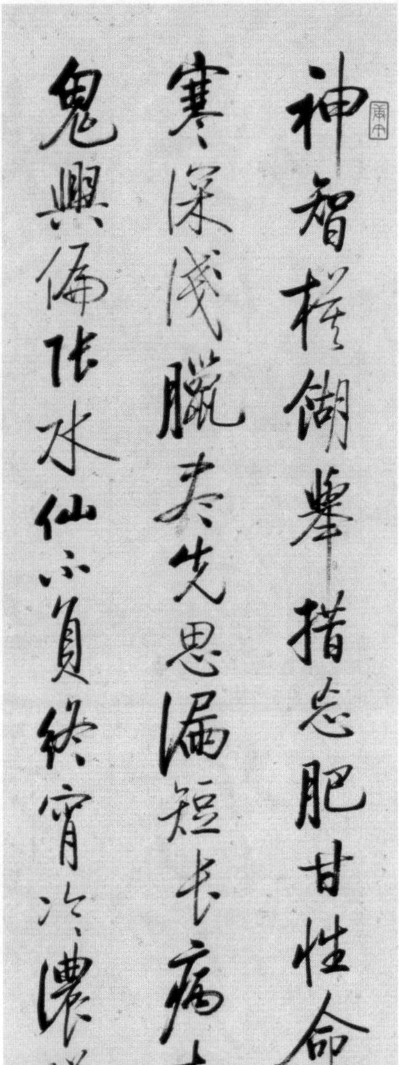

自作诗——神智模糊举措忘

一九九〇年作 水墨纸本 134cm×32cm 个人收藏

季康子患盗，問於孔子。孔子對曰：苟子之不欲，雖賞之不竊

啟功書於堅淨居

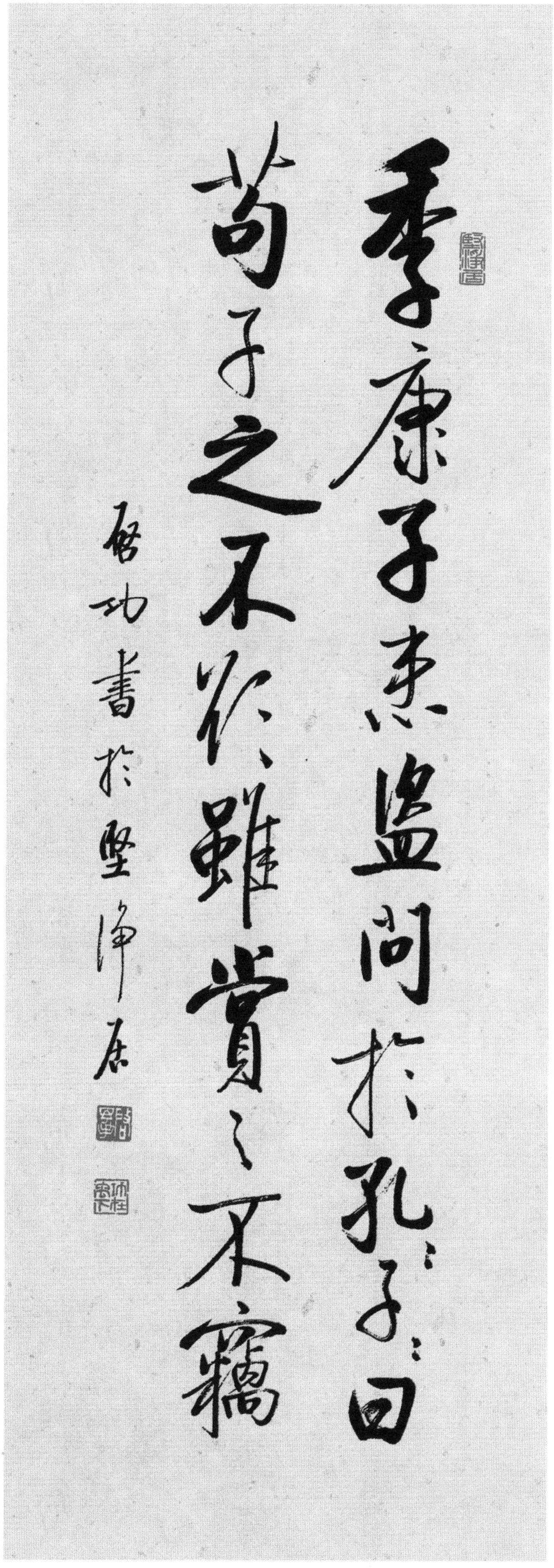

《论语》句——季康子患盗

一九九〇年作 水墨纸本 98cm×34cm 个人收藏

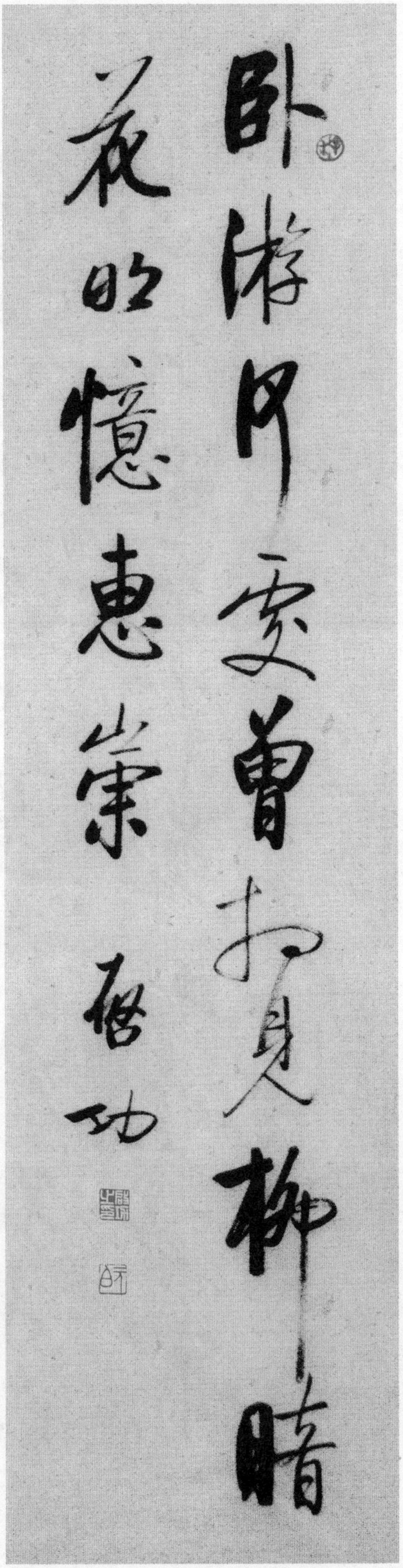
卧游何处曾相见柳暗
花明忆惠崇
启功

自作句——卧游何处曾相见

一九九一年作 水墨纸本 122cm×32cm 个人收藏

寿域天开万里晴，山川间气毓人英，百龄介
祝今初度，此是长生第一程　杜陵乡思劳孤
舟黄菊何时揷满头，识得中华天地大海埮
一寸丹神州　寿友寄远二首　启功

寿友寄远二首（四条屏）

一九九五年作　水墨纸本　142cm×56cm　全国政协藏

条

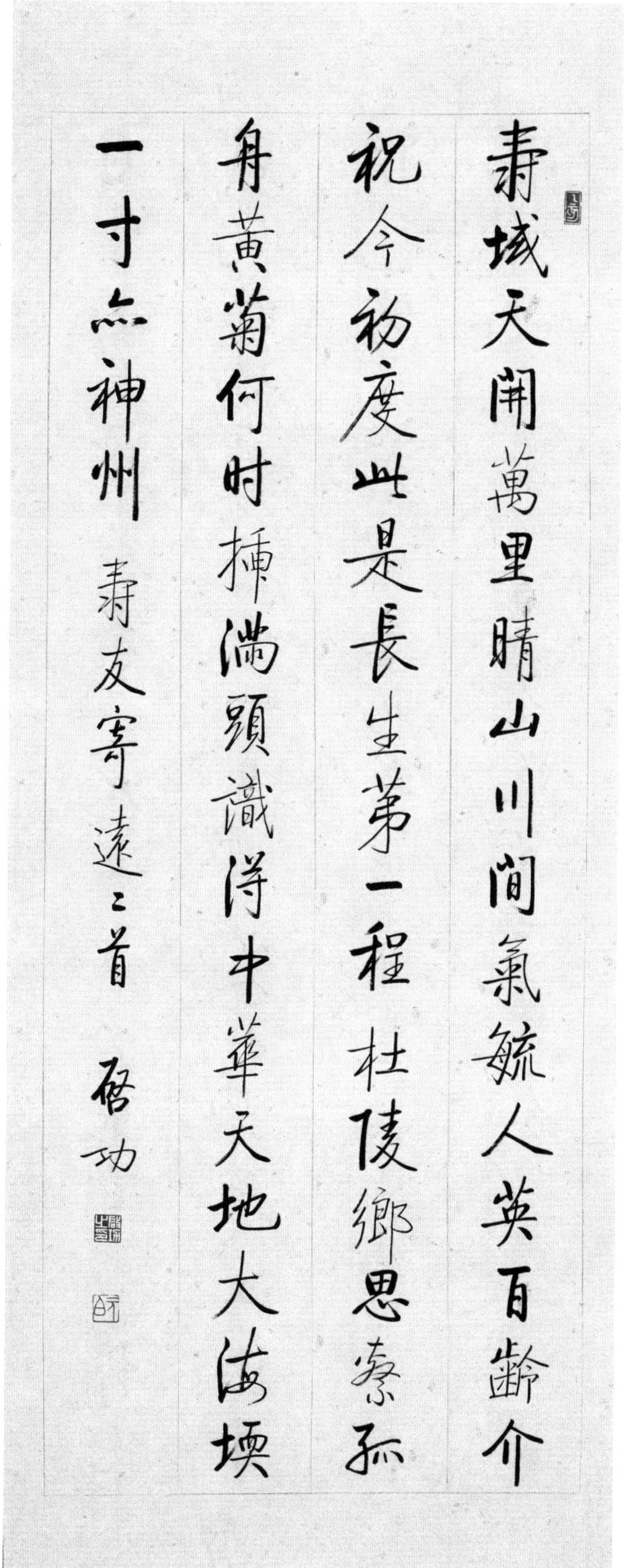

目中山色撲人来晚水層波夕照開夕谢好

風帆势飽前程小泊是蓬萊白露横江曉月

孤篷窓断夢醒来荷香十里清難寫昨秋

沈吟記巳無蓬菜荷香二首　啟功

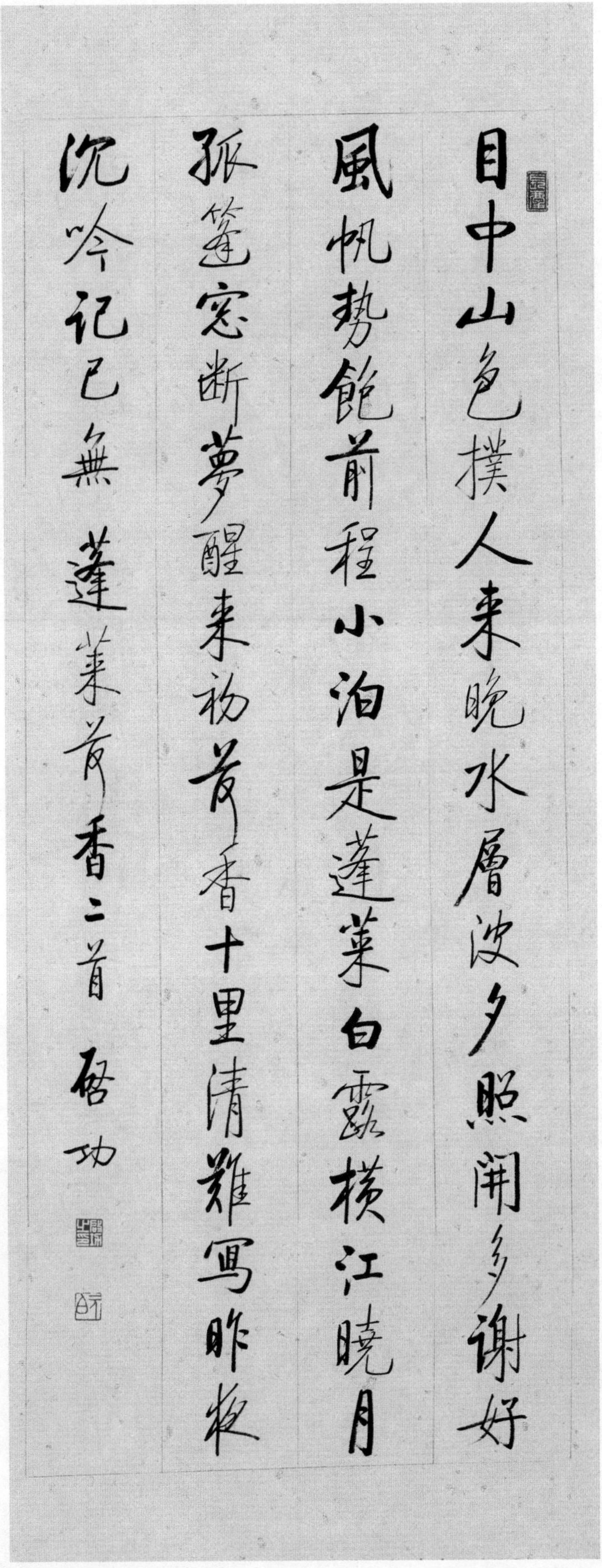

蓬莱荷香二首（四条屏）

一九九五年作　水墨纸本　142cm × 56cm　全国政协藏

寸木千尋遠近看湏弭彈指現巖妝幼興尸

事工裁剪丘壑平生總未忘喜逢今而一堂

来筆陣縱橫並案開奧秘已超羣藝上從蓺

書種八方栽 盆景筆會二首 啓功

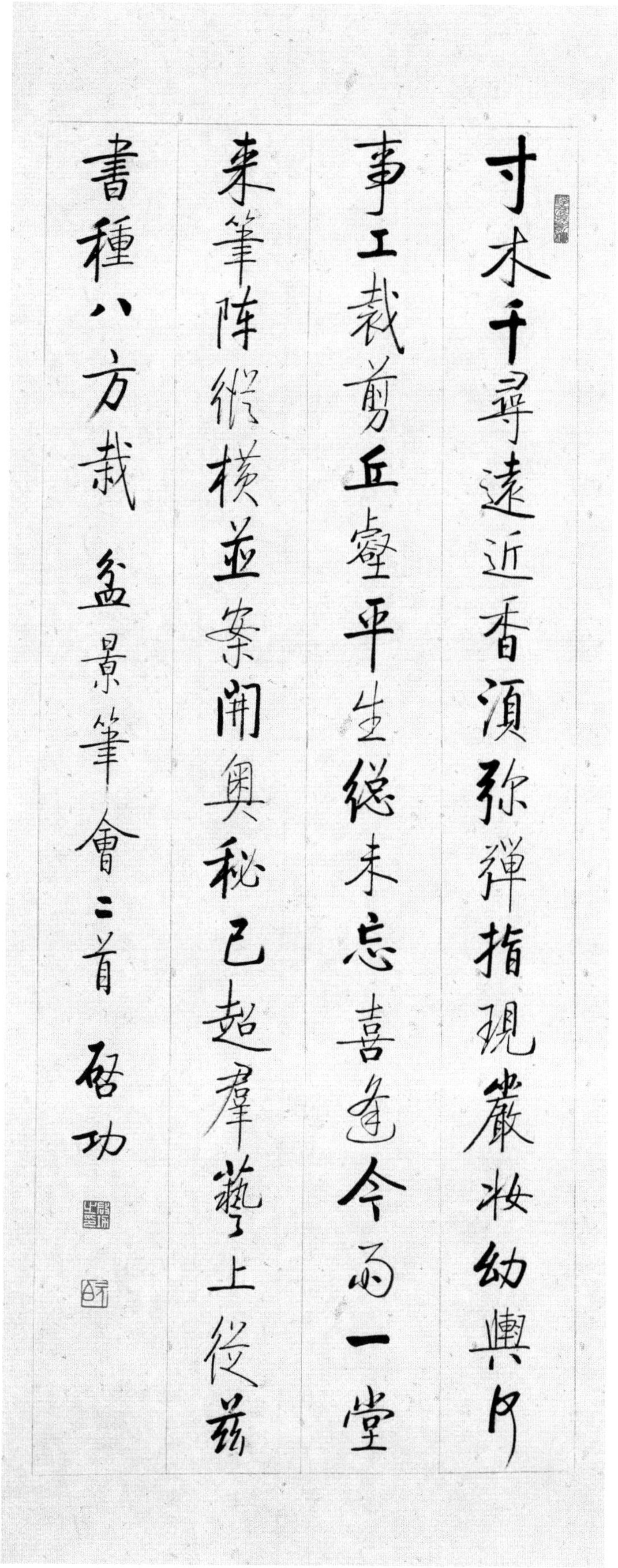

盆景笔会二首（四条屏）

一九九五年作　水墨纸本　142cm×56cm　全国政协藏

十幅蒲帆茉柳條好風盈路送春潮昨宵樽

酒今朝水一樣深情憑夢邊孤窓謷目矮推

蓬而衰瀟湘茉綠濃水竹本無今古異但今

人惜所南翁　南遊題畫二首　啟功

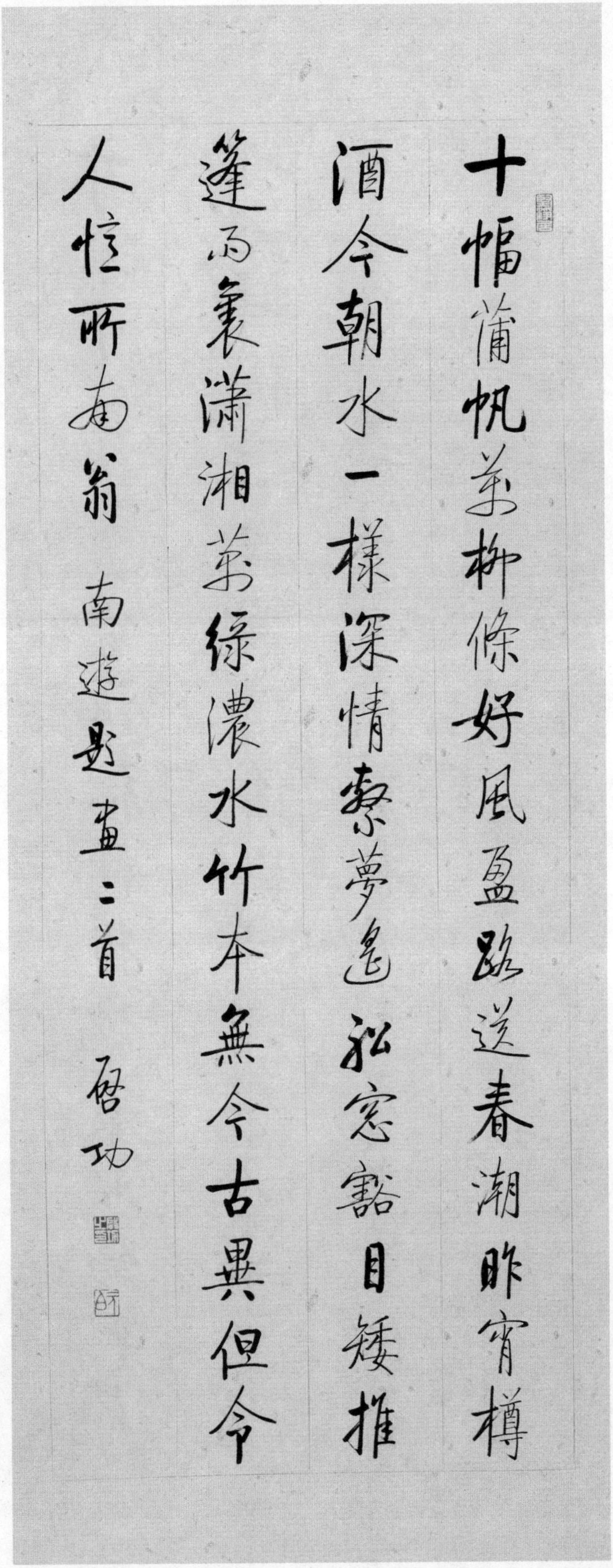

南游题画二首（四条屏）

一九九五年作　水墨纸本　142cm×56cm　全国政协藏

遮陽蛙羲破袈裟紫晶珠緣

藤蘿古敢人親師呈轉語不

嘗而畫兔酸牙

題畫 元白功

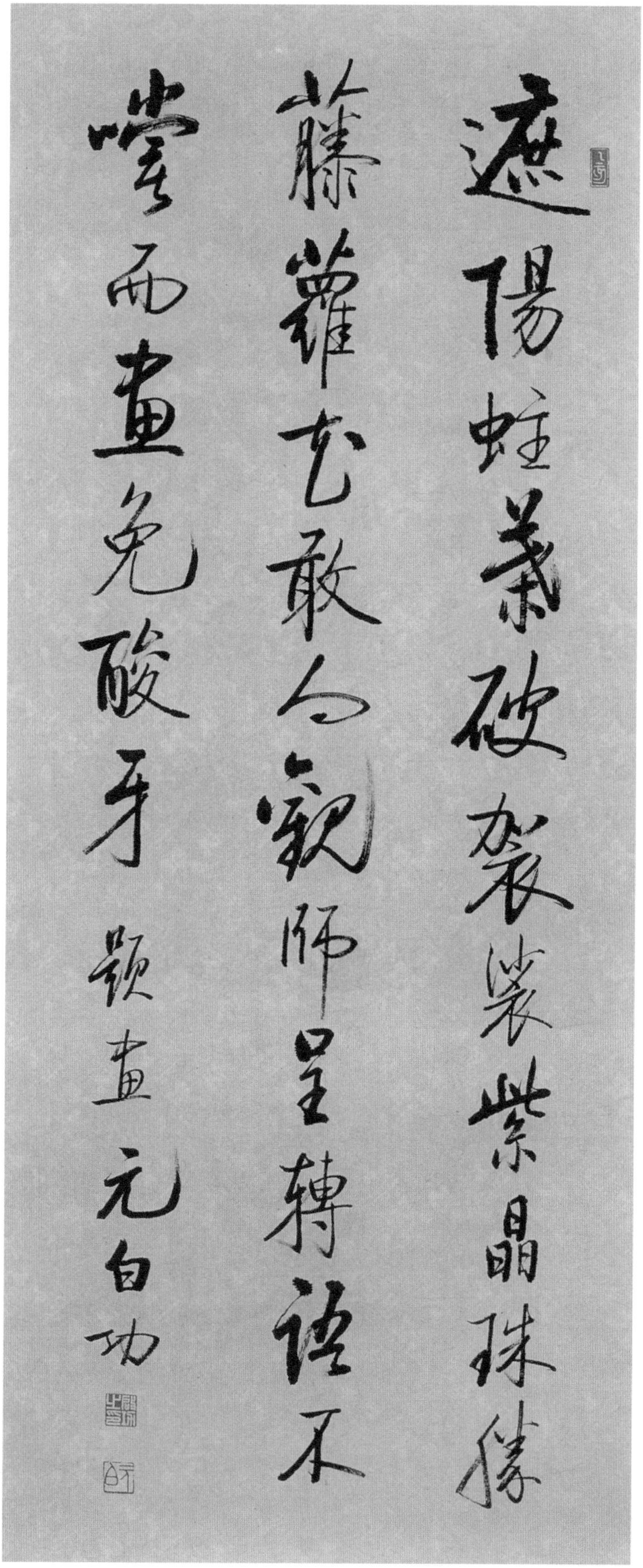

自作诗——遮阳蛙叶破袈裟

一九九五年作 水墨纸本 131cm×55cm 个人收藏

合浦珠还

庆祝香港四归祖国

一九九七年夏日启功书于北京

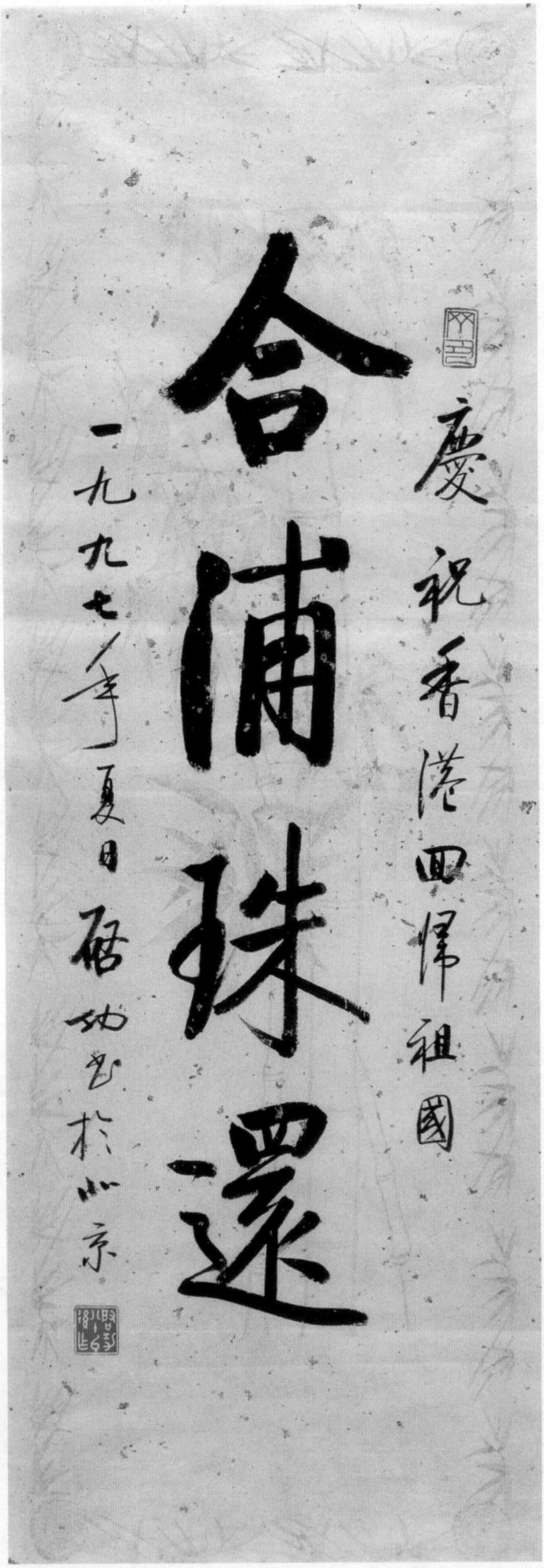

合浦珠还

一九九七年作　水墨纸本　90.5cm×33cm　个人收藏

竹影摇阶尘不动
月轮穿沼水无痕

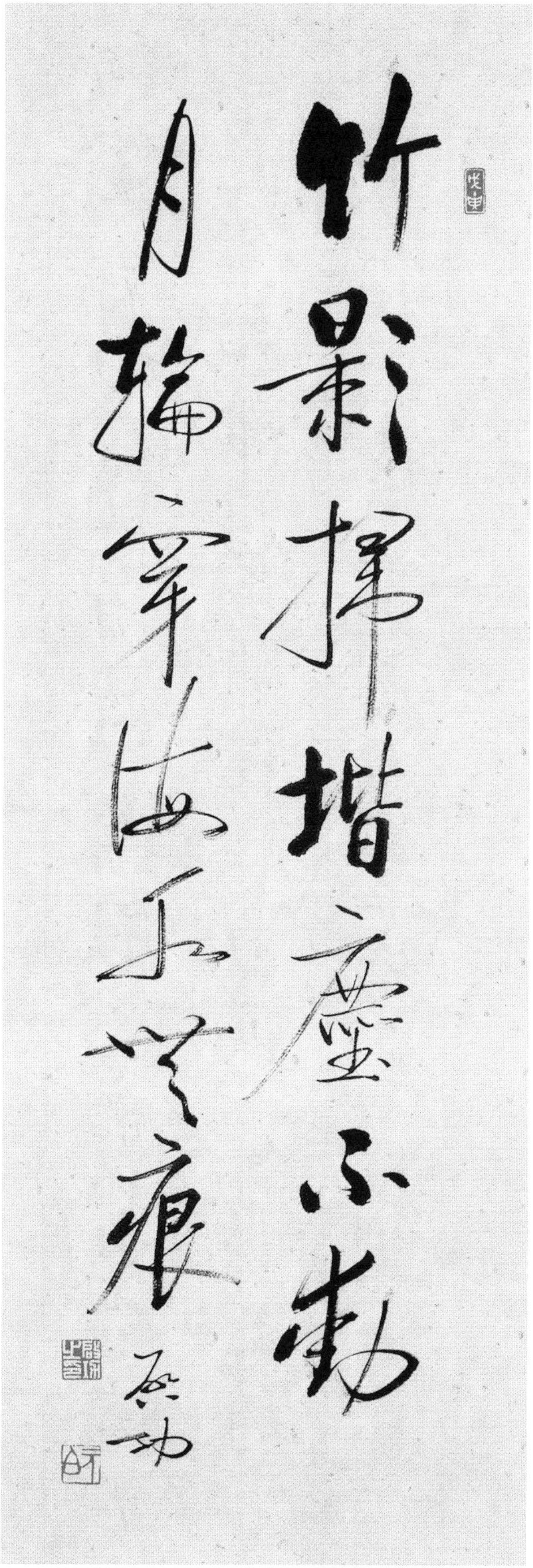

郭沔句——竹影扫阶尘不动

一九九八年作 水墨纸本 93cm×33cm 个人收藏

地阔天宽自在行偎呎吴体发奇

声怩唯性僻耽佳句所欲随心有

少陵澨羊堂集句也一弎 启功

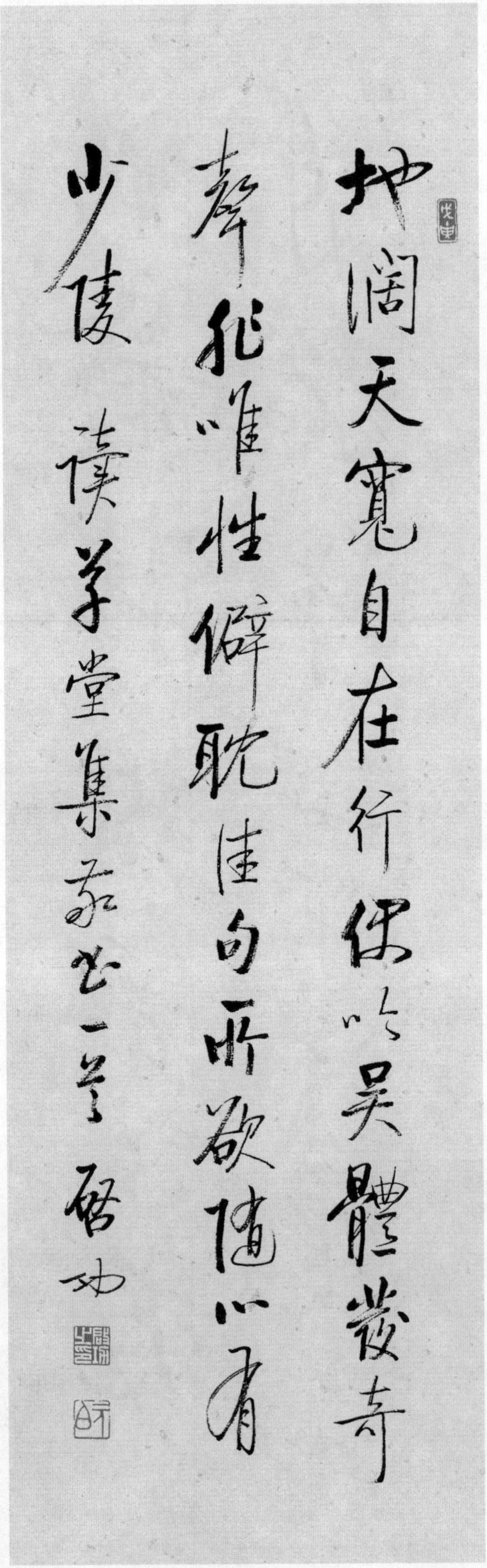

自作诗——地阔天宽自在行

一九九八年作　水墨纸本　102cm×32cm　个人收藏

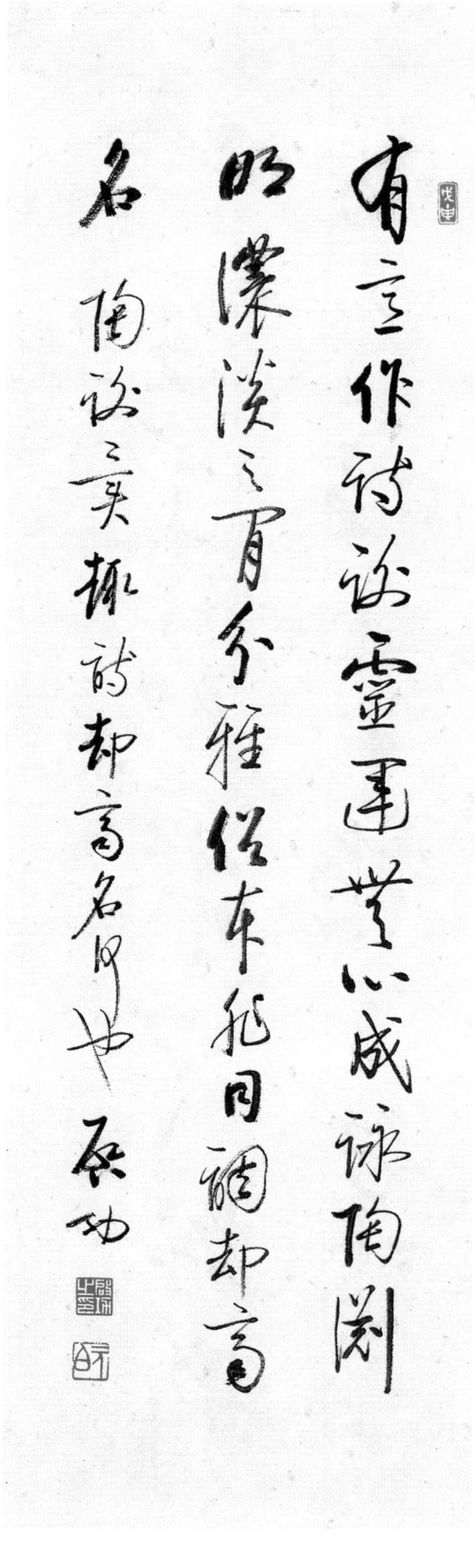

自作诗——有意作诗谢灵运

一九九八年作　水墨纸本　102cm×34cm　个人收藏

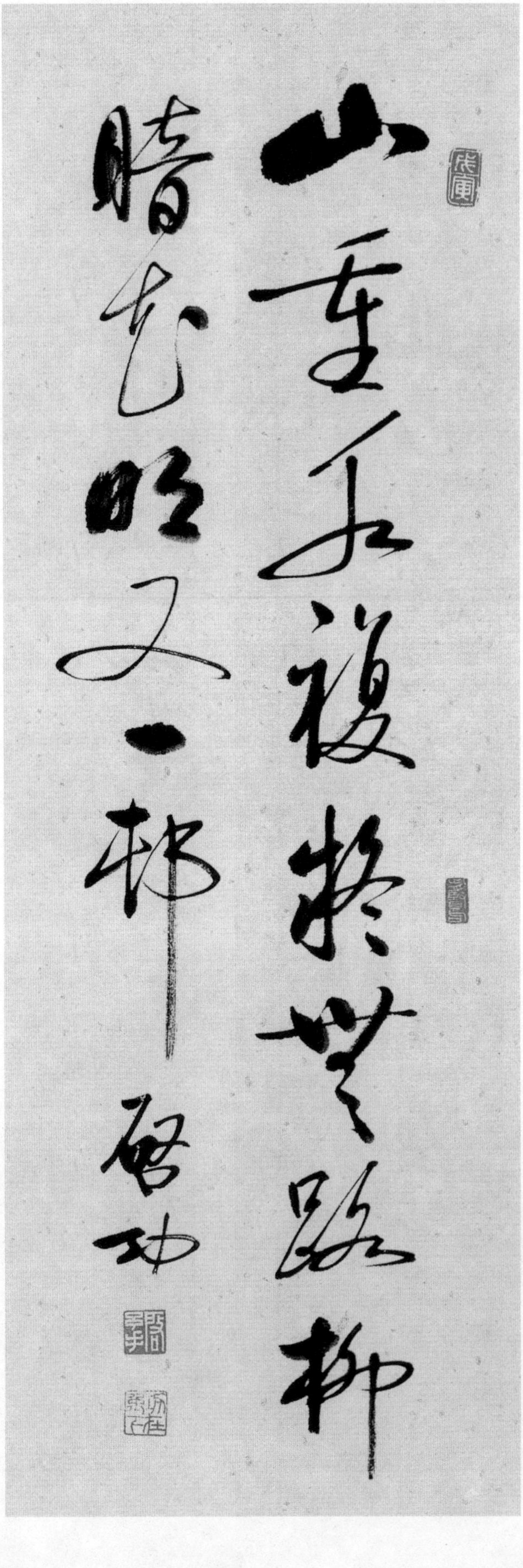

陆游句——山重水复疑无路

一九九八年作　水墨纸本　94cm×33cm　个人收藏

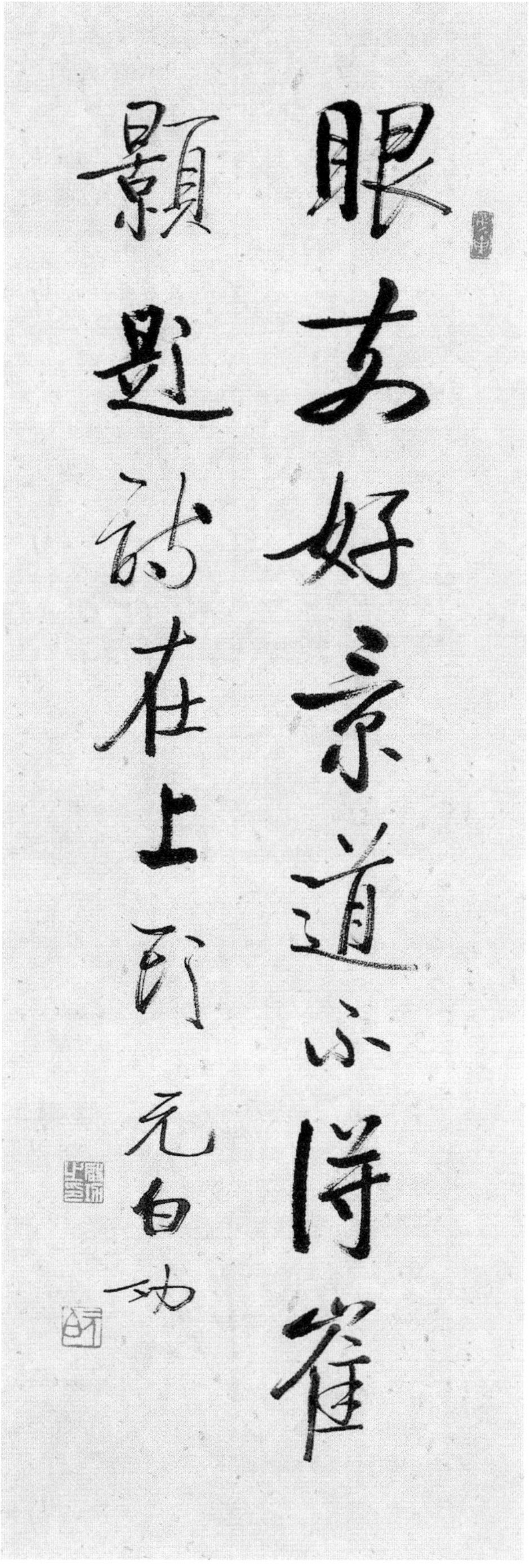
眼前好景道不得崔
颢题诗在上头 元白功

李白句——眼前好景道不得

一九九八年作　水墨纸本　93cm×33cm　个人收藏

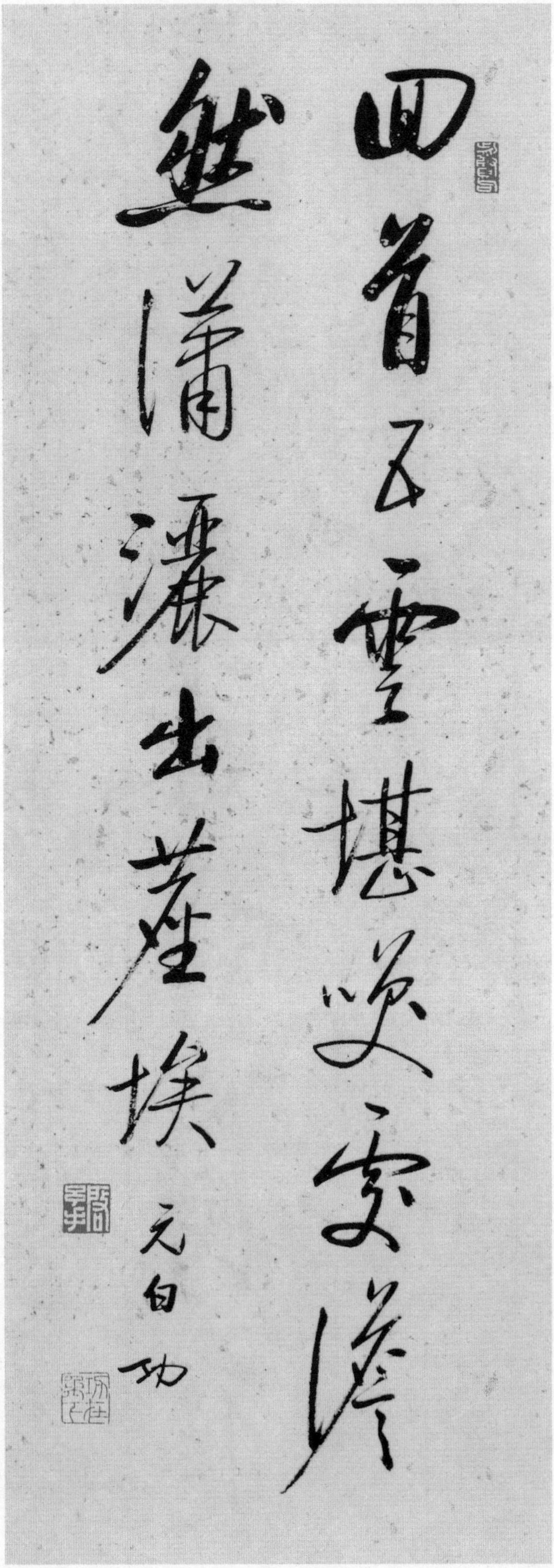

海明句——回首五云堪笑处

一九九八年作 水墨纸本 83cm×30cm 个人收藏

叶羞葳蕤墨未乾又加修竹与三竿雪

溪人往音荏绝将写清荟下笔难 题画

審句己卯春羞试笔伫此一看咒人啟功

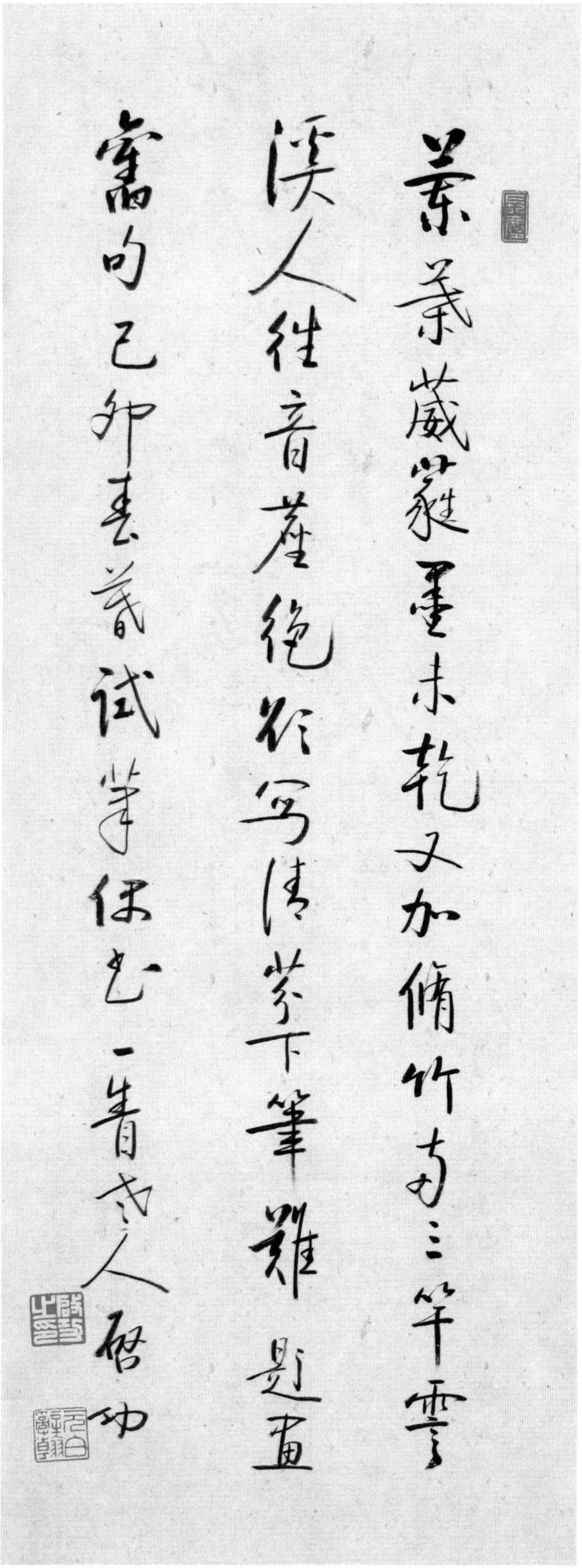

自作诗——兰叶葳蕤墨未干

一九九九年作　水墨纸本　117cm×45cm　个人收藏

千載遠從寄蔣蘿沛中鄉里

沛宮長陵二气間立地英日誰壵

与仲多

宋人題仲山句仲与刘李之兄世四

句撫浮一部浮书读之四榜盐笔玉之费风勃气

启功

唐彦谦句——千载遗踪寄薜萝

二十世纪九十年代作　水墨纸本　135cm×47cm　个人收藏

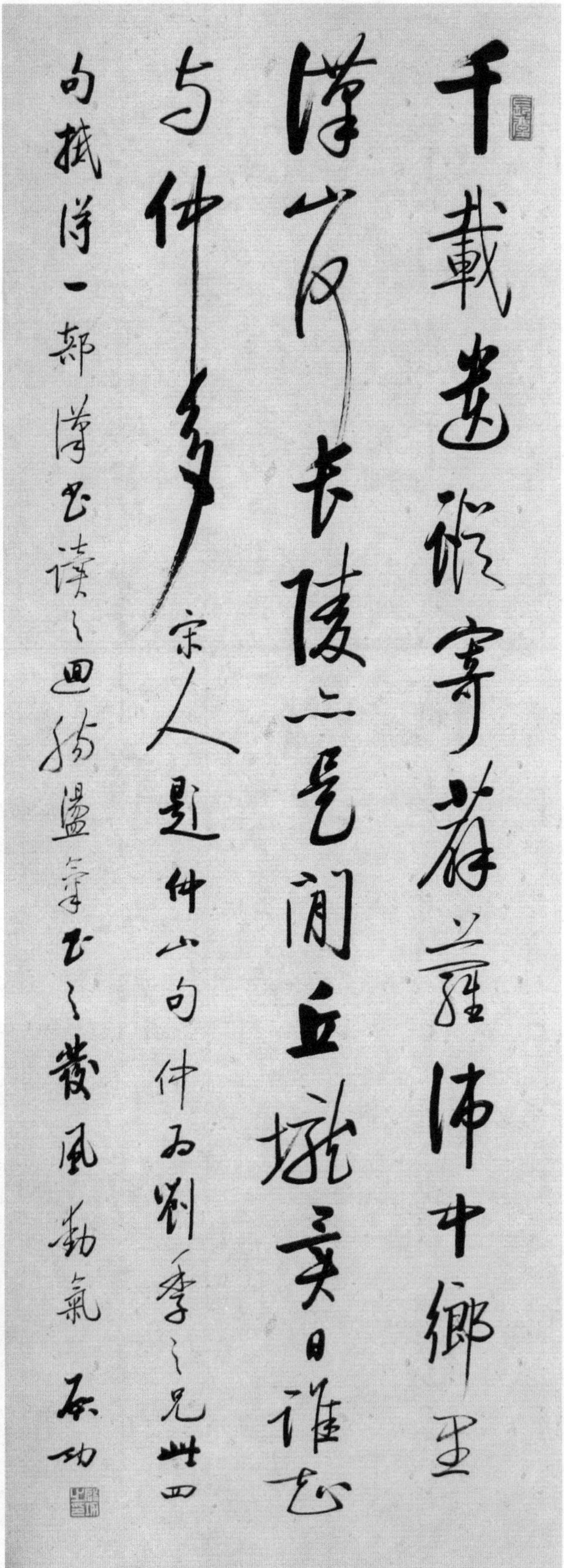

横披

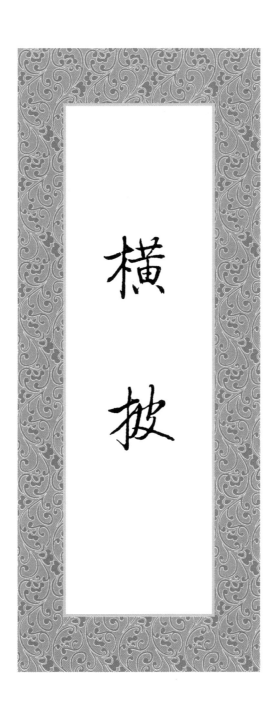

横披

自作诗——真迹颜公此最奇

二十世纪七十年代作　水墨纸本　145cm×350cm　国谊宾馆藏

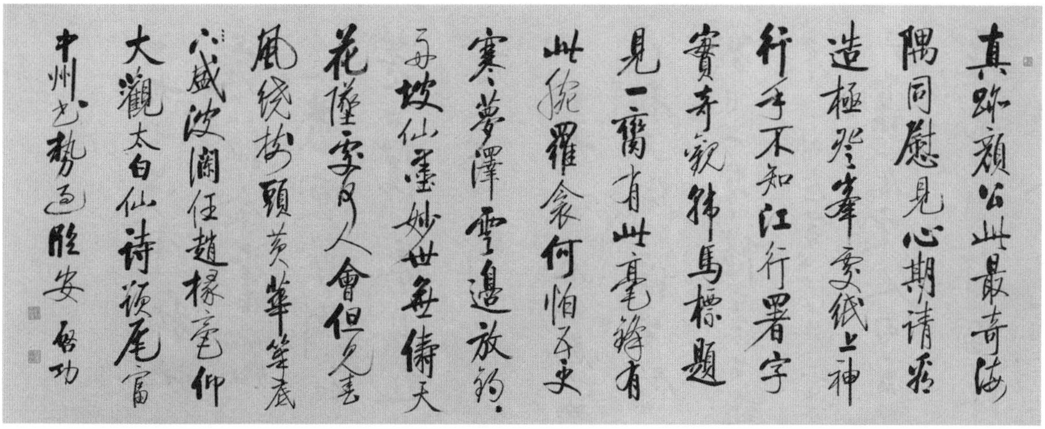

自作句——小住廿番春

一九七七年作 水墨纸本 16cm×77cm 个人收藏

辛弃疾故云

痼疾多年除不掉

靈丹妙藥全無效

可恨老来成病惱

不是泡誰拿性命

開玩笑　牽引頸

椎新上吊又加硬領

脖間套著岂无病魔

還會開天知道今天

且唱漁家傲

率爾作漁家傲

启功一九七七年

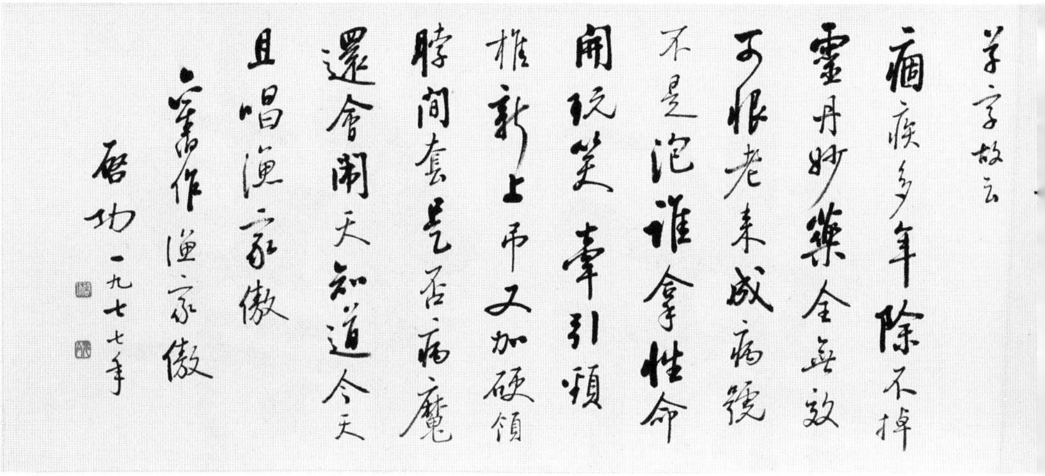

传薪

二十世纪七十年代作　水墨纸本　45cm × 53cm　个人收藏

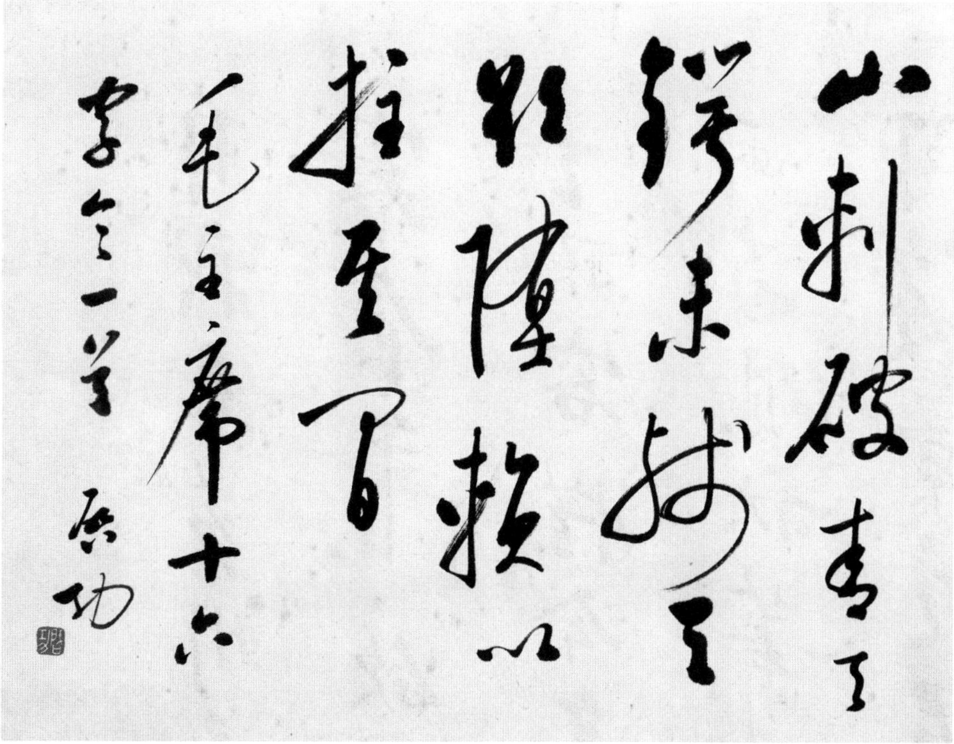

毛主席十六字令

二十世纪七十年代作　水墨纸本　32cm × 53cm　个人收藏

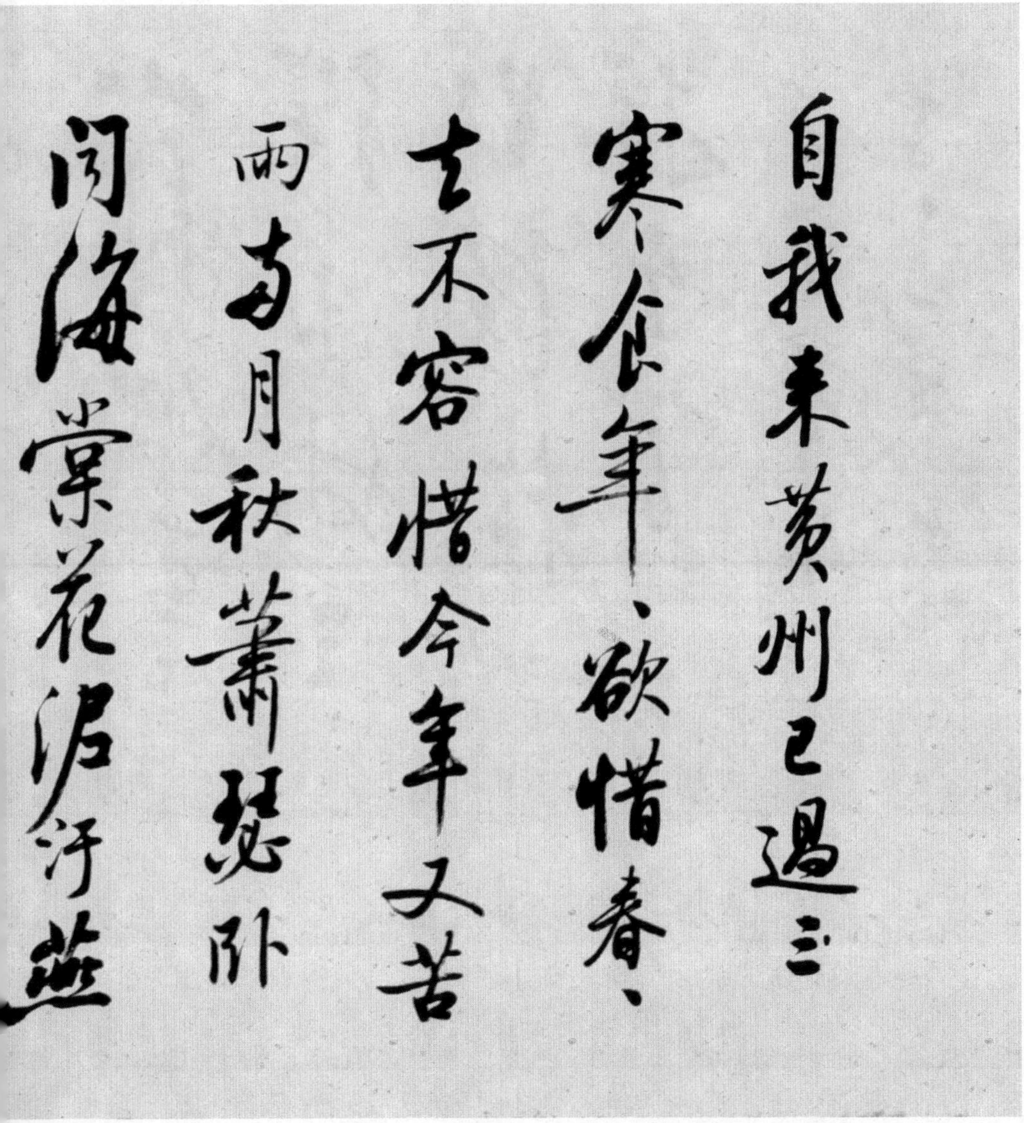
自我来黄州已过三
寒食年、欲惜春、
去不容惜今年又苦
雨两月秋萧瑟卧
闻海棠花泥污燕

苏轼句——自我来黄州

二十世纪七十年代作　水墨纸本　35cm × 134cm　个人收藏

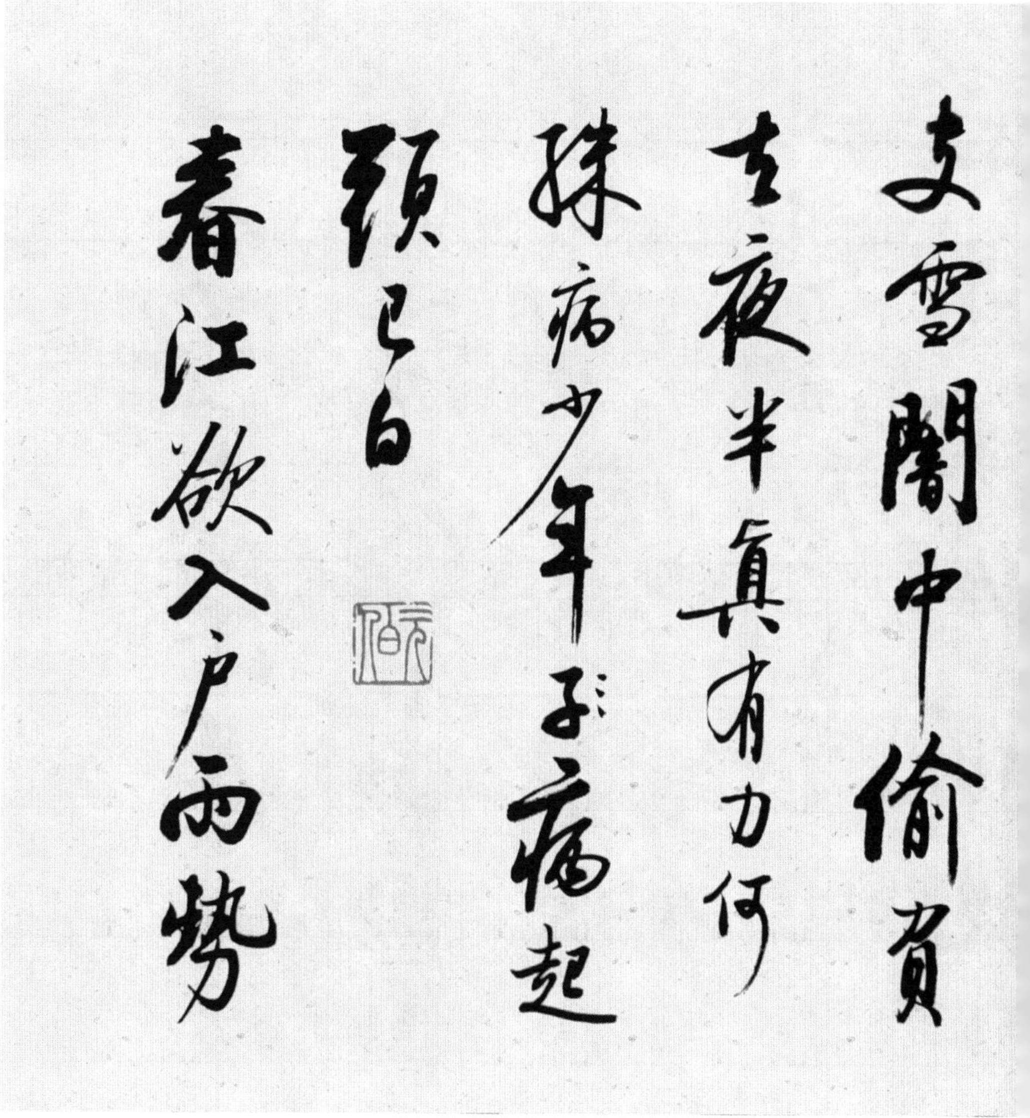
支雪闇中偷負
去夜半真有力何
殊病少年子病起
頭已白
春江欲入戶雨勢

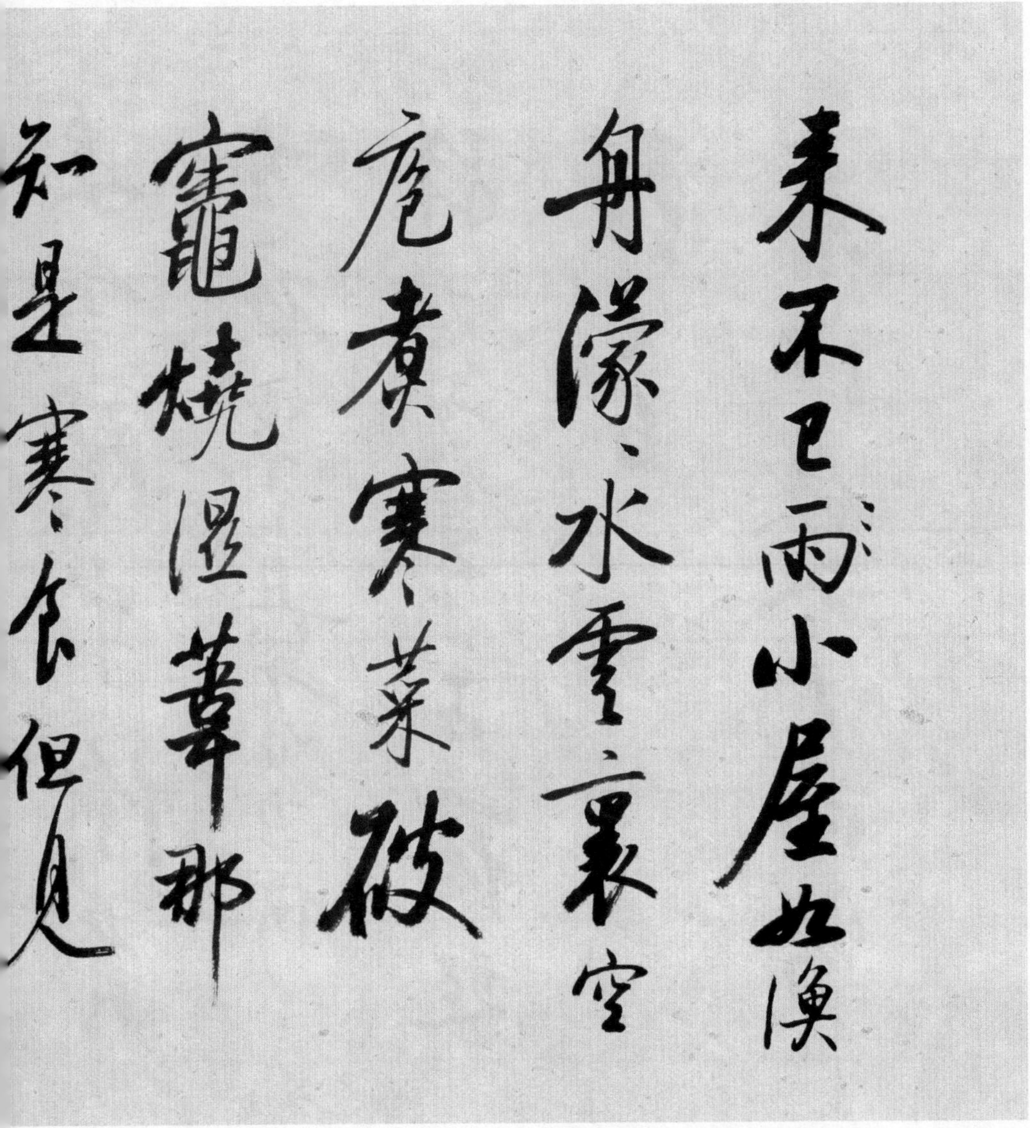
來不已雨小屋如漁
舟濛濛水雲裏空
庖煮寒菜破
竈燒濕葦那
知是寒食但見

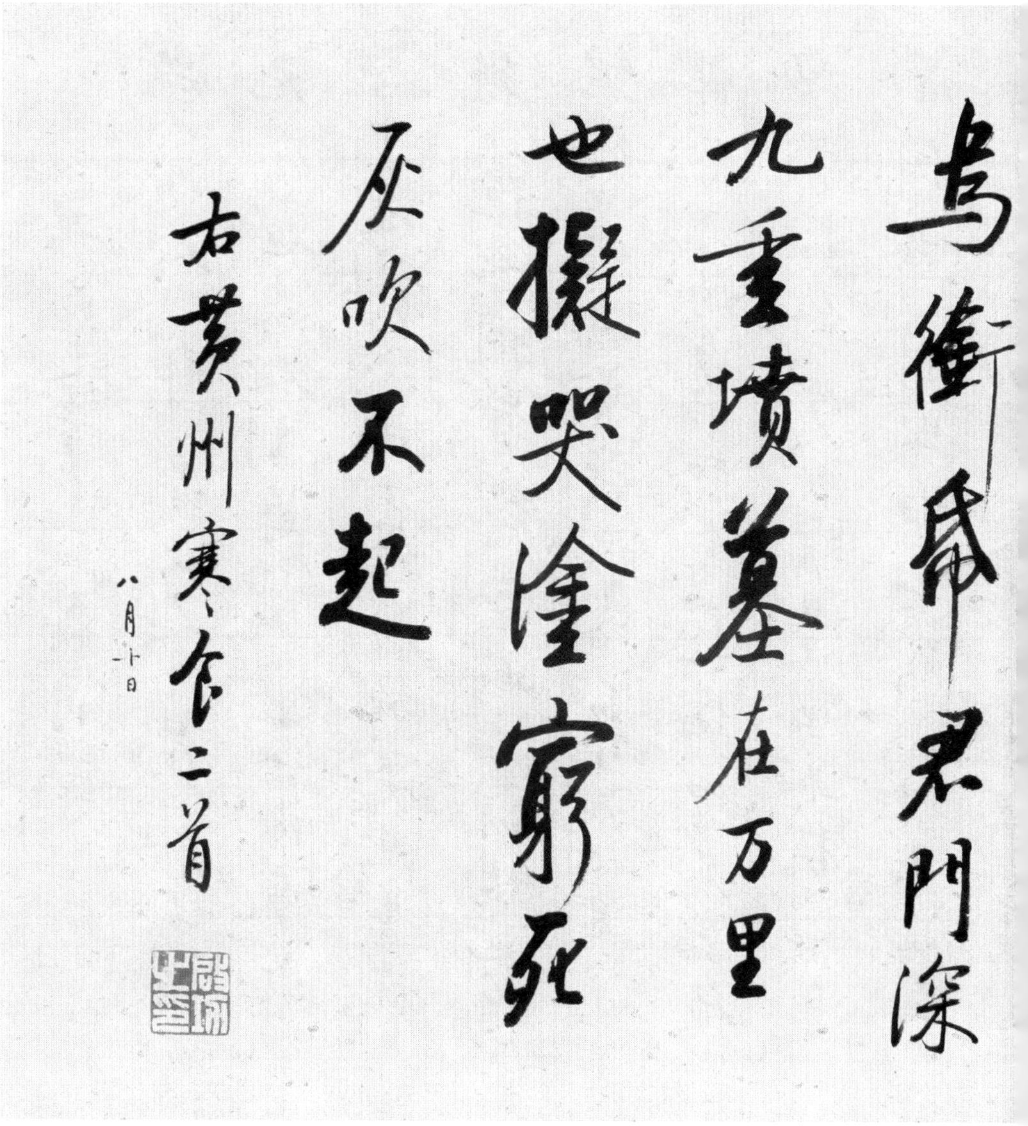
烏衔帋君門深
九重墳墓在万里
也擬哭塗窮死
灰吹不起
右黄州寒食二首
八月十日

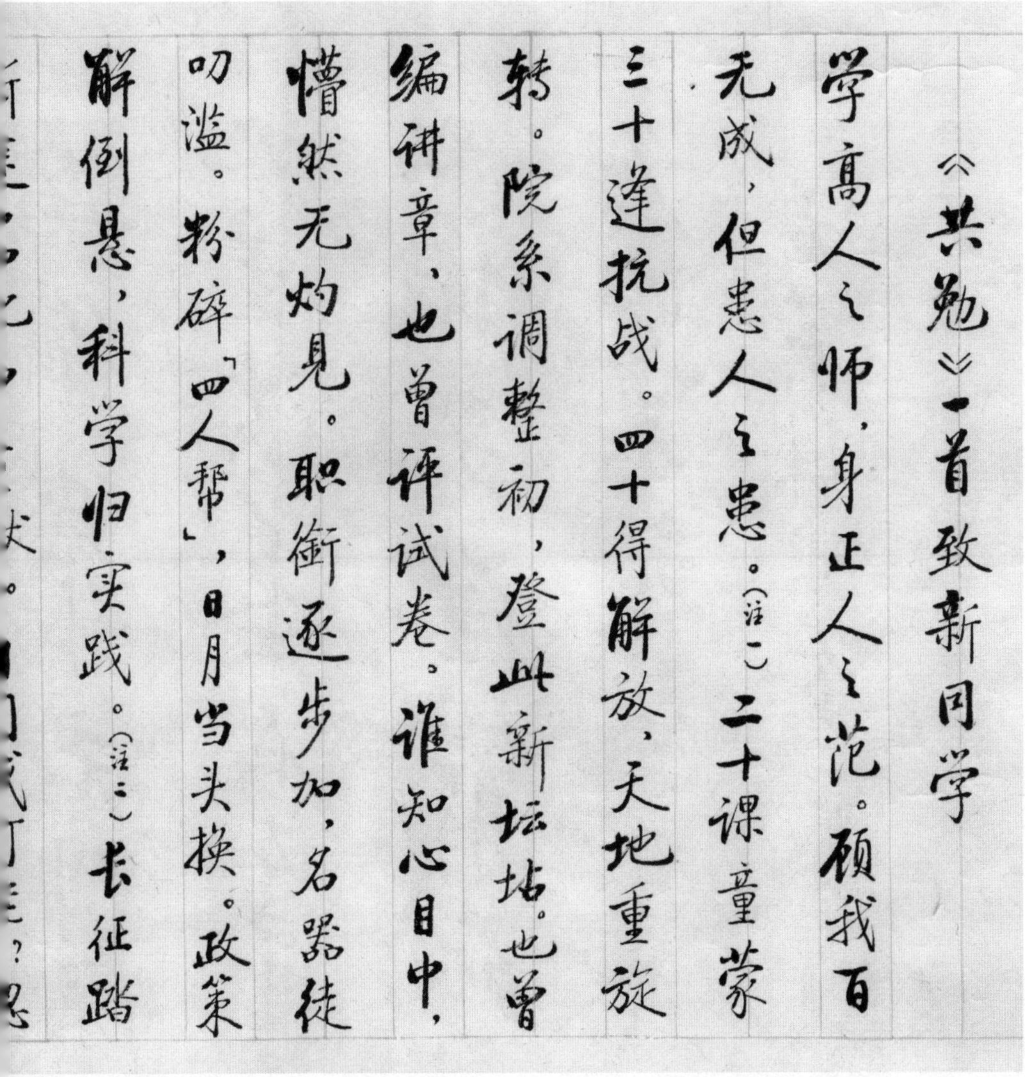
《共勉》一首致新同学
学高人之师，身正人之范。顾我百
无成，但患人之患。(注一) 二十课童蒙
三十逢抗战。四十得解放，天地重旋
转。院系调整初，登此新坛坫。也曾
编讲章，也曾评试卷。谁知心目中，
懵然无灼见。职衔逐步加，名器徒
叨滥。粉碎「四人帮」，日月当头换。政策
解倒悬，科学归实践。(注二) 长征踏

《共勉》一首致新同学

一九八〇年作　水墨纸本　30cm × 50cm　北京师范大学藏

念。三育德智体，莫作等闲看。学位与学分，岂为撑门面。祖国当中兴，我辈肩有担！

注一：《孟子》：「人之患，在好为人师。」指自充有学识的人，喜好随便指导旁人的那种毛病。

注二：「践」字在这里借作去声。

一九八零年五月 启功书于北京师范大学中文系

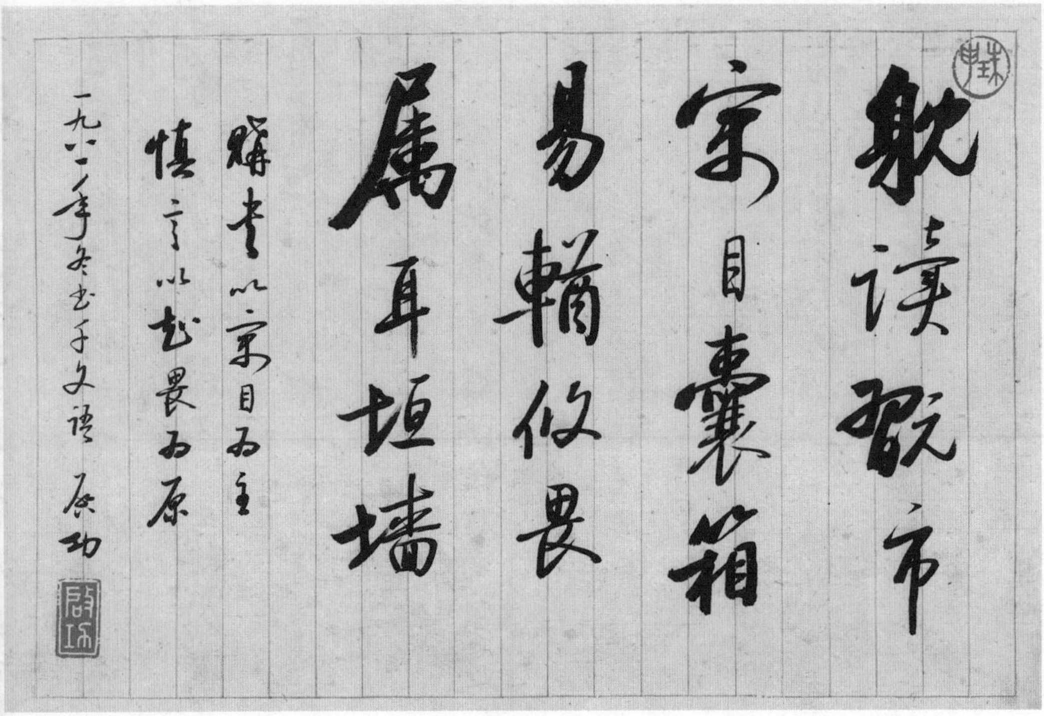
耽读翫市
寓目囊箱
易輶攸畏
属耳垣墙
一九八一年录千文语 启功

《千字文》句——耽读玩市

一九八一年作 水墨纸本 23cm × 34cm 个人收藏

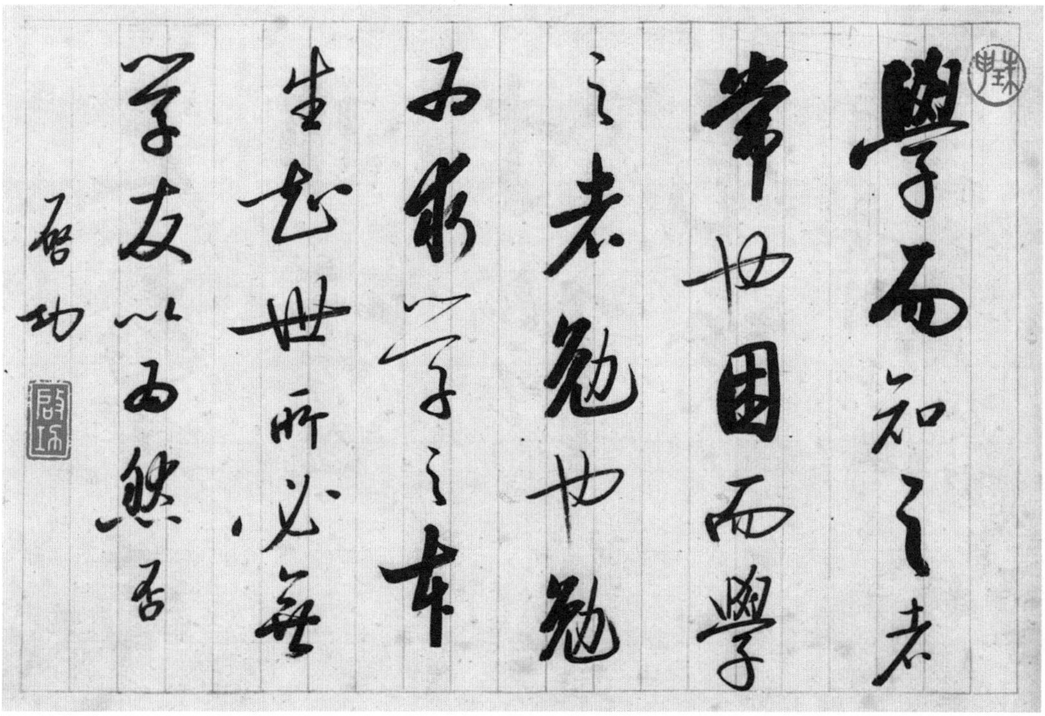

笔记一则——学而知之者常也

一九八一年作　水墨纸本　23cm × 34cm　个人收藏

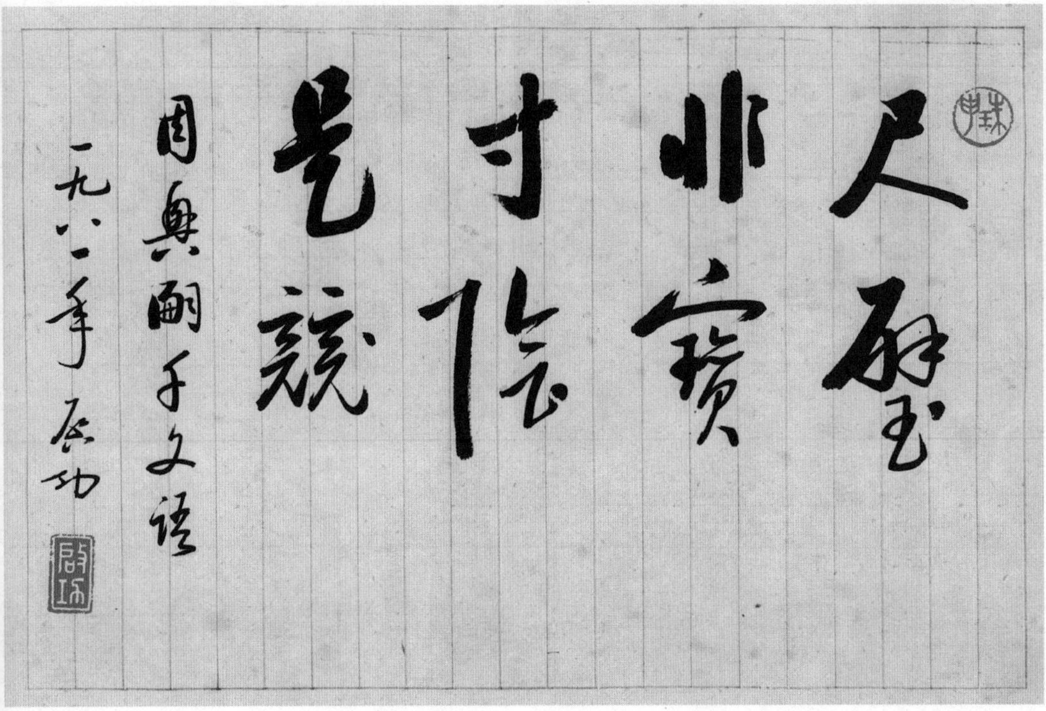
尺璧非宝
寸阴是竞
周兴嗣千文语
一九八一年 启功

尺璧非宝　寸阴是竞

一九八一年作　水墨纸本　23cm × 34cm　个人收藏

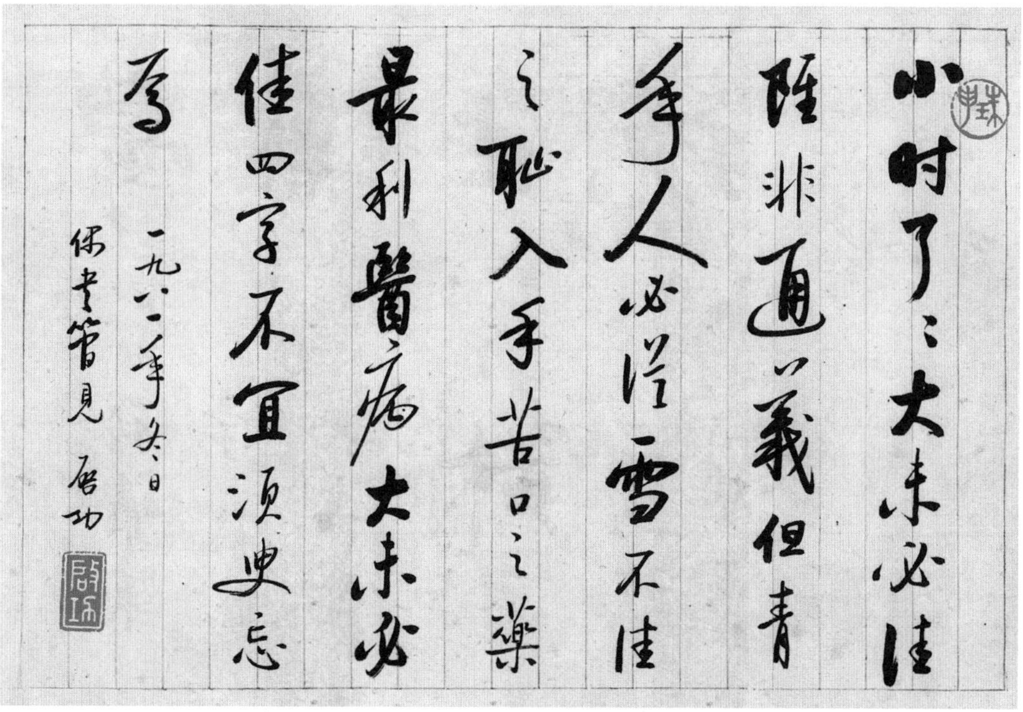

笔记一则——小时了了

一九八一年作　水墨纸本　23cm × 34cm　个人收藏

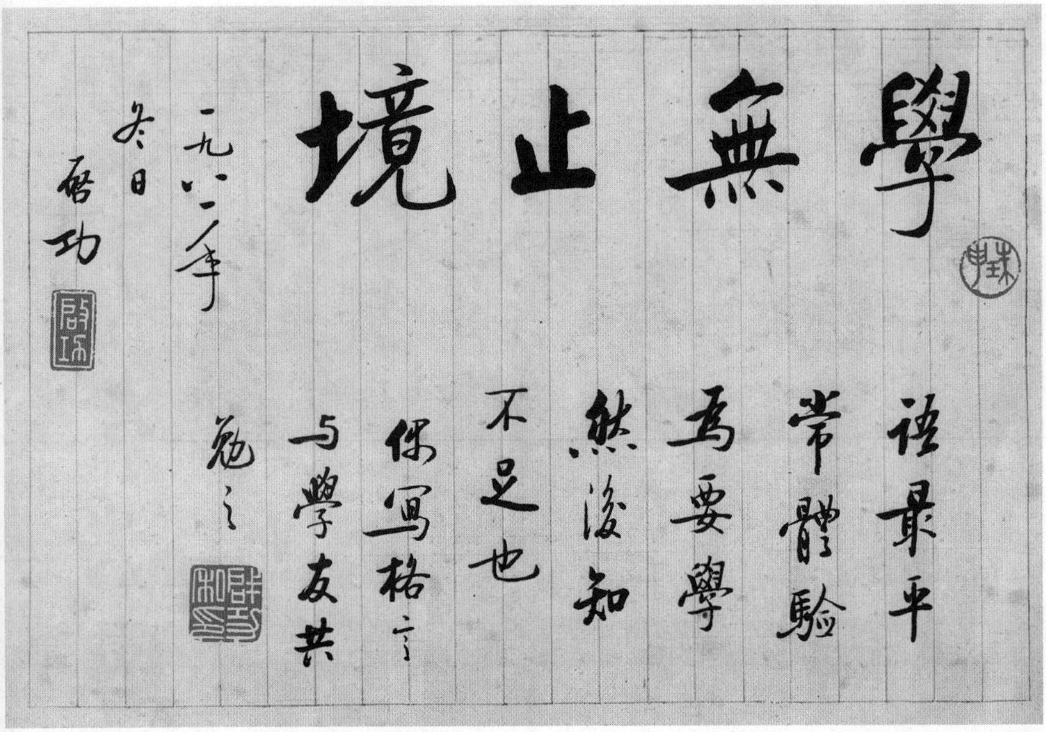
學無止境
語最平常體驗爲要學然後知不足也
偶寫格言與學友共勉之
一九八一年冬日
啟功

学无止境

一九八一年作　水墨纸本　23cm × 34cm　个人收藏

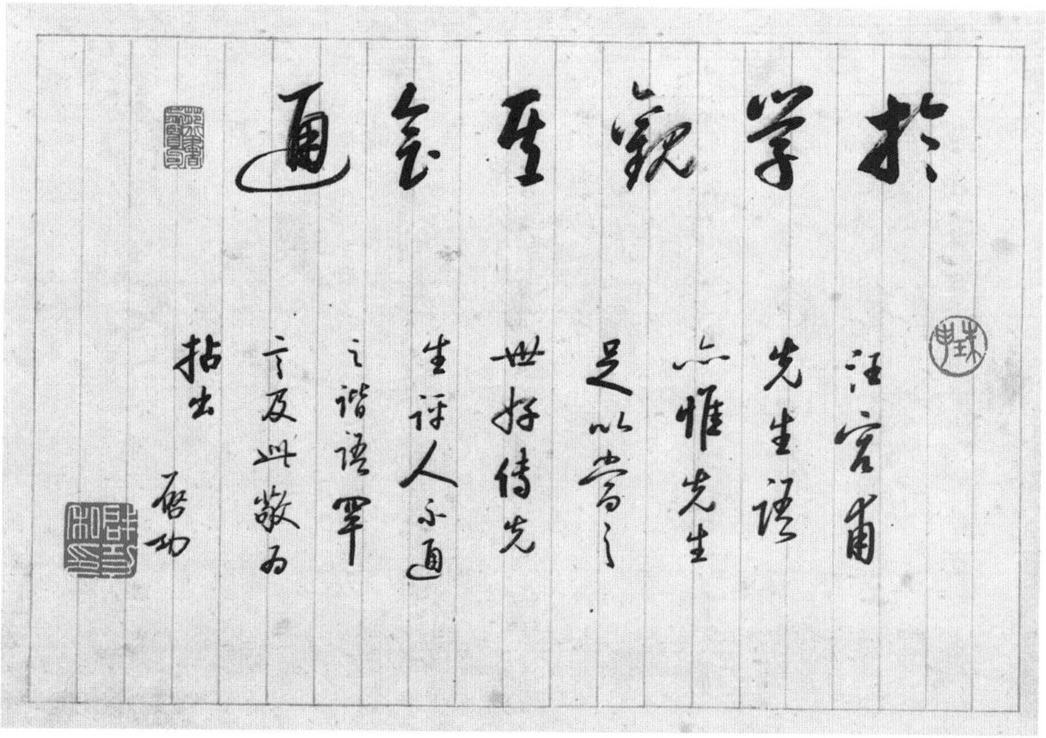

于学观其会通

一九八一年作　水墨纸本　23cm × 34cm　个人收藏

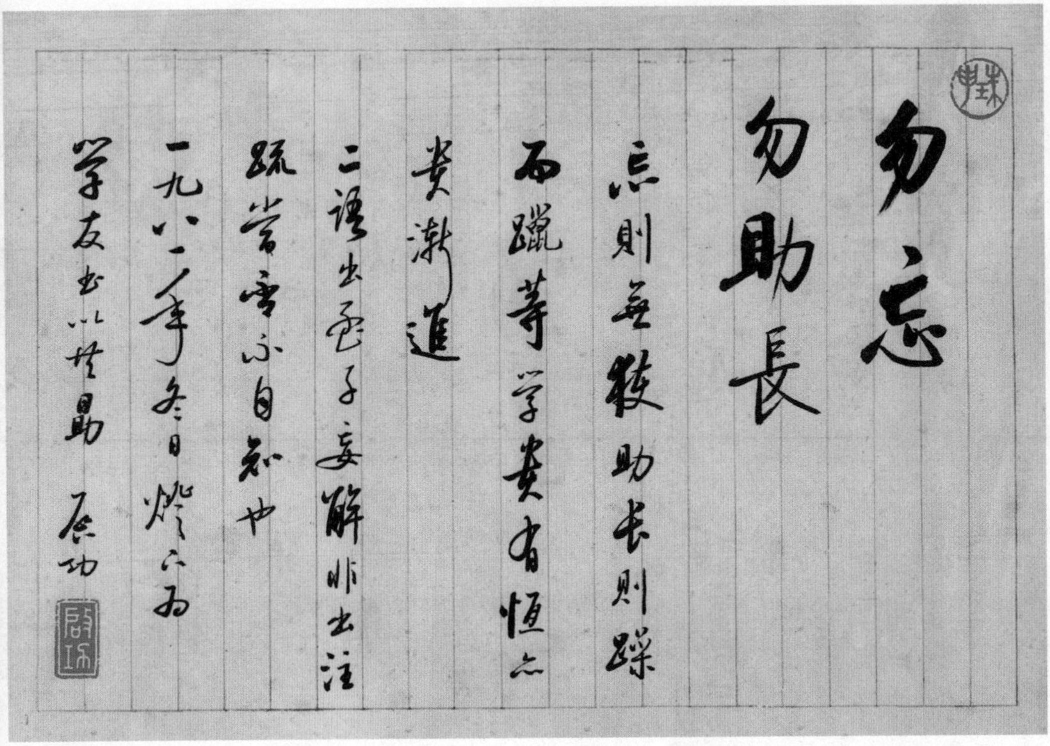

勿忘　勿助长

一九八一年作　水墨纸本　23cm × 34cm　个人收藏

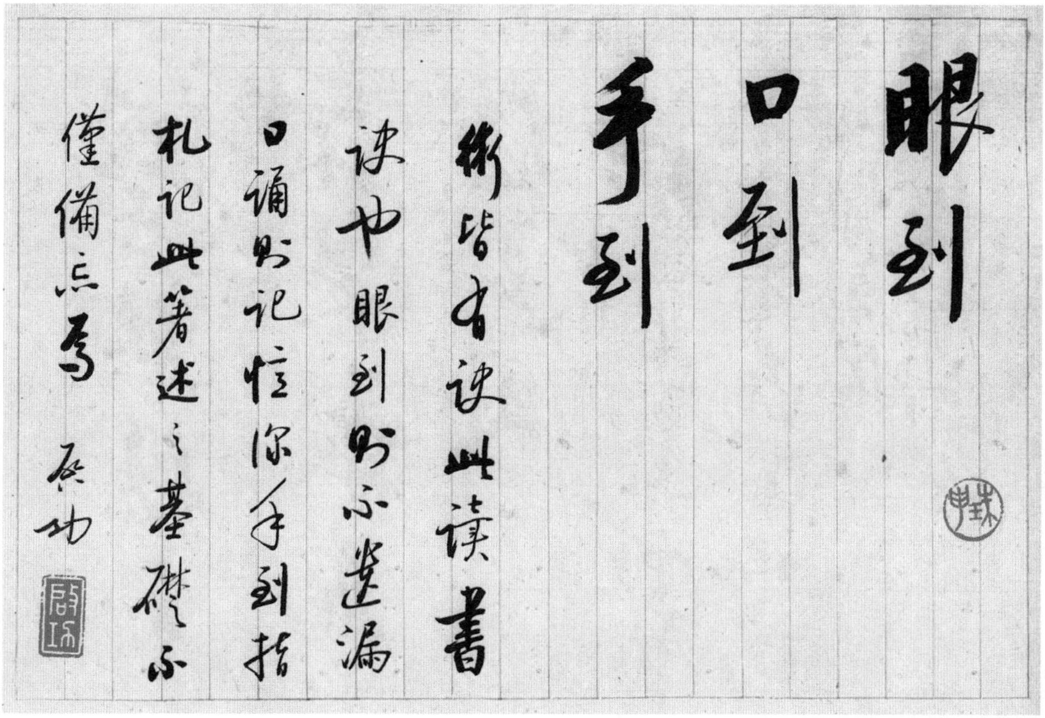

眼到　口到　手到

一九八一年作　水墨纸本　23cm × 34cm　个人收藏

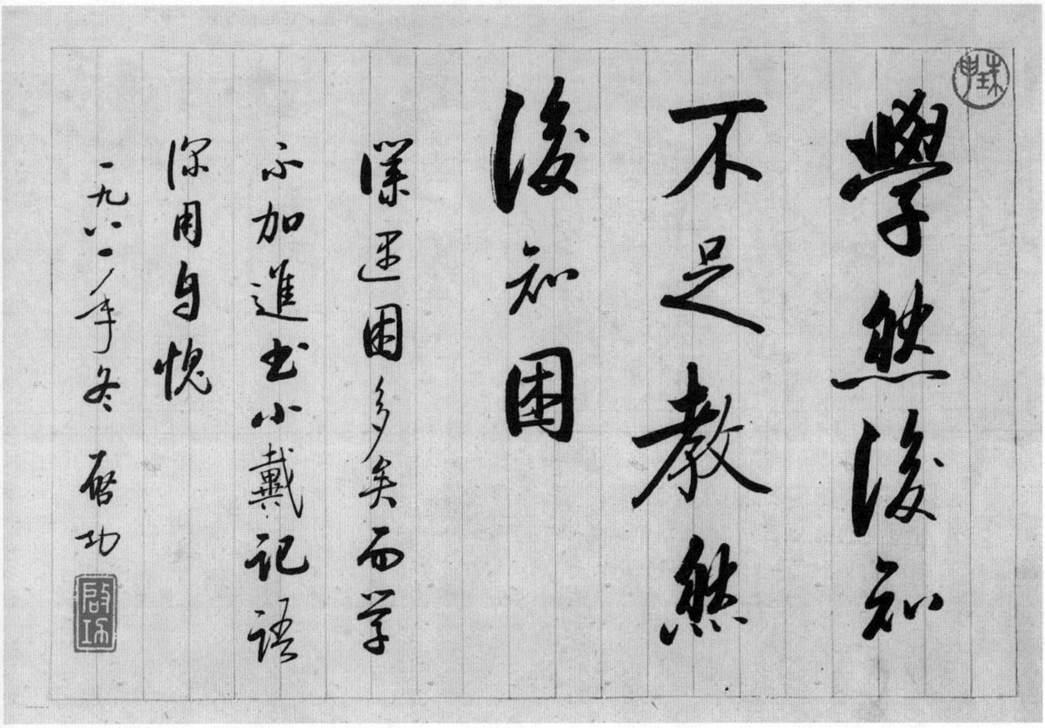
學然後知
不足教然
後知困
一九八一年冬　啟功

学然后知不足　教然后知困

一九八一年作　水墨纸本　23cm × 34cm　个人收藏

谁知圣人意　不在古书中

此苏东坡诗句

世议读书不化者
为读死书气煞苏
句可发深省者

一九八一年冬来

启功

一九八一年作　水墨纸本　23cm×34cm　个人收藏

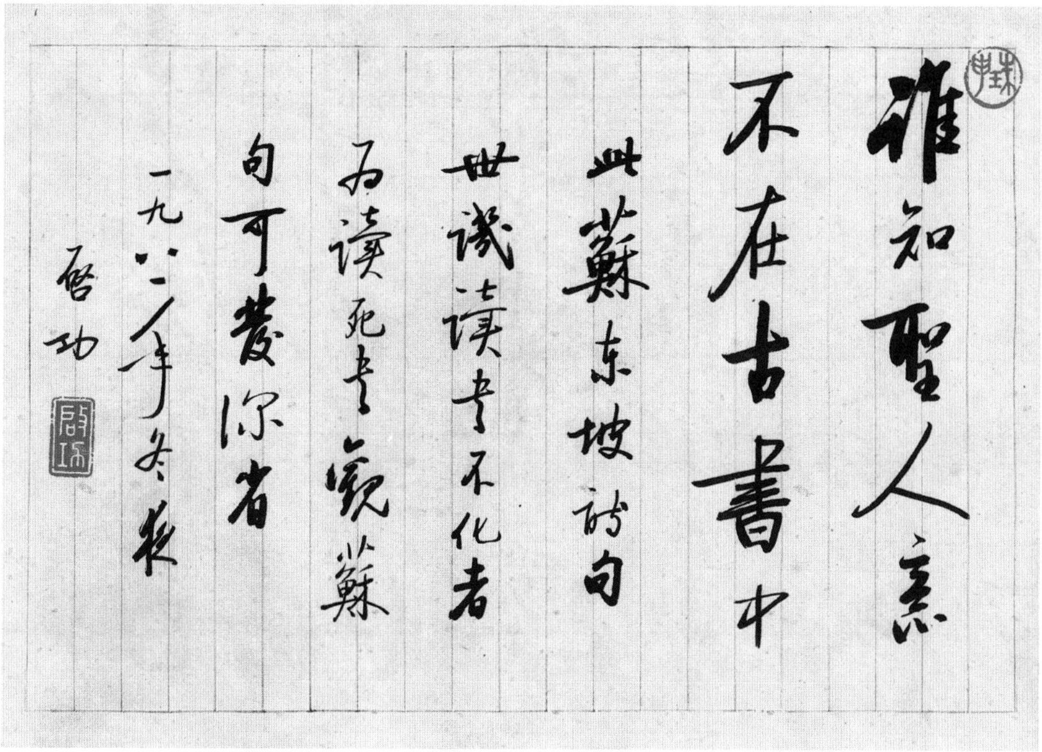

苏轼句——谁知圣人意

一九八一年作　水墨纸本　23cm×34cm　个人收藏

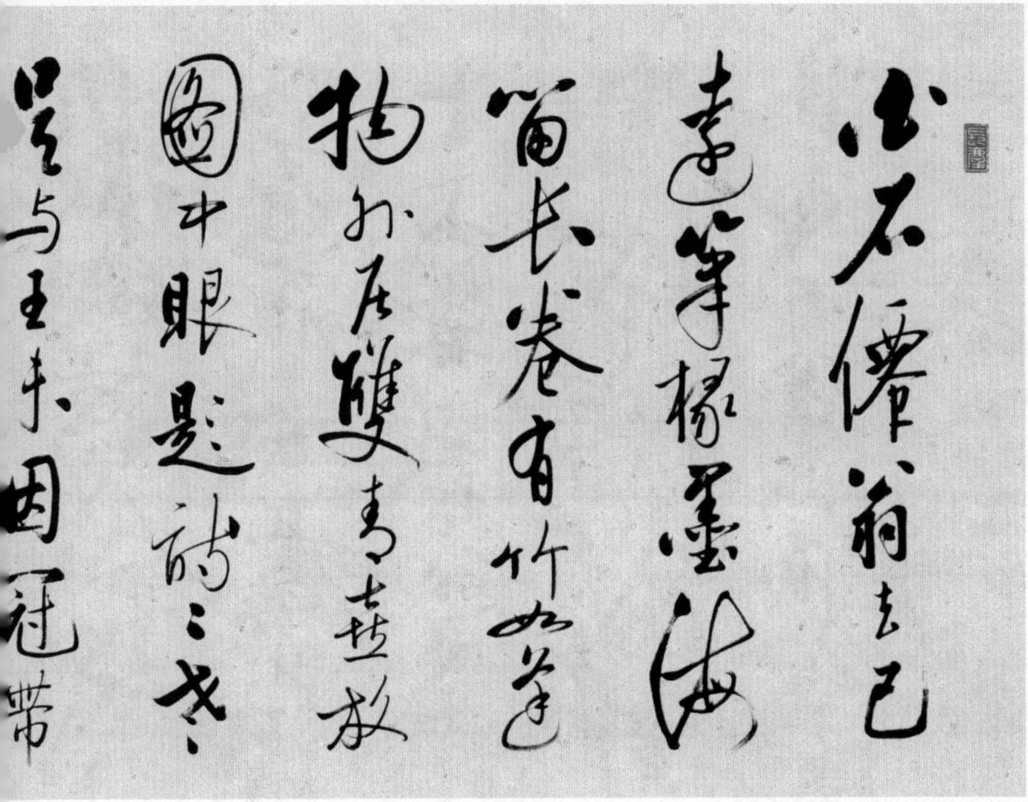

自作诗——白石仙翁去已远

一九八一年作　水墨纸本　65cm×185cm　钓鱼台国宾馆藏

负郭庄不专仁

亩仲时愿五百

春秋生一辦禾

颂沈不田毛春一

芷一九八一年秋月

书于同乐园一庽地

启功

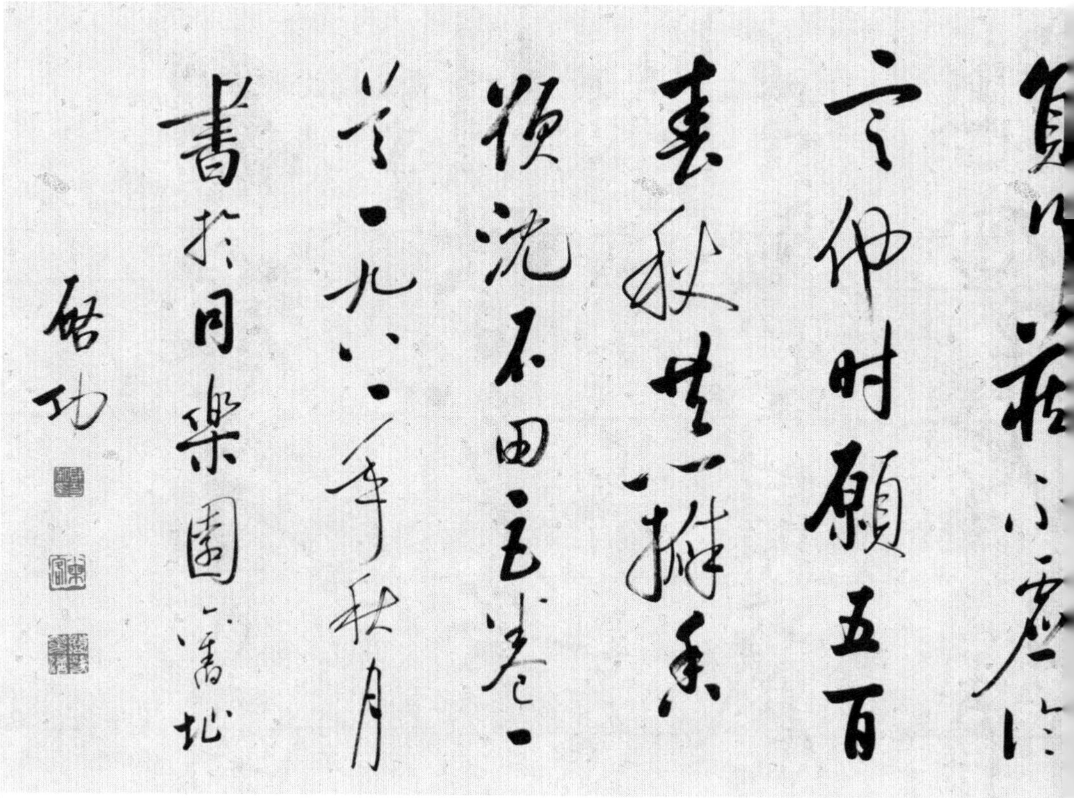

砚务千年久良
材此日多案头坯
利器笔底发
讴歌层理牛毛细

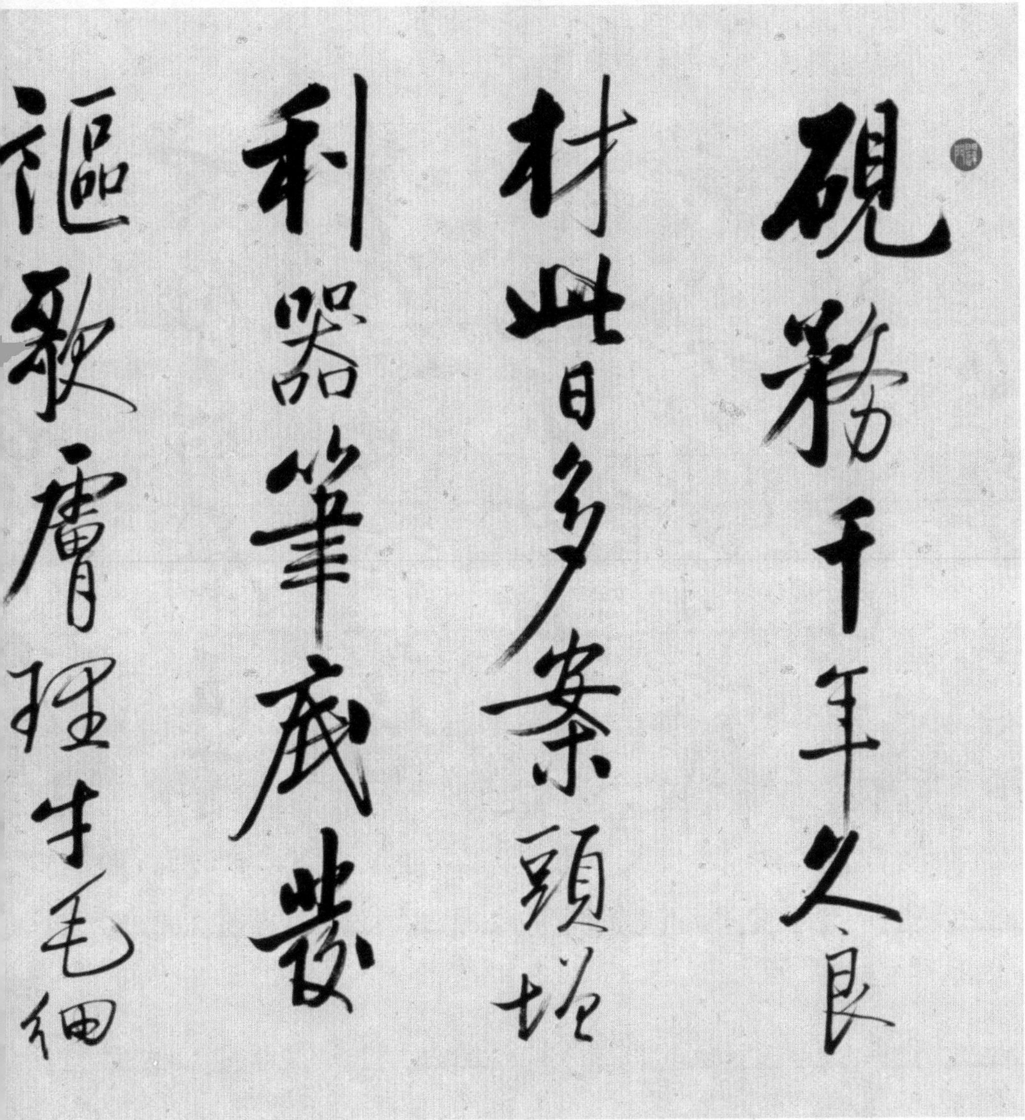

自作诗——砚务千年久

一九八一年作 水墨纸本 66cm×126cm 钓鱼台国宾馆藏

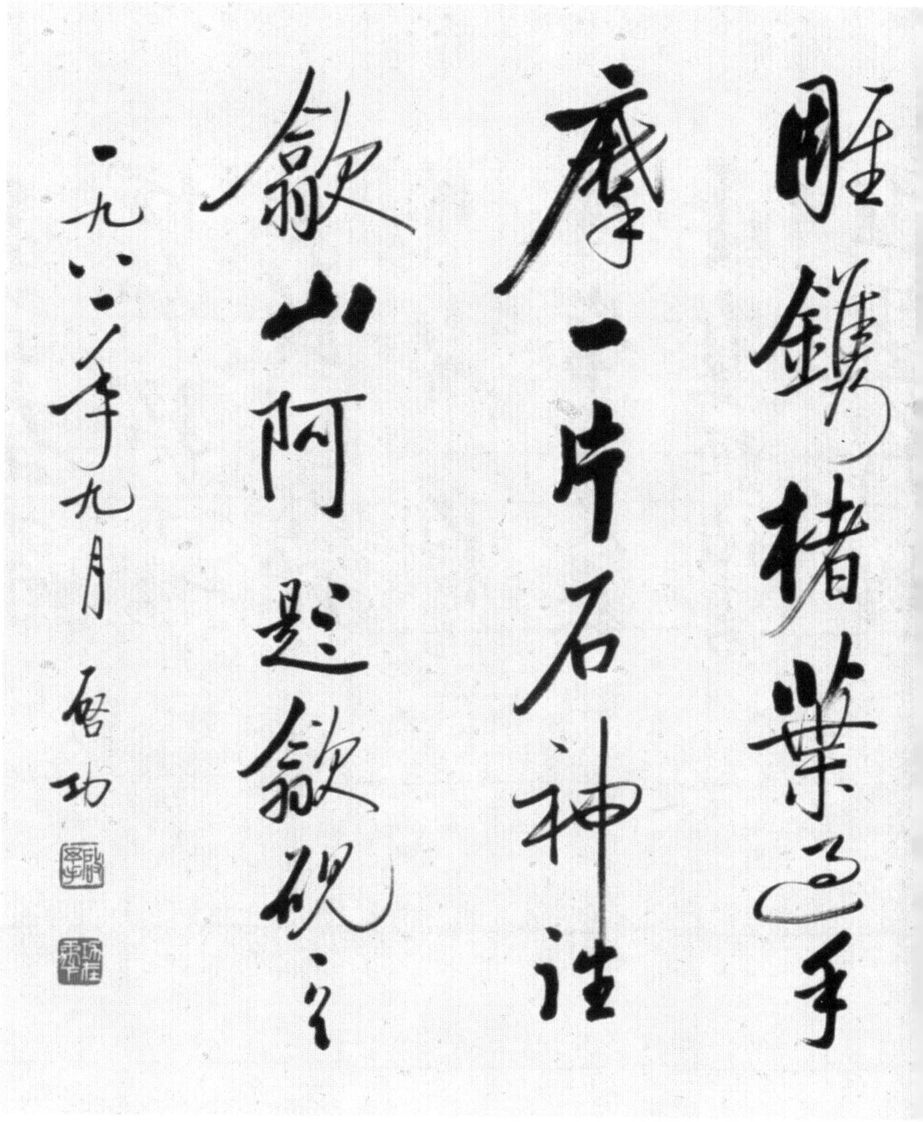
雕鐫楮葉巧手
摩一片石神注
歙山阿題歙硯
一九八二年九月
啟功

千里南来访鹤铭
访鹤孤长桥
飞跨大江横
风喷藏毫
寻常见云
金焦眼倍高
亚画川隆

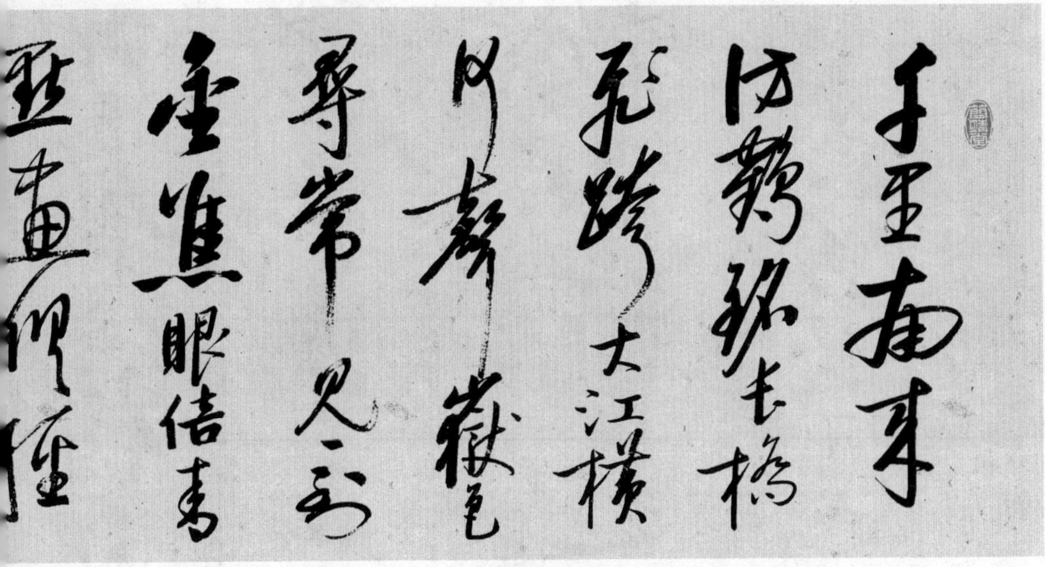

自作诗——千里南来访鹤铭

一九八二年作　水墨纸本　33cm×133cm　个人收藏

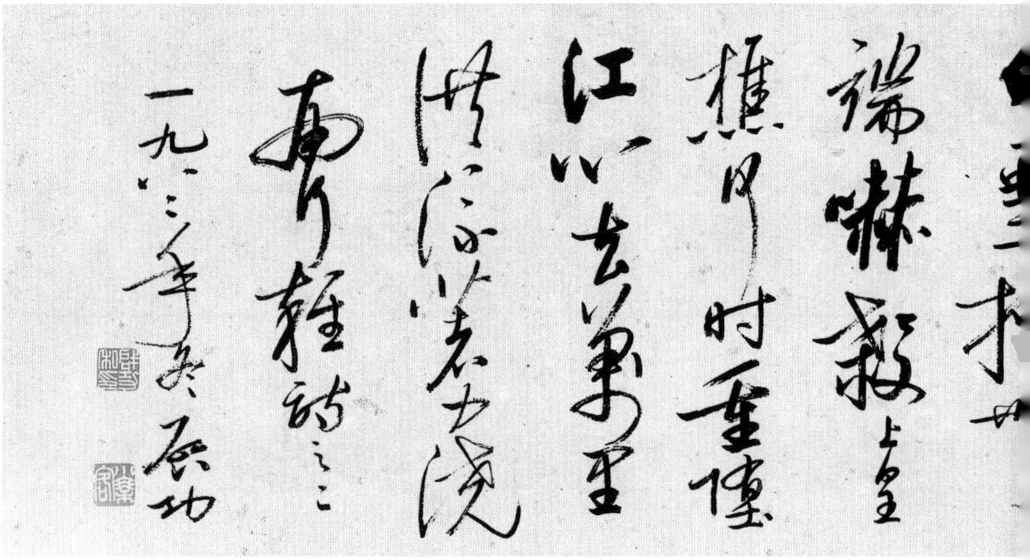

佳想安善

一九八二年作　水墨纸本　18.5cm×27.5cm　个人收藏

停云

一九八二年作　水墨纸本　33cm×90.5cm　个人收藏

居敬

一九八三年作　水墨纸本　24cm × 26cm　个人收藏

池塘生春草
園柳變鳴禽

春陰反復長為高律句
此亦不可佳也
啟功并識

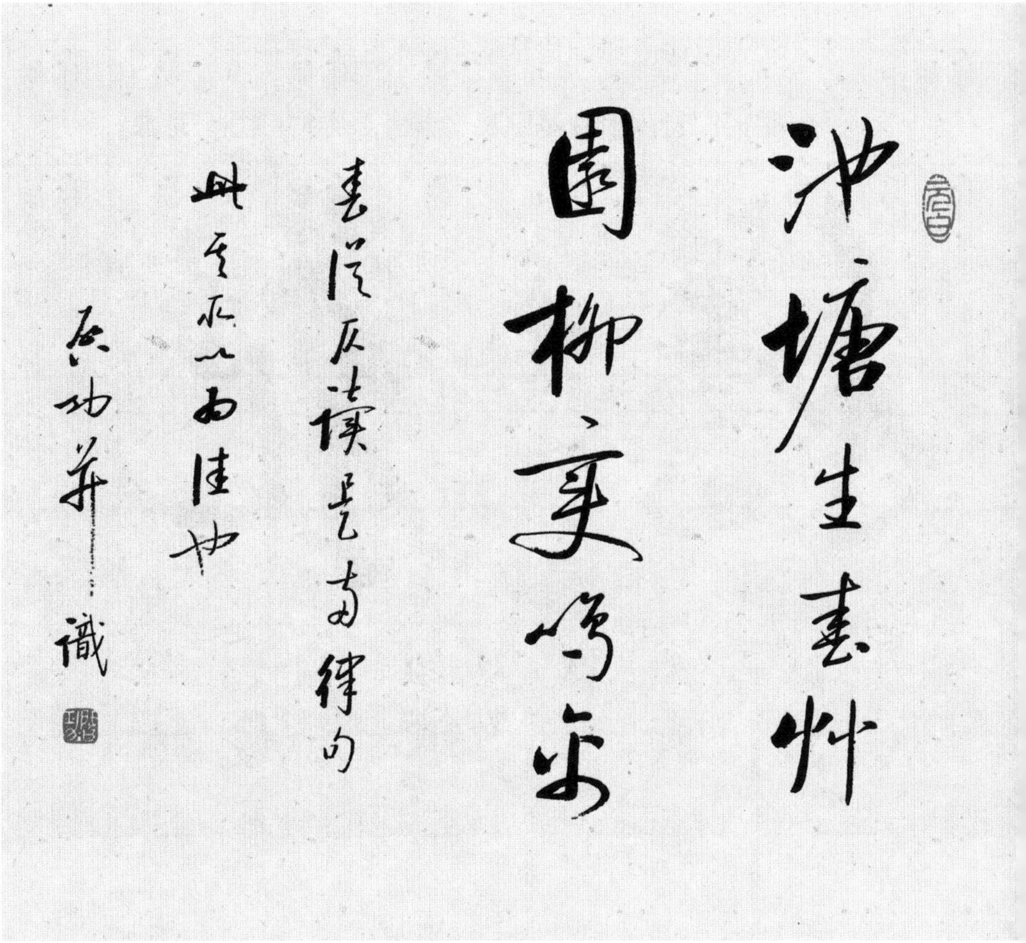

谢灵运句——池塘生春草

一九八三年作　水墨纸本　29cm×37cm　个人收藏

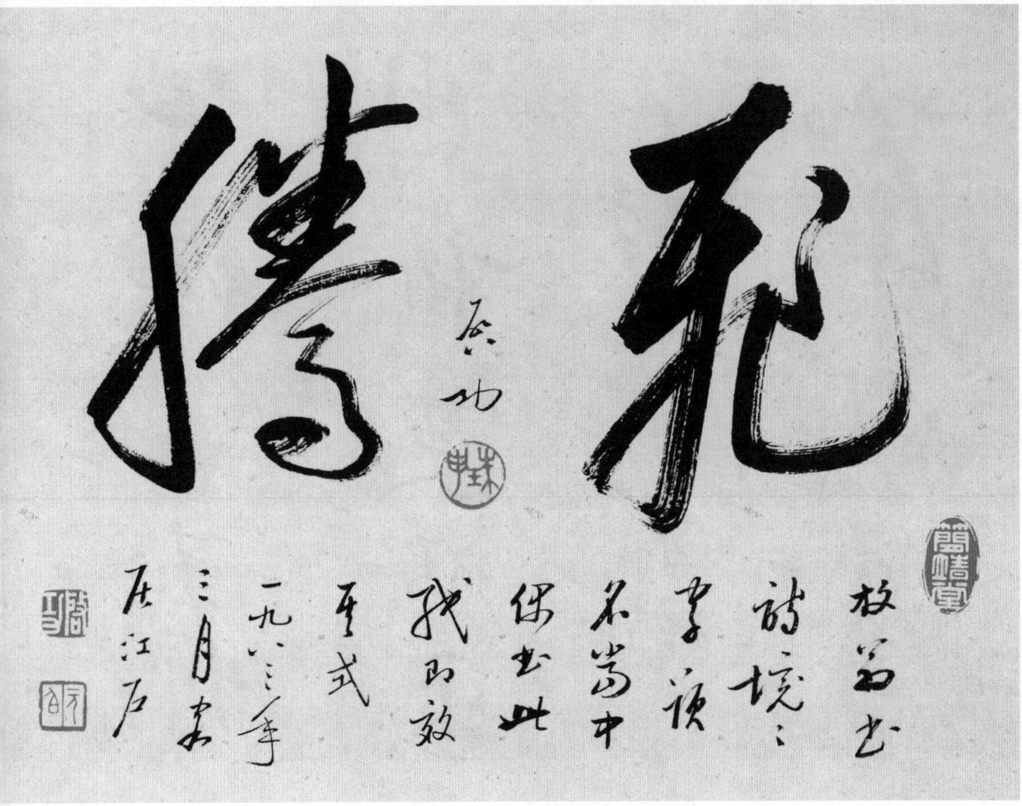

飞腾

一九八三年作　水墨纸本　33cm × 36cm　个人收藏

南浦随花去，回舟路已迷。暗香无觅处，日落画桥西。

王介甫诗　元功书

横披

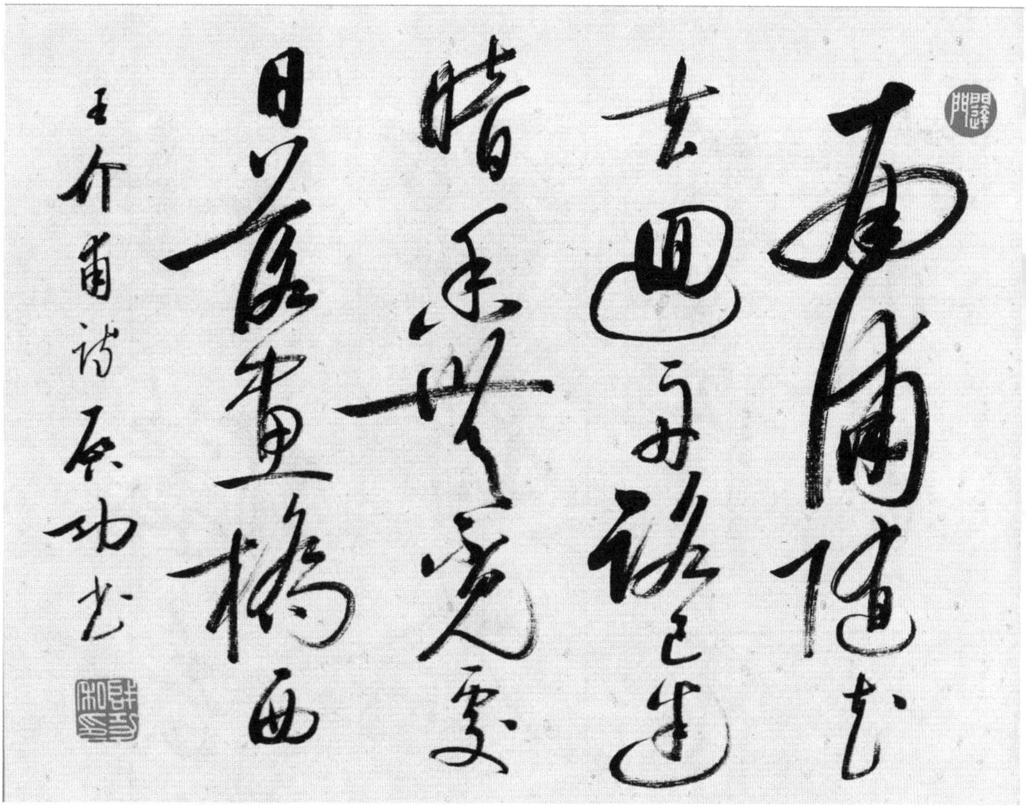

王安石句——南浦随花去

一九八三年作　水墨纸本　31cm×40cm　个人收藏

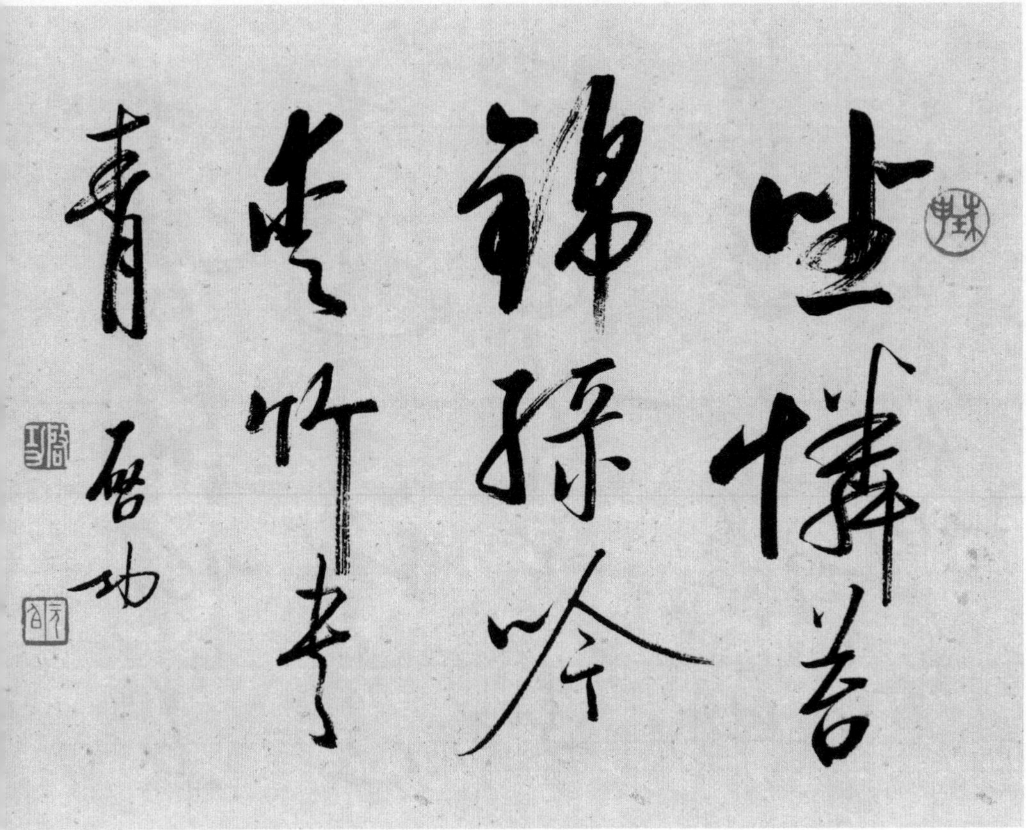

坐怜苔锦绿　吟爱竹书青

一九八三年作　水墨纸本　33cm×36cm　个人收藏

此地有崇山峻领茂林修竹

一九八三年壬三月
老樗江户
启功

横披

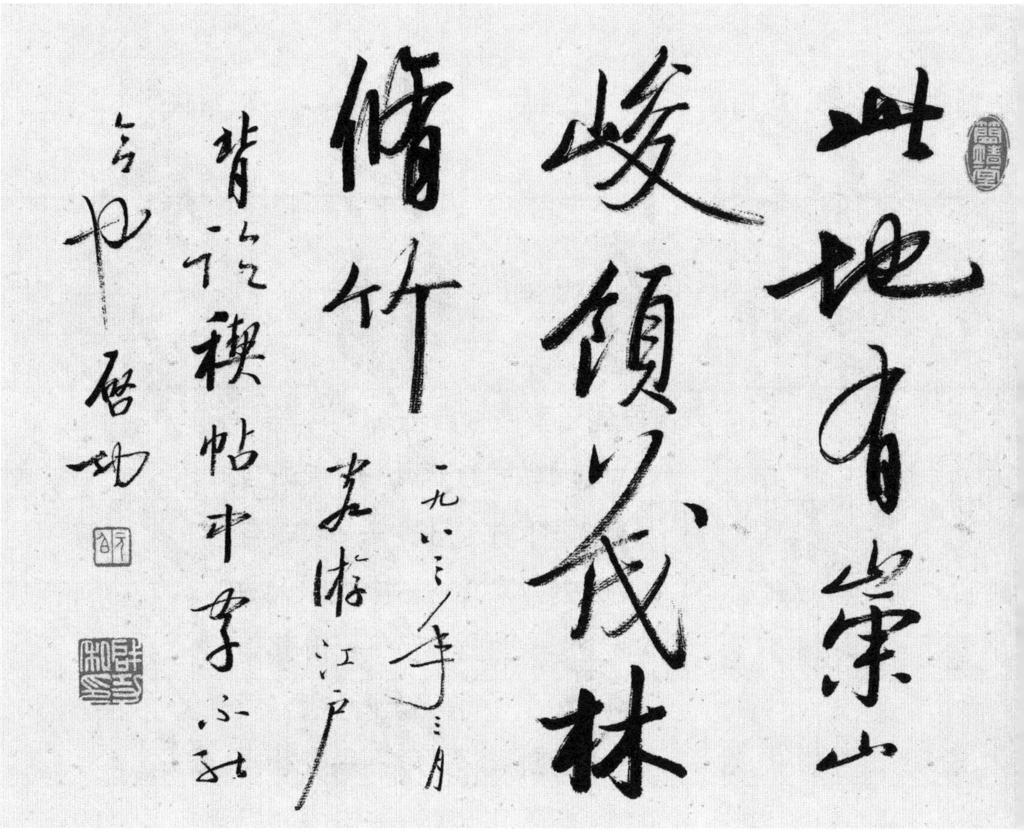

《兰亭序》句——此地有崇山峻岭

一九八三年作　水墨纸本　31cm×40cm　个人收藏

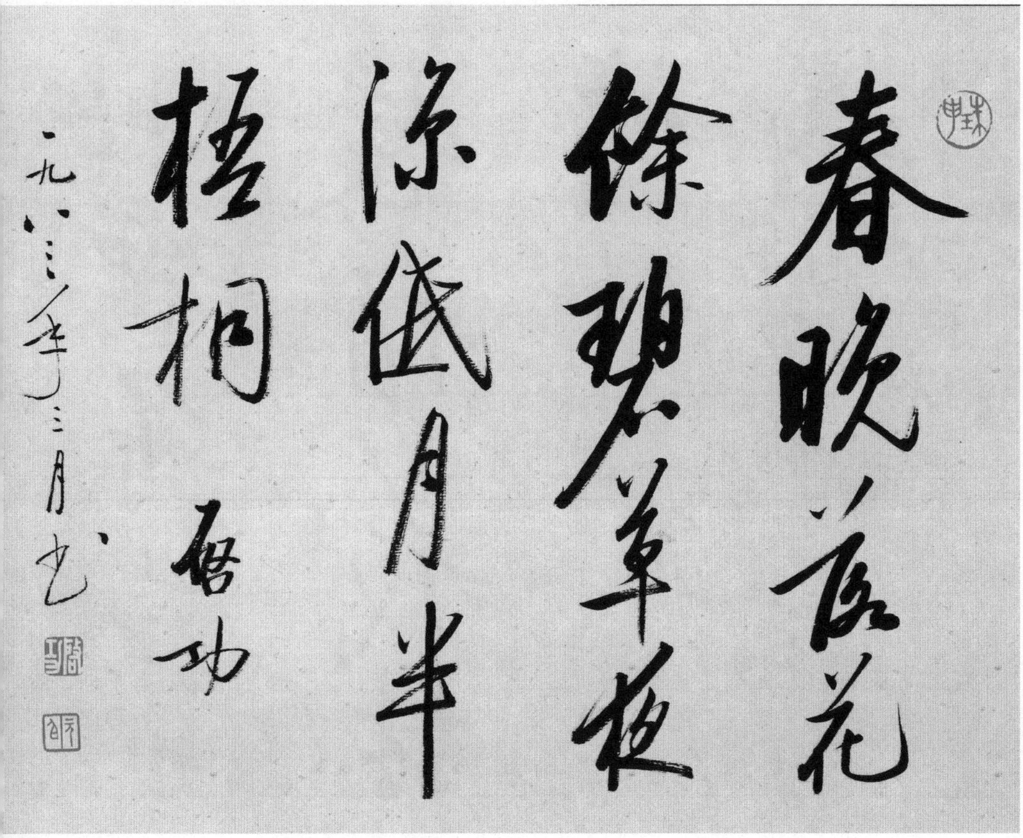
春晚落花馀碧草
夜凉低月半梧桐
启功

苏轼句——春晚落花馀碧草

一九八三年作　水墨纸本　31cm × 40cm　个人收藏

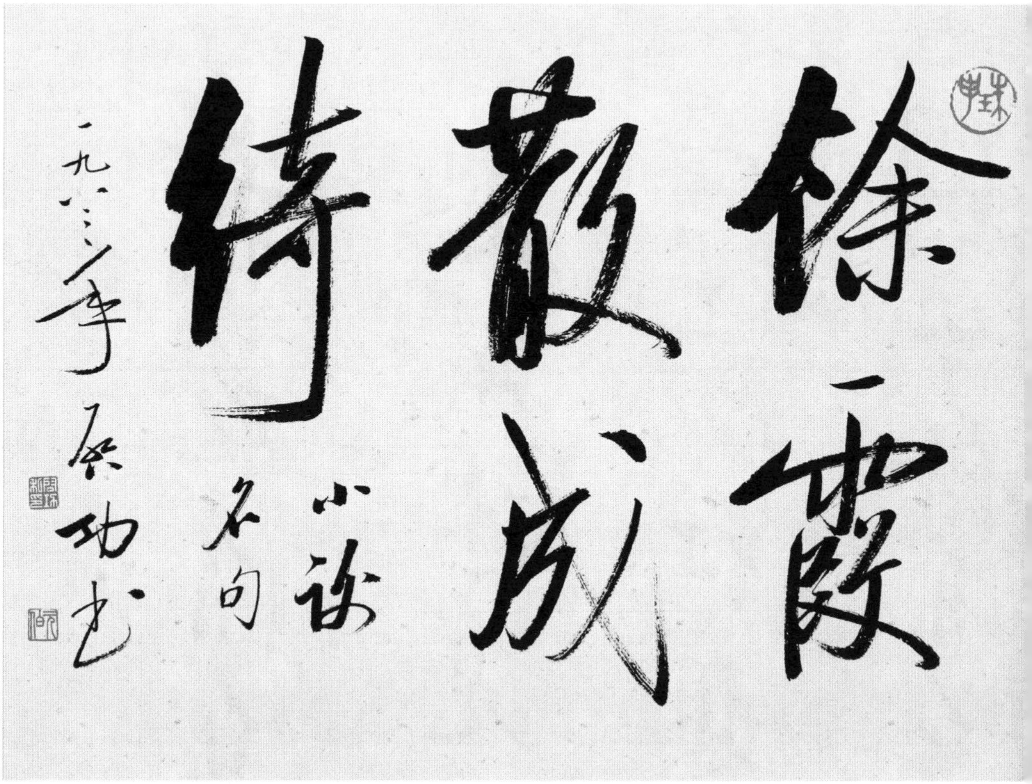
馀霞散成绮
小谢名句
一九八三年启功书

谢朓句——馀霞散成绮

一九八三年作　水墨纸本　31cm×40cm　个人收藏

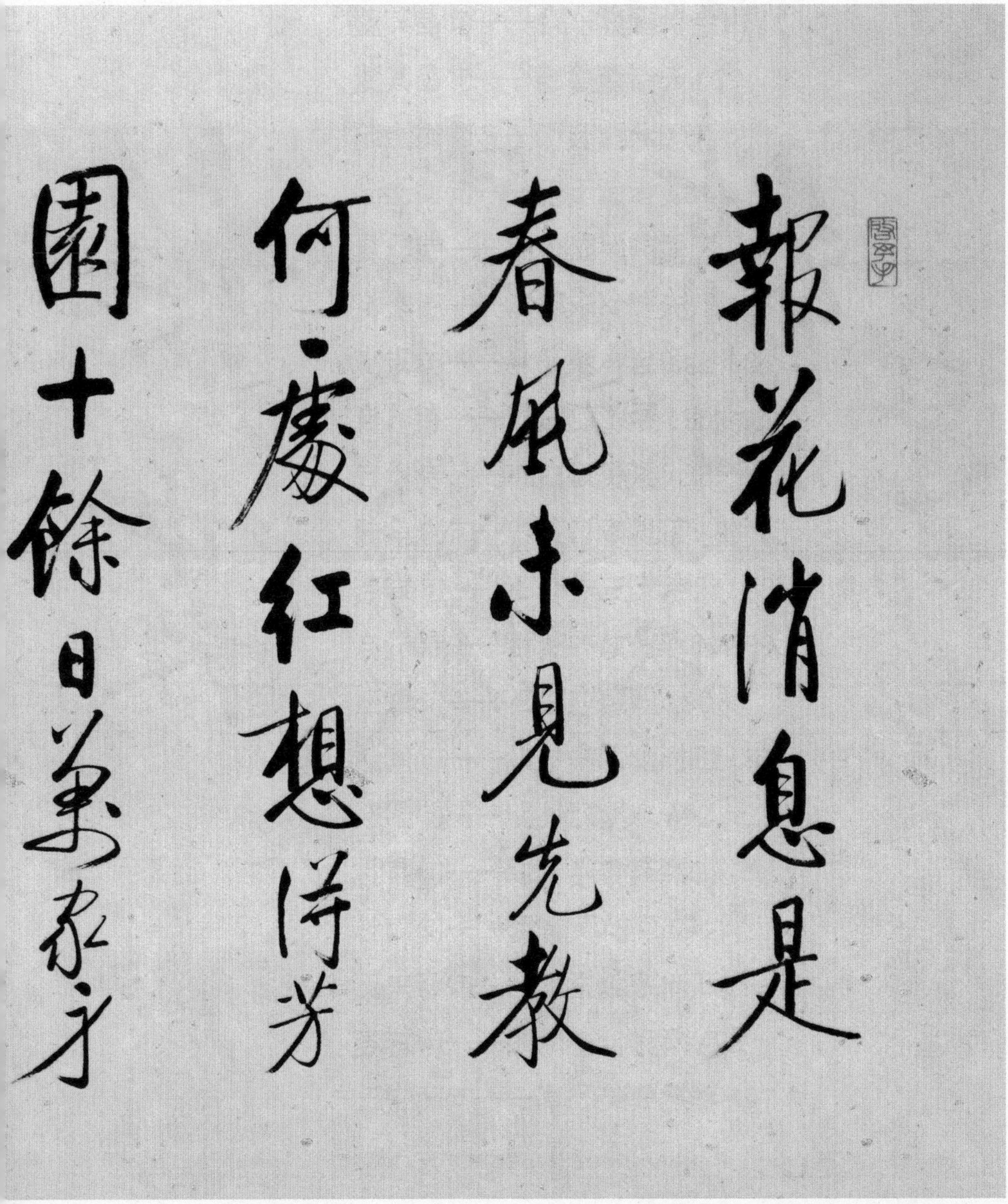
報花消息是
春風未見先教
何處紅想得芳
園十餘日萬家身

施肩吾、东方虬诗各一首

一九八四年作　水墨纸本　70cm × 138cm　个人收藏

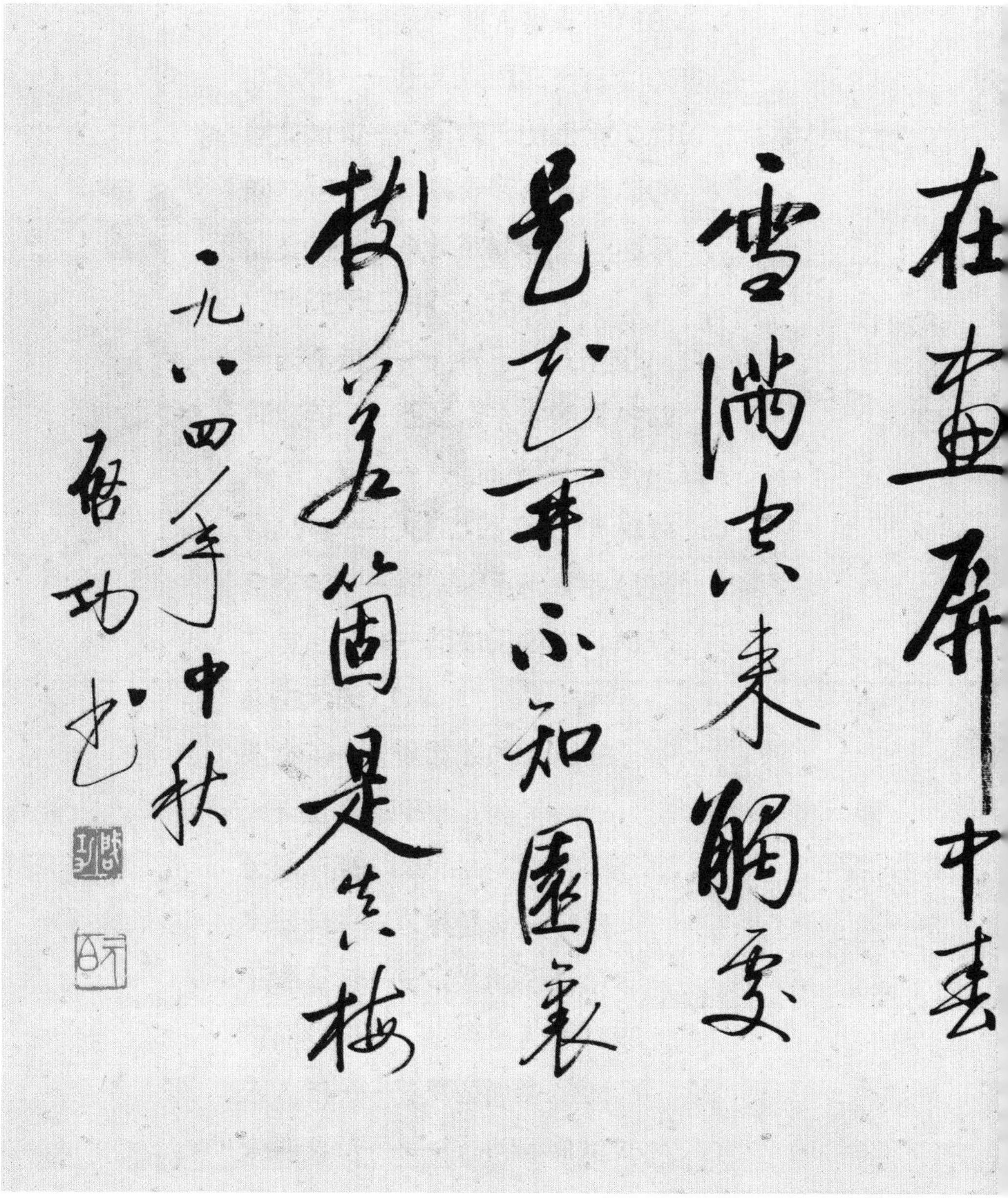
一九八四年中秋
啟功

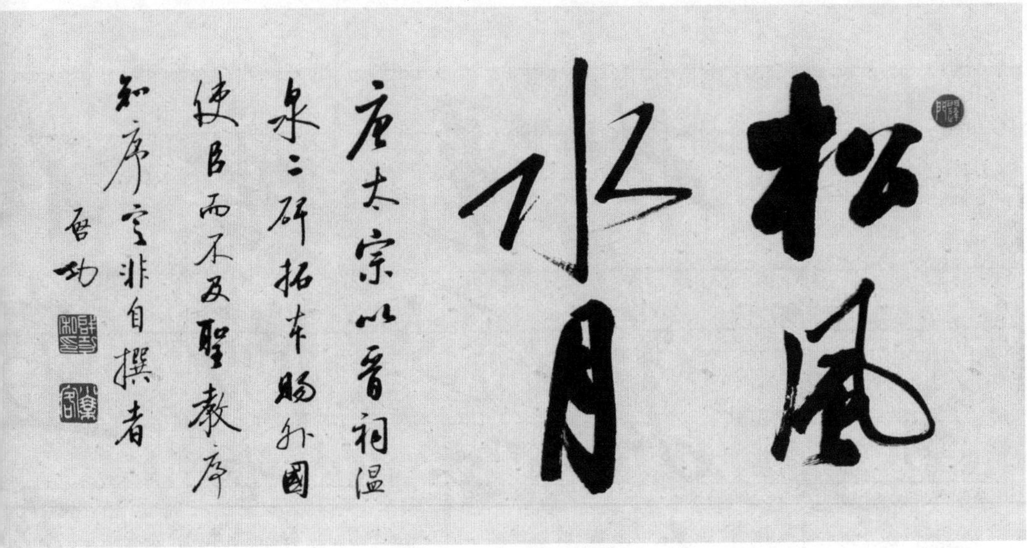
松風水月
唐太宗以晉祠溫泉二碑拓本賜外國使臣而不及聖教序
知序之非自撰者
啓功

松风水月

一九八五年作　水墨纸本　34cm × 67cm　个人收藏

春池深且廣
會待輕舟回
靡靡綠萍合
垂楊掃復開
人間桂花落
夜靜春山空
月出驚山鳥
時鳴春澗中
一九八八年元月 启功

王维句——春池深且广

一九八八年作　水墨纸本　64cm×130cm　个人收藏

横披

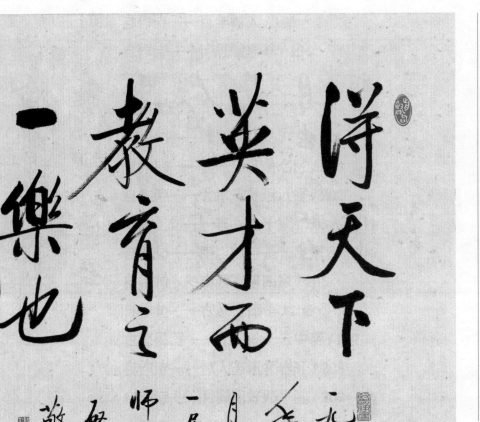

得天下英才而教育之一乐也

一九八五年作　水墨纸本　65cm×80cm　个人收藏

学而不厌　诲人不倦

一九八五年作　水墨纸本　65cm×80cm　个人收藏

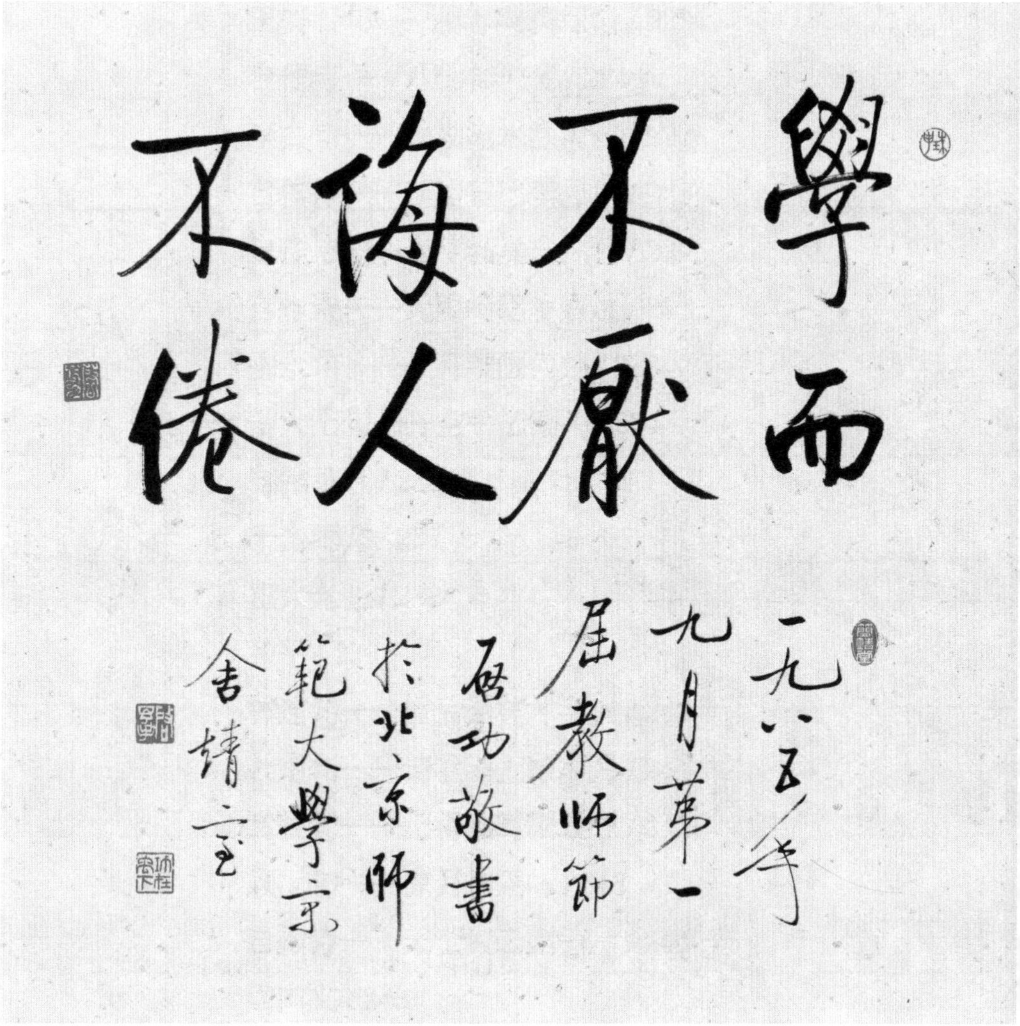

十年人海小沧桑幻

全从生浚忘身似沐猴

冠食砚心同枯蝶亮前化

蛇床笔下爬成字油入药

中打作腔自愧才庸梦

善恶竞、岂为计流芳

一九八六年夏装不寐口占

冬日晴窗京寓艺启功

自作诗——十年人海小沧桑

一九八六年作　水墨纸本　48cm×56cm　个人收藏

一九八六年夏 北京师大敬赠 同学存念 百年树人 沾溉莘莘 民粲国脉 嘉业长春 启功书赞

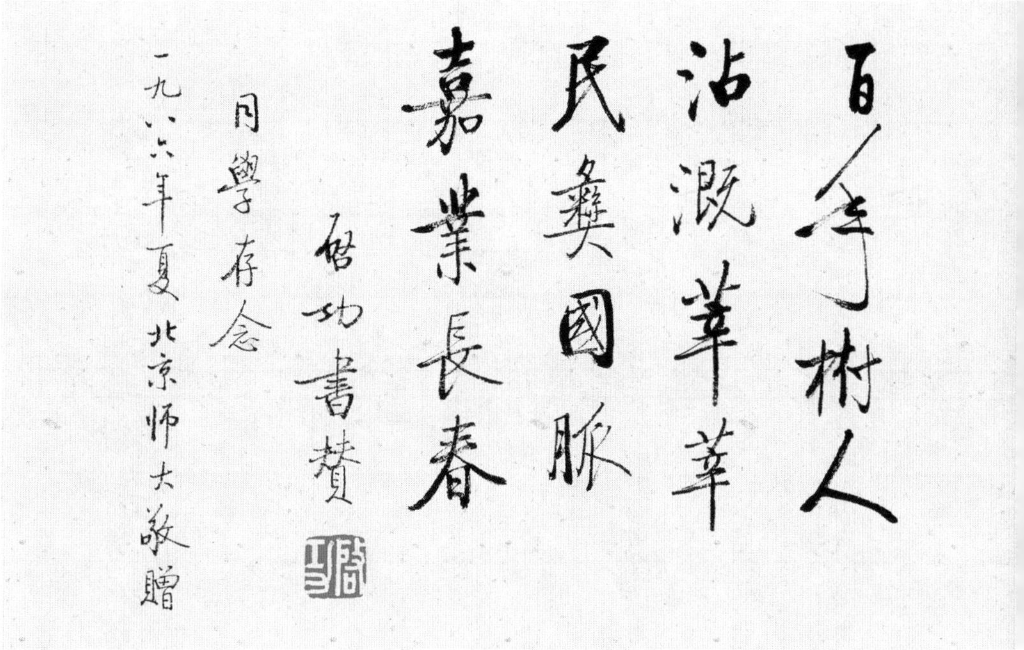

自作诗——百年树人
一九八六年作　水墨纸本　27cm×33cm　北京师范大学藏

诗思随春草宵牙
惝绿（改）不他眠小篓
问我意如何枕上
每三写燃前字之哦
剑南画以矛首担六
睡不足多 失眠口占一首

一九三六年夏王孙富山书店贵付一首
作得句四个里如泉汤不忱和已出矣四只
月记此颇尚潜之趣

启功

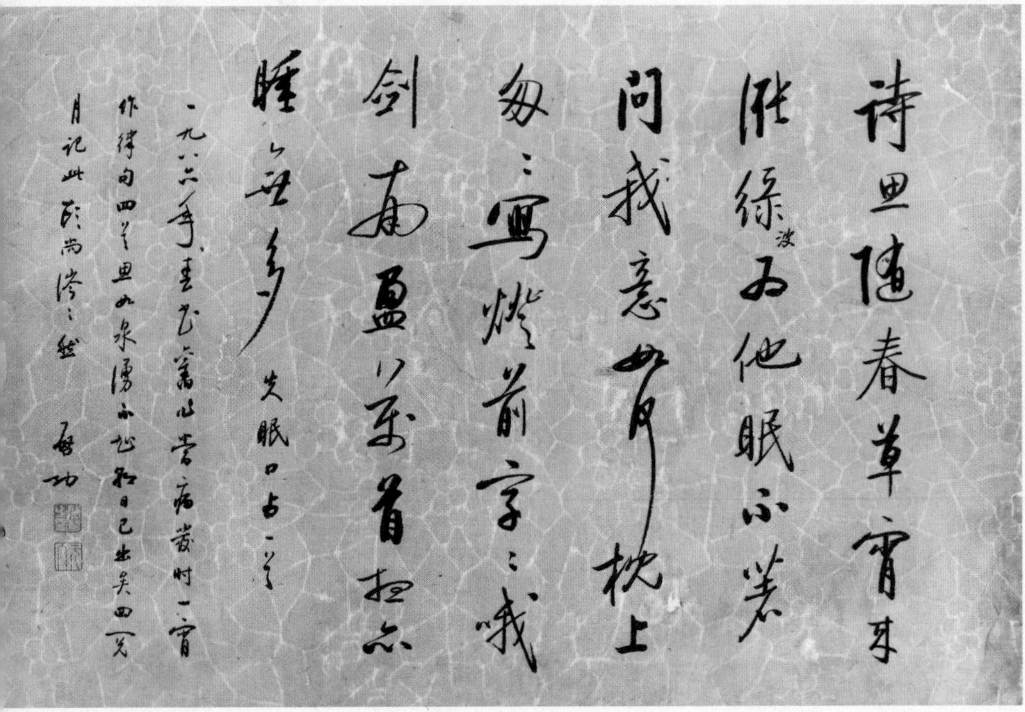

自作诗——诗思随春草

一九八六年作　水墨纸本　32cm×48cm　个人收藏

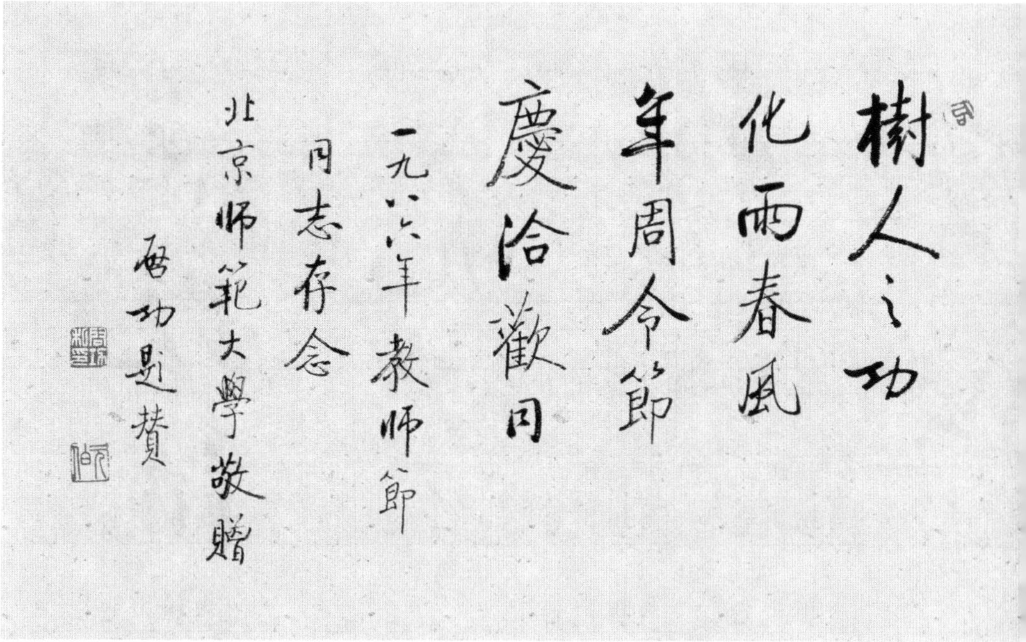
樹人之功
化雨春風
年周令節
慶洽歡同
一九八六年教师節
同志存念
北京师範大學敬贈
啓功題賛

贺教师节诗一首

一九八六年作　水墨纸本　14cm × 24cm　北京师范大学藏

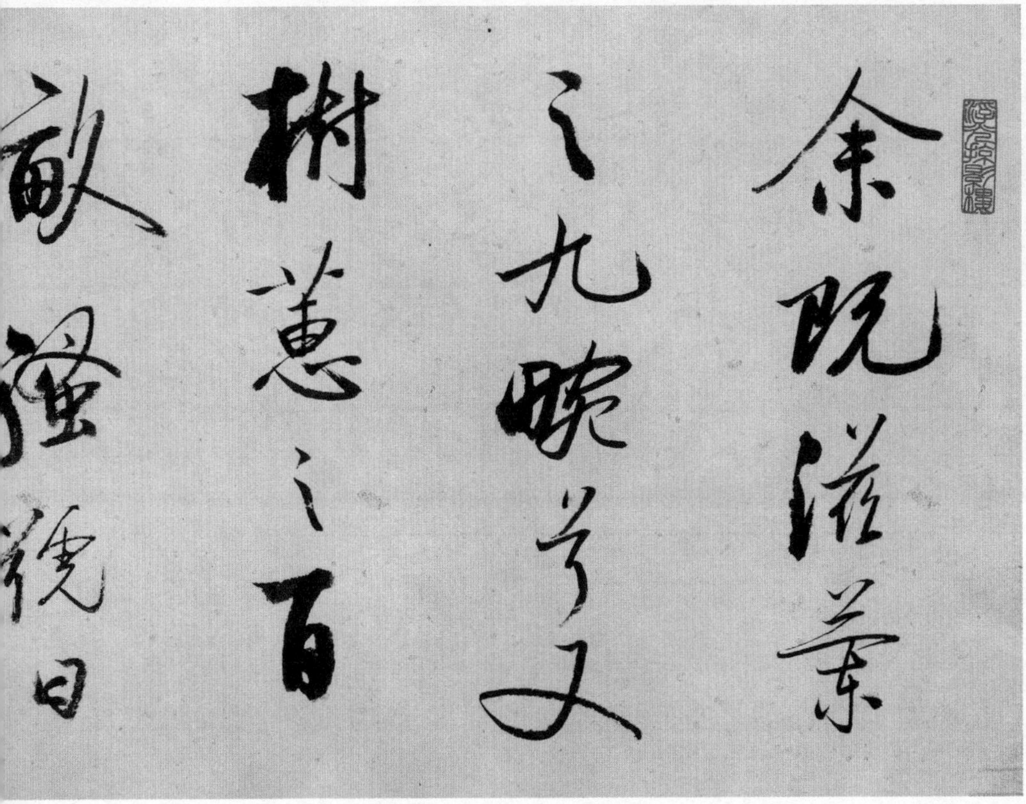
余既滋蘭
之九畹兮又
樹蕙之百

论《离骚》句

一九八七年作　水墨纸本　32cm×92cm　个人收藏

經義苦千
古惟新二
句尤衬君
下启功

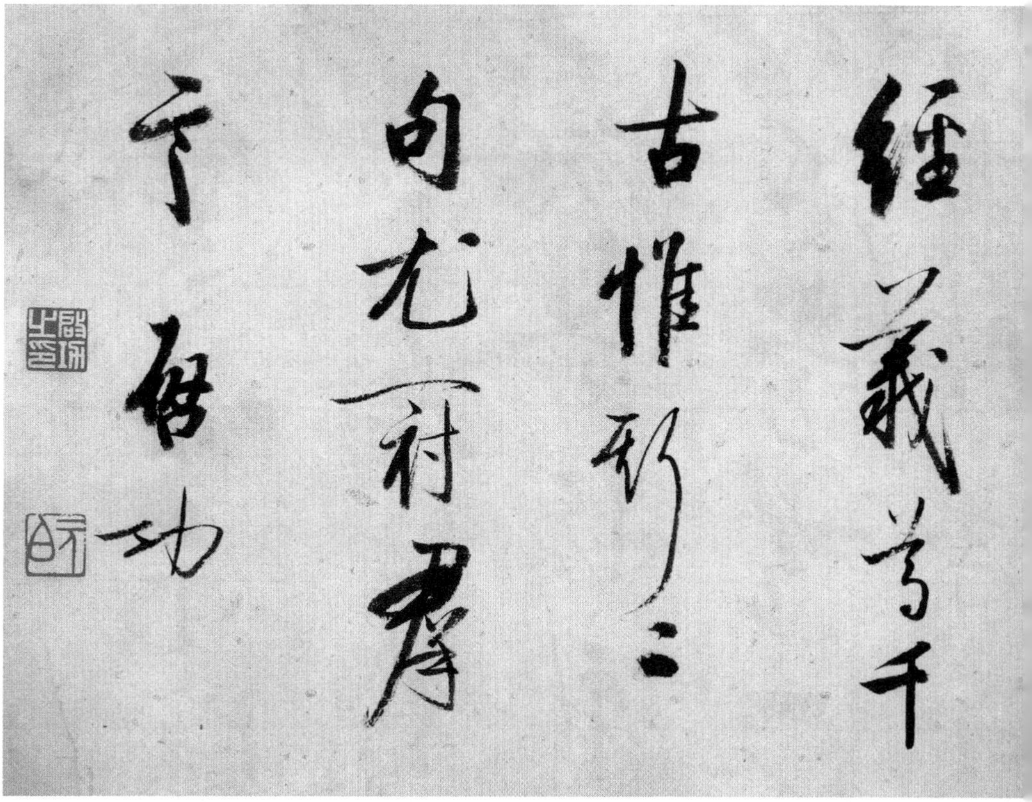

鹫翎金仆姑　燕尾绣蝥弧　独立扬新令　千营共一呼　林暗草惊风

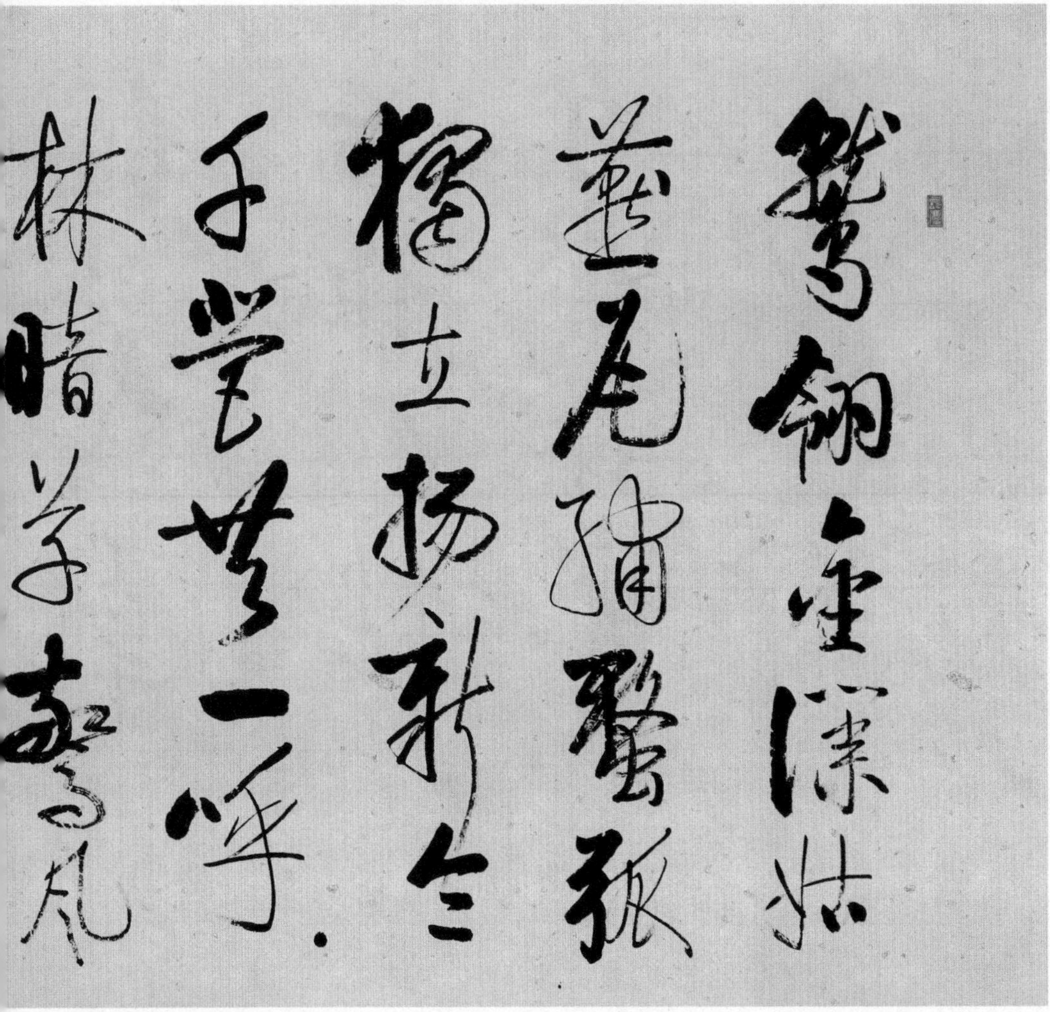

卢纶句——鹫翎金仆姑

一九八八年作　水墨纸本　70cm×138cm　个人收藏

将军夜引弓

平明寻白羽没

在石棱中

唐人卢纶诗

一九八八年

新春 启功

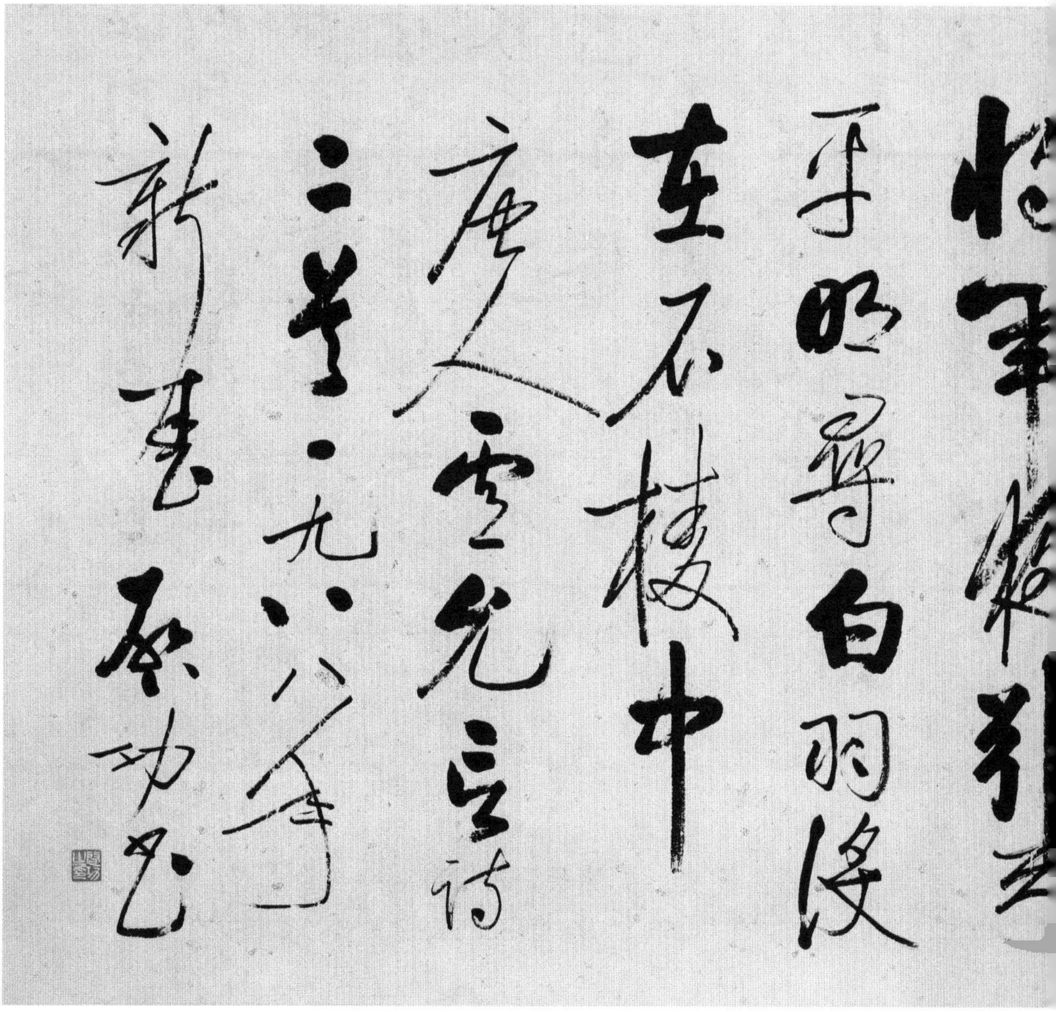

初闻千岛是名区，山光水色不如君。

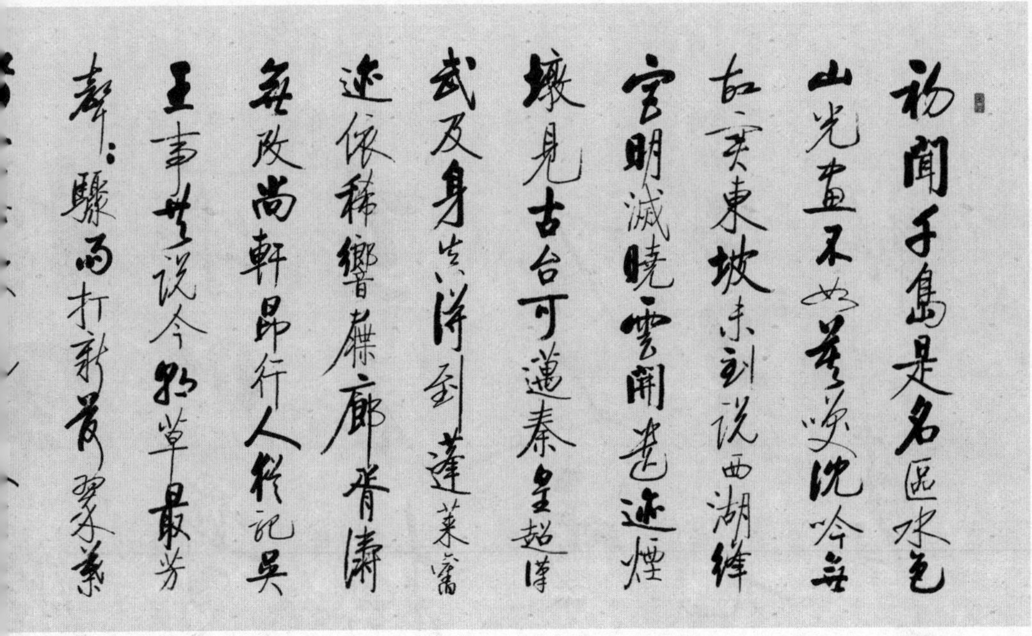

自作诗——初闻千岛是名区

一九八八年作　水墨纸本　32cm×122cm　京西宾馆藏

地...魚...書...南清波餘

公山色映肥淮璀璨人

文振古開·踏先民佈

鳥語我真西东畫圖來

百花齊放值的時事業

待發畫左兹天府重饒

稱誦編更攀新艷为三

枝黑牛閒詠白鷗沒费浔

诗人叩角歌纸上天高春

水闊筆端風好夕陽多

一九八八年春艺富心硯功

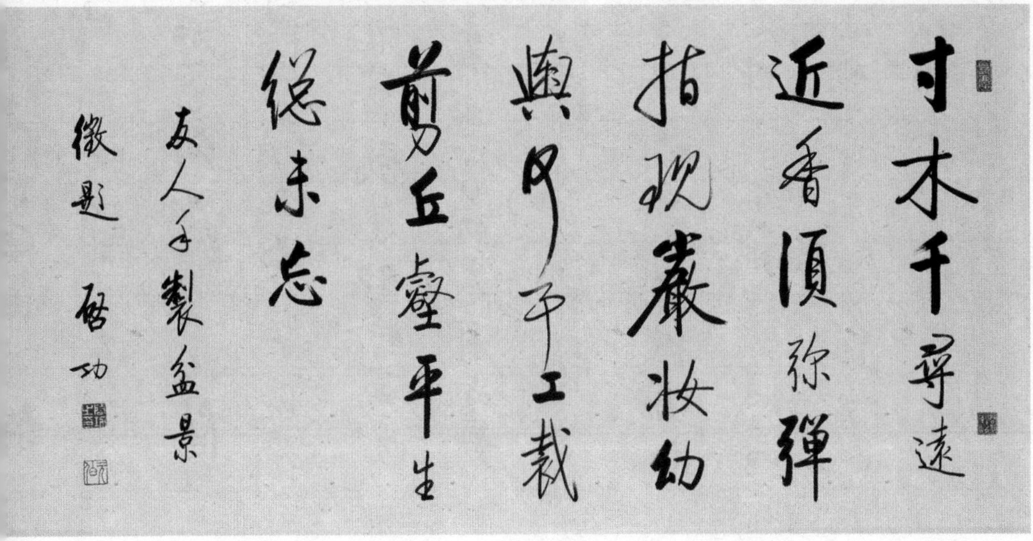
寸木千寻远
近香须弥弹
指现严妆幼
与巧手工裁
剪丘壑平生
总未忘
友人手制盆景
徵题　启功

自作诗——寸木千寻远近香

一九八九年作　水墨纸本　66cm×130cm　个人收藏

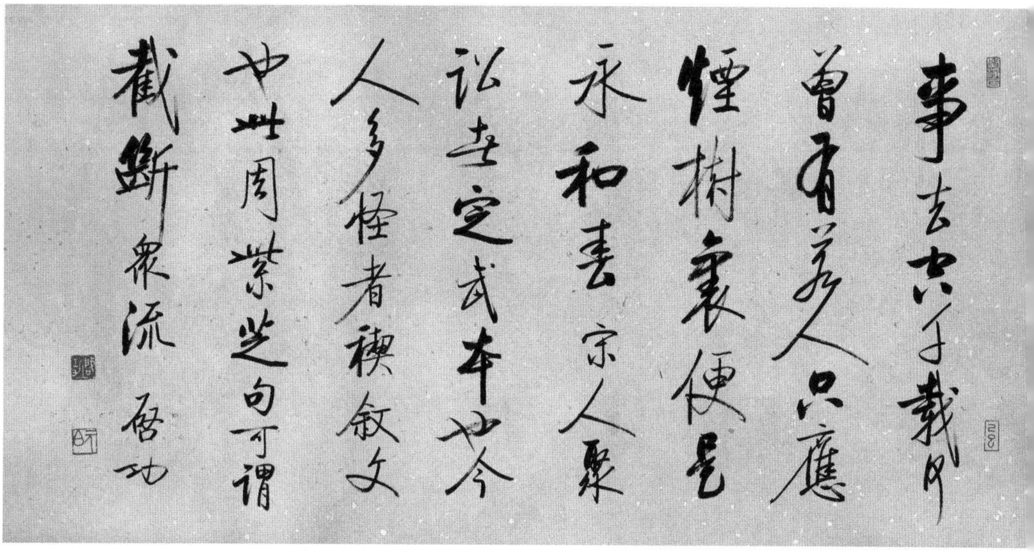

周紫芝句——事去空千载

一九八九年作　水墨纸本　66cm×130cm　个人收藏

唐以前诗是
長出来者唐
人詩是嚷出来
专宗人是想出
才者宗以後诗
是仿出来者也

嘗以此語与謂偺評

一九八九年壬辰启功

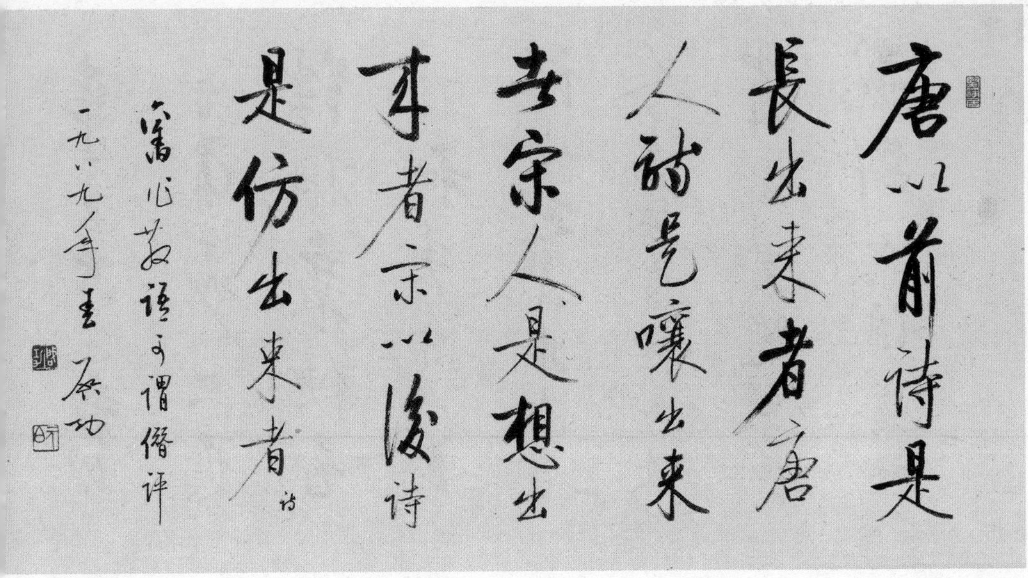

自作句——唐以前诗是长出来者

一九八九年作　水墨纸本　66cm×130cm　个人收藏

自作句——窃谓有清四家

一九八九年作　水墨纸本　66cm×130cm　个人收藏

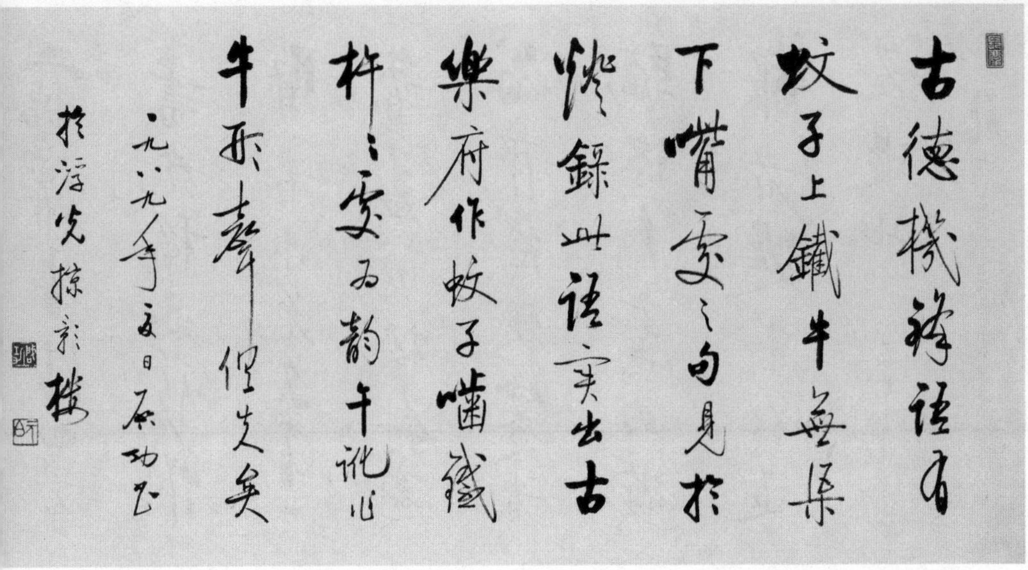

自作句——古德机锋语

一九八九年作　水墨纸本　66cm × 130cm　个人收藏

九天仙子云中现
現手把紅羅扇
遮面急頂笑眼
雲仙人董雙成仙
人手中扇此古
德偈語中之妙義
彭翥夫兵功飞时
一九八九年五月十五日

横披

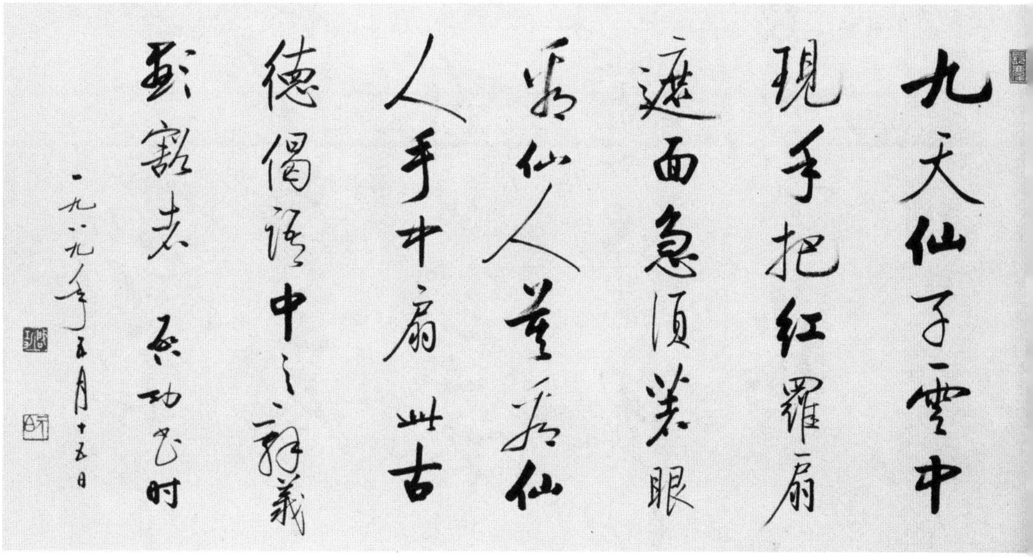

古德偈语——九天仙子云中现

一九八九年作　水墨纸本　130cm×66cm　北京师范大学藏

惊人芳讯领新春
甲草岁春蔡
入座才子荷生芽
佳蕙早傲仙先
费一枝梅

新春子坤领友人兼蕙园启功

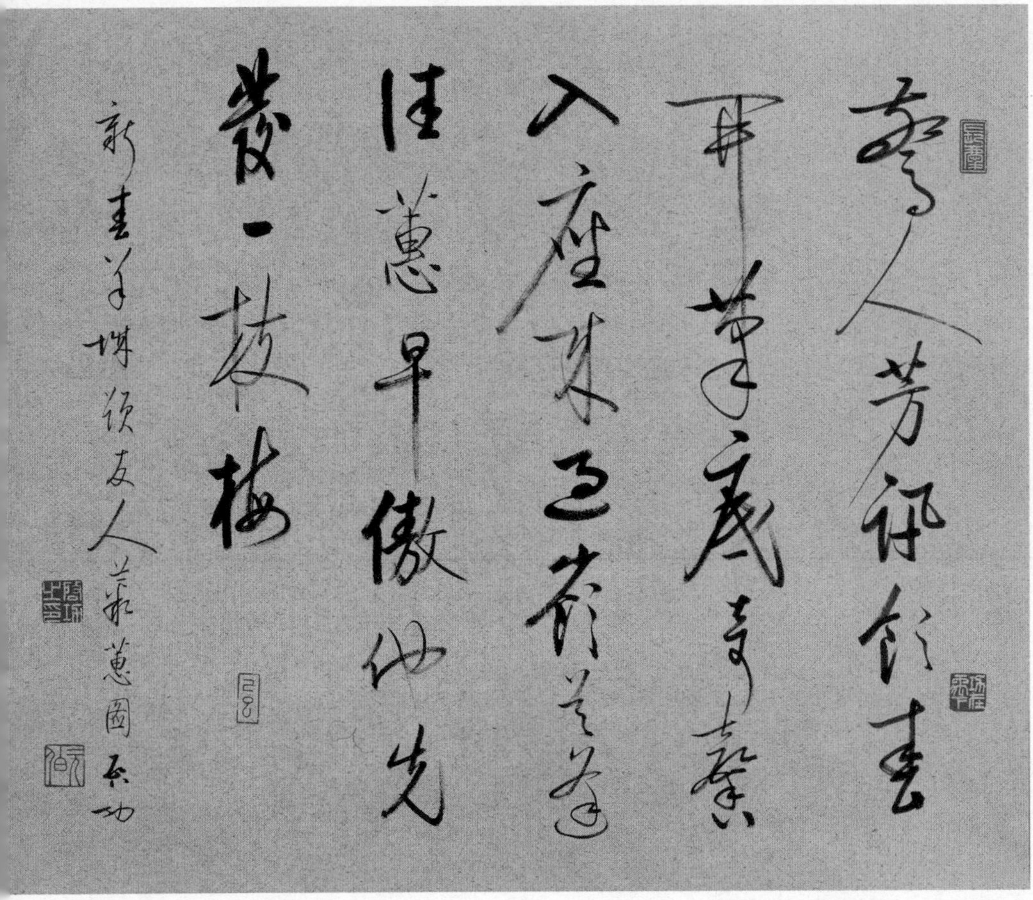

自作诗——惊人芳讯领春开

一九八九年作 水墨纸本 50cm×60cm 个人收藏

月圓花好路平馳七十年唯夢

袁知佛法前來餘四禪聖心遲

一廳枉三思滿瓶薄酒惟盤蔬入手

珍圓脫口詩昔日艱難今一遇悵

開浮華嬌遲一十年人滄小滄桑

萬幻全憑浮生悠悠身似沐猴冠愈

硯心如粘蝶死前忙蛇來筆下爬成

字由入詩中打作腔自愧才庸

善惡競競當為計流芳　啟功

自作诗——月圆花好路平驰

一九八九年作　水墨纸本　50cm×60cm　个人收藏

横

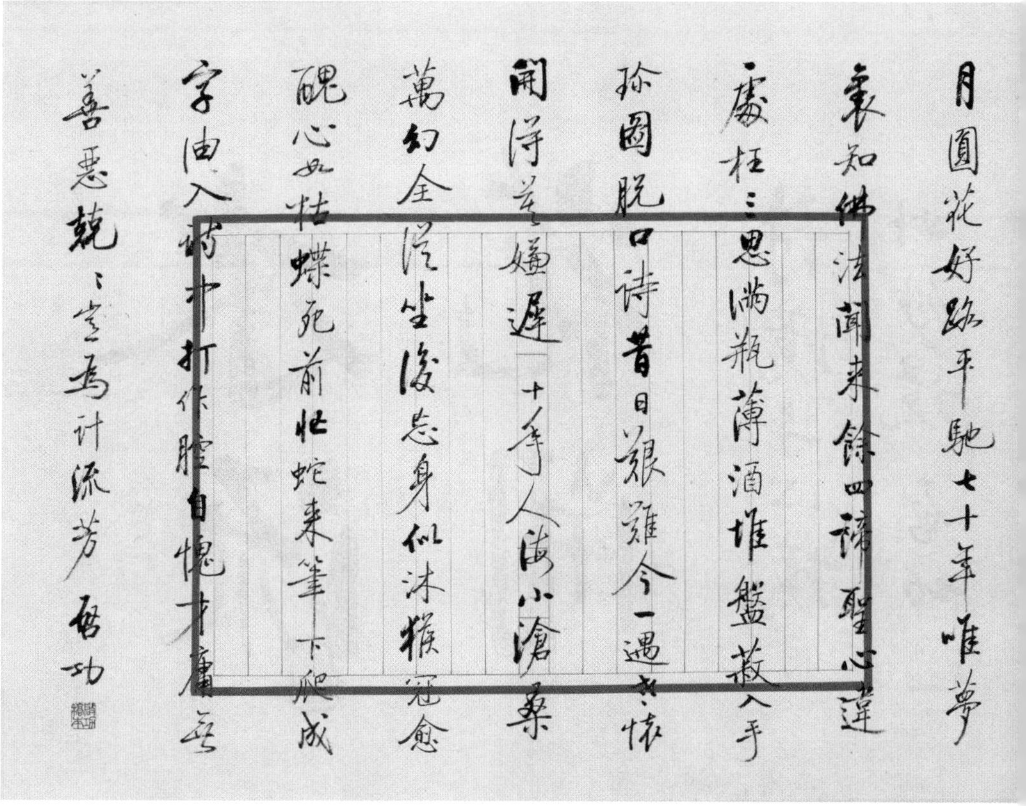

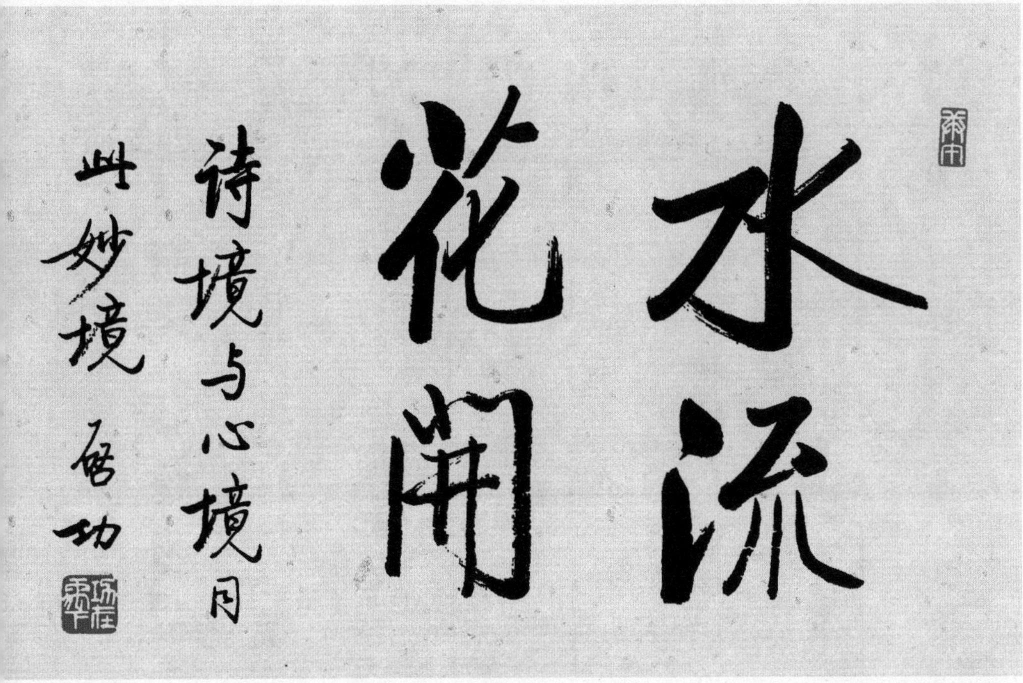
水流
花開
詩境與心境同
此妙境
启功

水流花开

一九八九年作　水墨纸本　32cm × 54cm　个人收藏

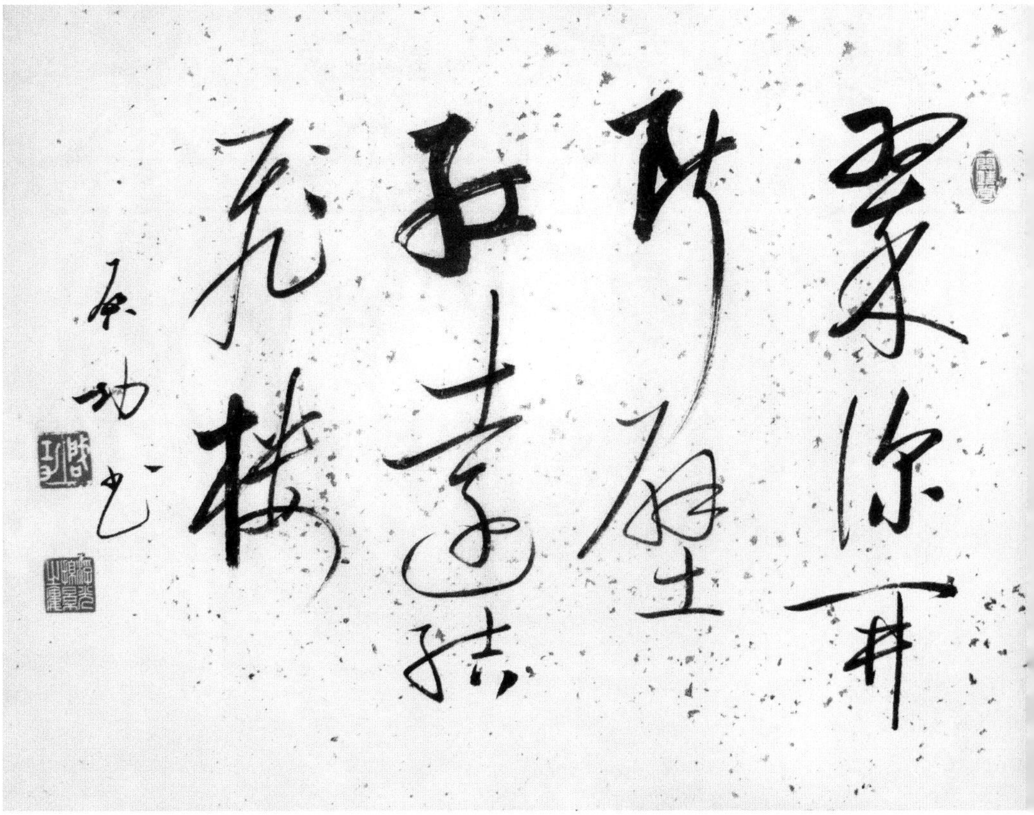

杜甫句——翠深开断壁

一九八九年作　水墨纸本　43cm×65cm　个人收藏

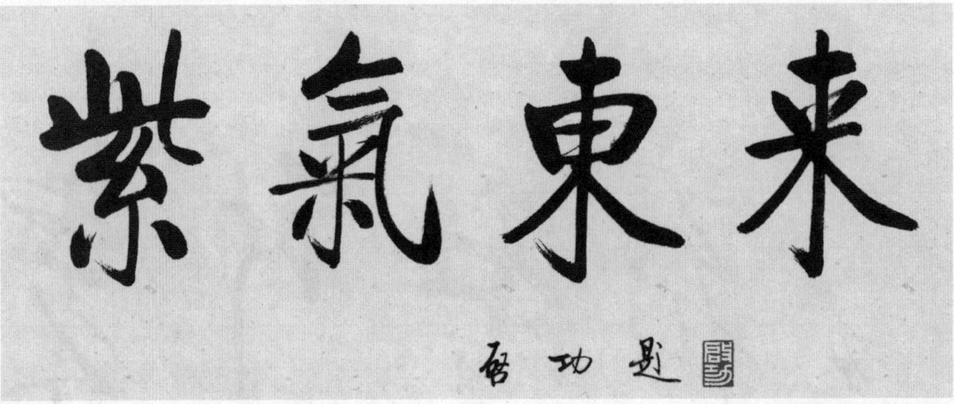

紫气东来

一九八九年作　水墨纸本　30cm × 66cm　个人收藏

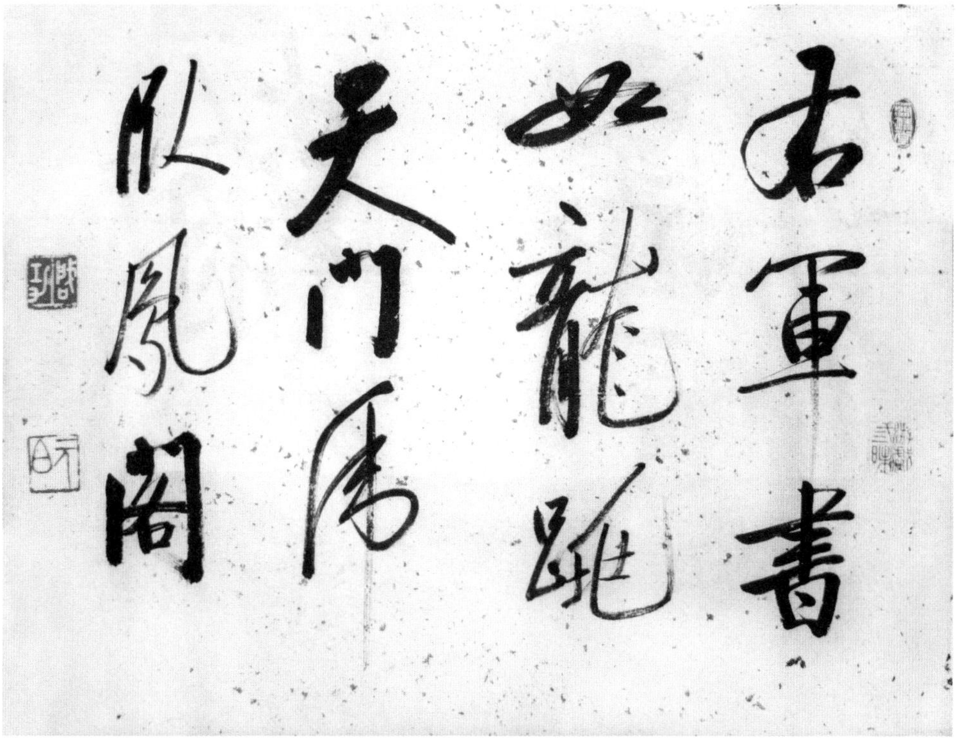
右軍書
如龍跳
天門虎
臥鳳閣

右军书如龙跳天门

一九八九年作　水墨纸本　43cm × 65cm　个人收藏

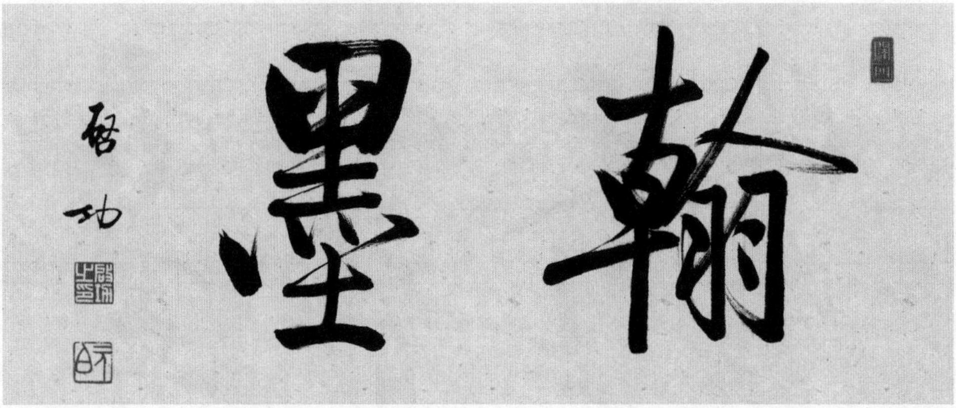

翰墨

二十世纪八十年代作　水墨纸本　28cm × 64cm　个人收藏

协力

一九八九年作　水墨纸本　36cm × 64cm　个人收藏

蜀相　杜甫
丞相祠堂何处寻
锦官城外柏森森　映
阶碧草自春色　隔
叶黄鹂空好音　三
顾频烦天下计　两
朝开济老臣心　出师
未捷身先死　常使
英雄泪满襟

启功

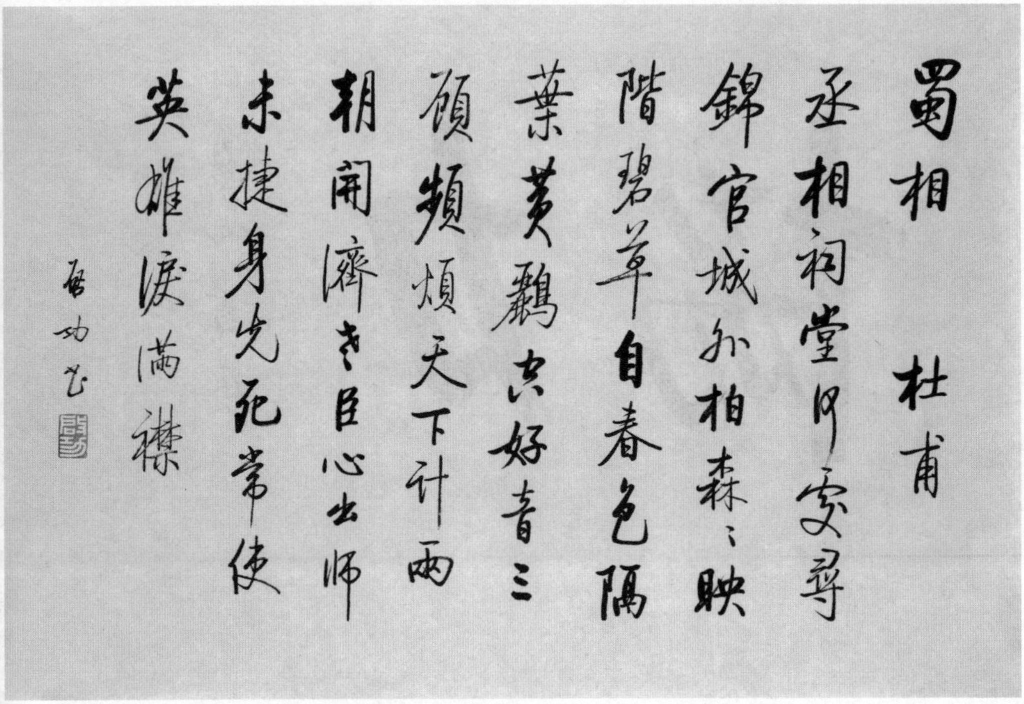

杜甫句——丞相祠堂何处寻

二十世纪八十年代作　水墨纸本　46cm×70cm　个人收藏

李白

黄鹤楼送孟浩然之广陵

故人西辞黄鹤楼　烟花三月下扬州　孤帆远影碧空尽　惟见长江天际流

启功书

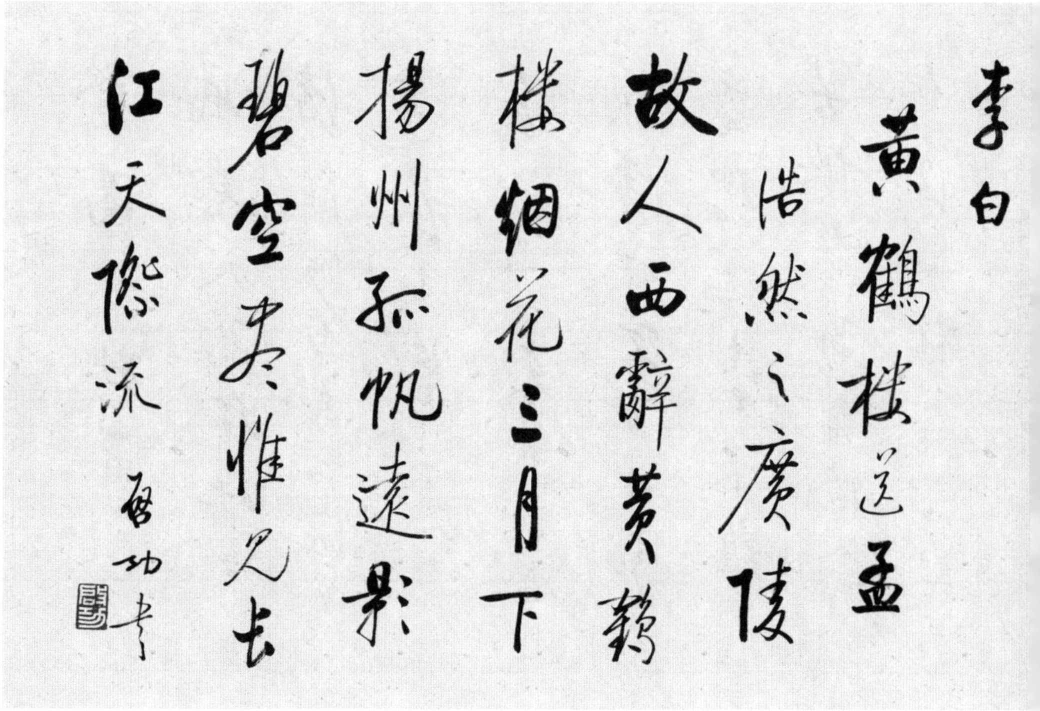

李白句——故人西辞黄鹤楼

二十世纪八十年代作　水墨纸本　46cm×69cm　个人收藏

登高　杜甫

风急天高猿啸哀

渚清沙白鸟飞回

无边落木萧萧下不尽

长江滚滚来艰难

秋常作客百年多

病独登臺獴难

苦恨繁霜鬓陈倒新

停濁酒杯

启功书

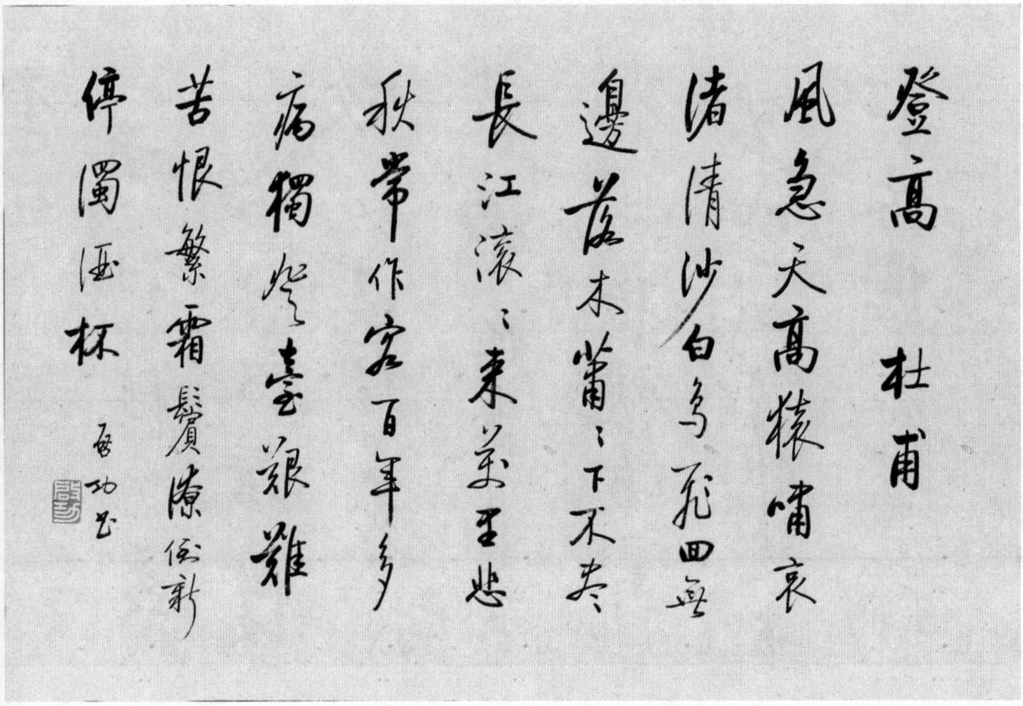

杜甫句——风急天高猿啸哀

二十世纪八十年代作　水墨纸本　46cm×70cm　个人收藏

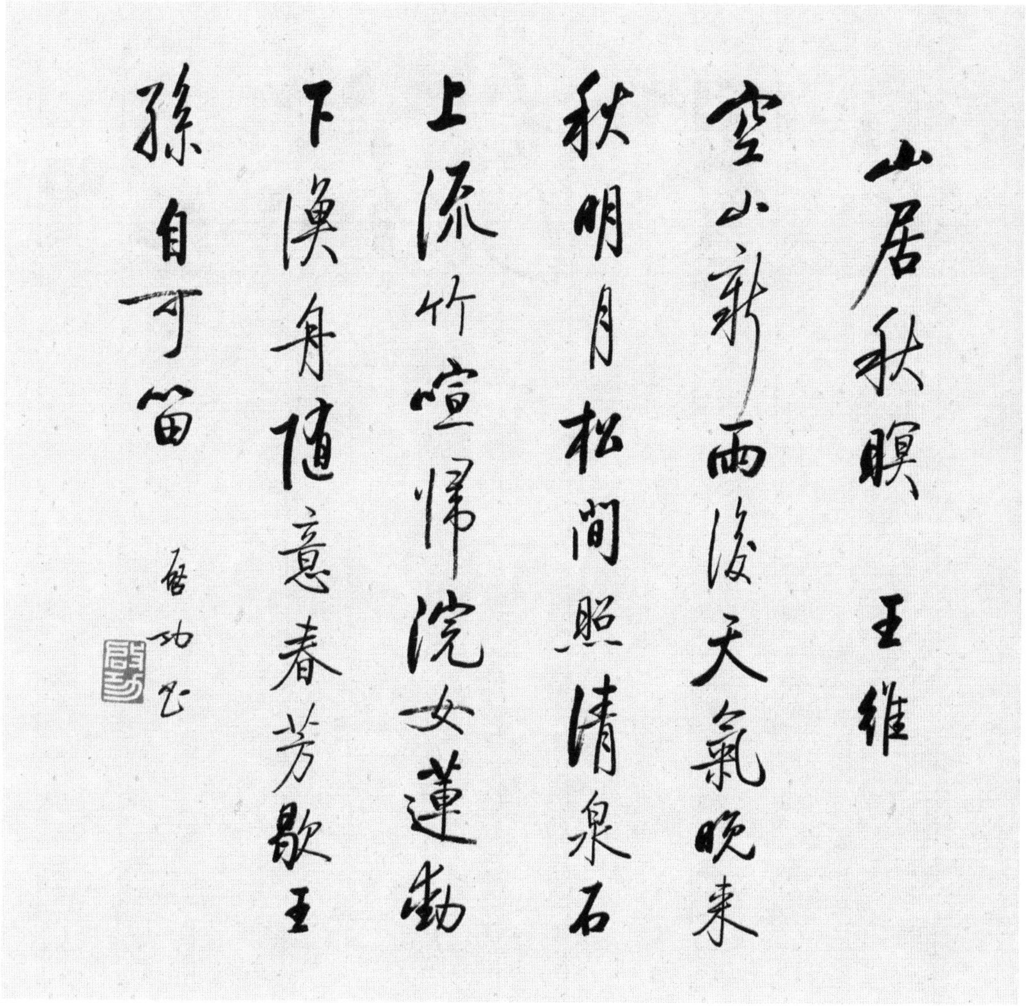
山居秋暝 王维
空山新雨後天氣晚来秋明月松间照清泉石上流竹喧归浣女蓮動下渔舟随意春芳歇王孙自可留
启功

王维句——空山新雨后

二十世纪八十年代作　水墨纸本　46cm × 70cm　个人收藏

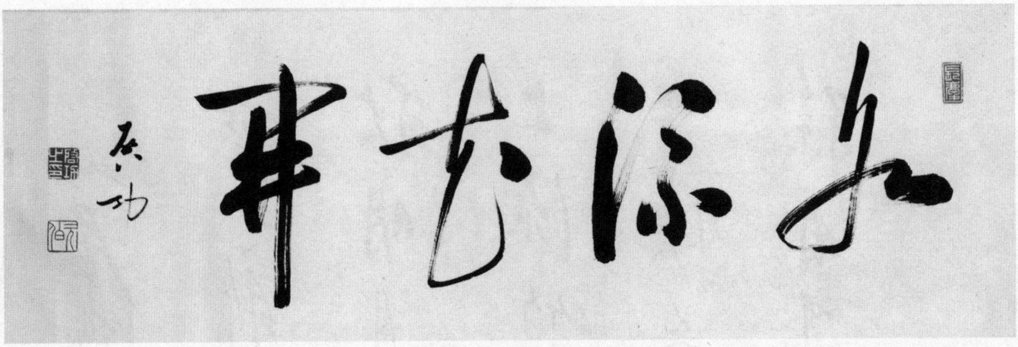

水流花开

二十世纪八十年代作　水墨纸本　32cm×102cm　个人收藏

吉祥如意

二十世纪八十年代作　水墨纸本　34cm × 126cm　个人收藏

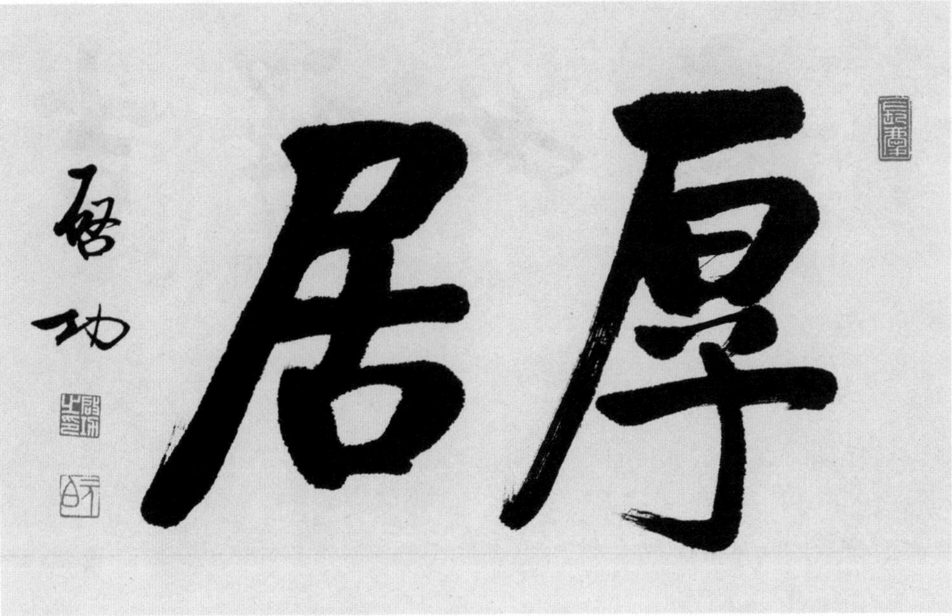

厚居

二十世纪八十年代作 水墨纸本 36cm × 58cm 个人收藏

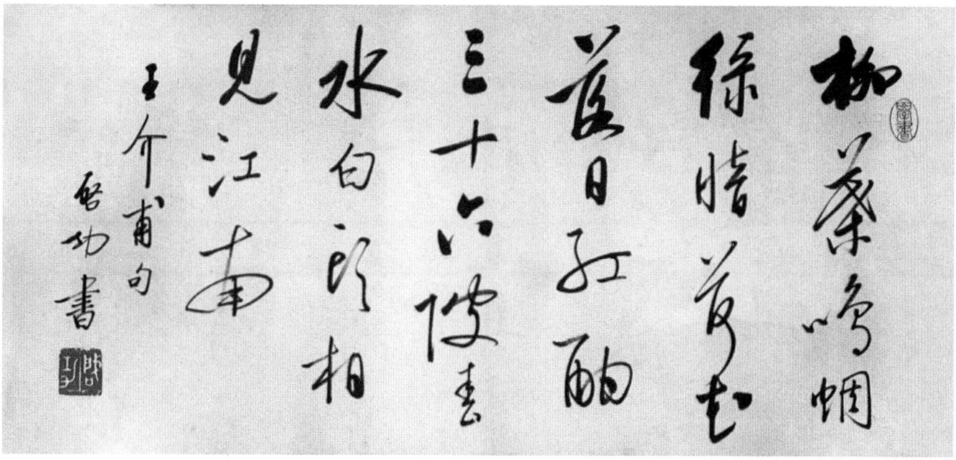

王安石句——柳叶鸣蜩绿暗

二十世纪八十年代作　水墨纸本　30cm×64cm　个人收藏

八仙傳说多谁曾诗一
遇遂有艺术家编为电
视剧演员俱化装各自
持道具小船遭大风神
仙入海去人生所需多饮
食居其首五鼎与三牲祀
神董款友烹调千美端
凯寺方遒□□庚午余□□

自作诗——八仙传说多

一九九〇年作　水墨纸本　136cm×355cm　北京师范大学藏

一咽復一咽
眸
途愁
發
機四刷六百里不駕吉祥
雲安坐沙數持俯首低
大地畫勝蜃樓
美
寄語
蓬萊仙此際我傲你
公元一九零八年夏日游蓬萊
戲心之三深秋湯艺啟功

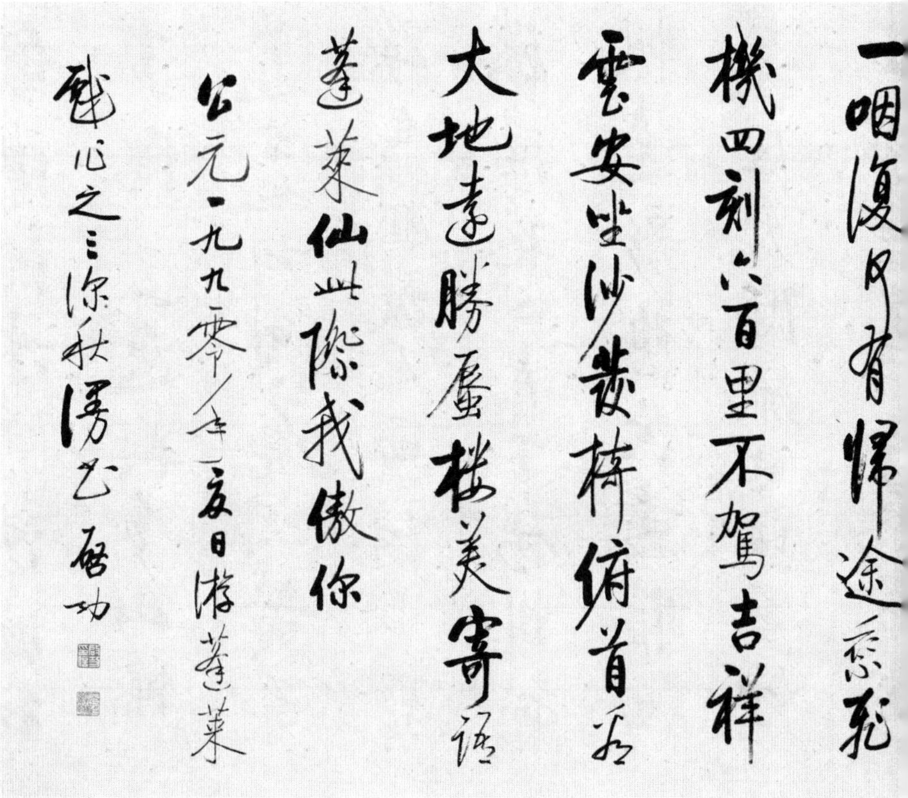

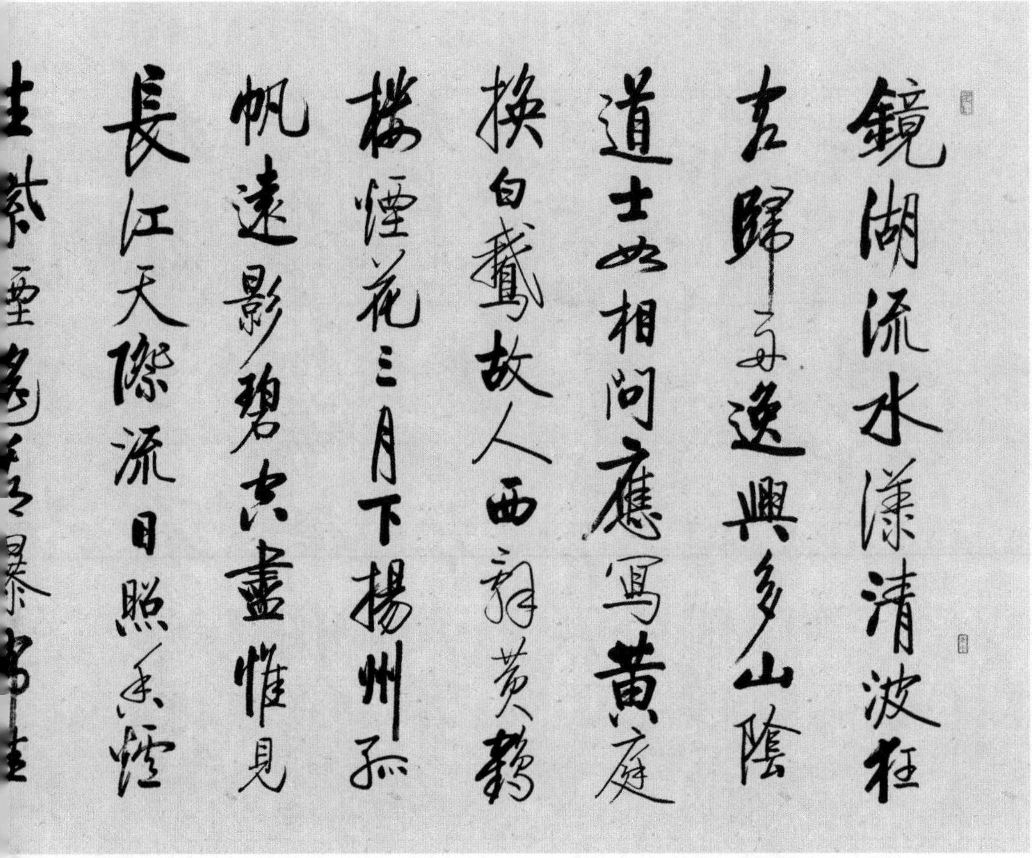
鏡湖流水漾清波狂
客歸舟逸興多山陰
道士如相問應寫黃庭
換白鵝故人西辭黃鶴
樓煙花三月下揚州孤
帆遠影碧空盡惟見
長江天際流日照香爐
生紫煙遙看瀑布掛

前川東流直下三千尺

疑是銀河落九天日落

沙明天倒開波搖石動

水縈四轉舟泛月高溪

轉欸乃兮山陰雪後來

太白全集中精嶽並存

銀河九天一首尤多奇漾

一九九零年八月 啓功

李白句——镜湖流水漾清波

横披

一九九〇年作　水墨纸本　138cm×364cm　京西宾馆藏

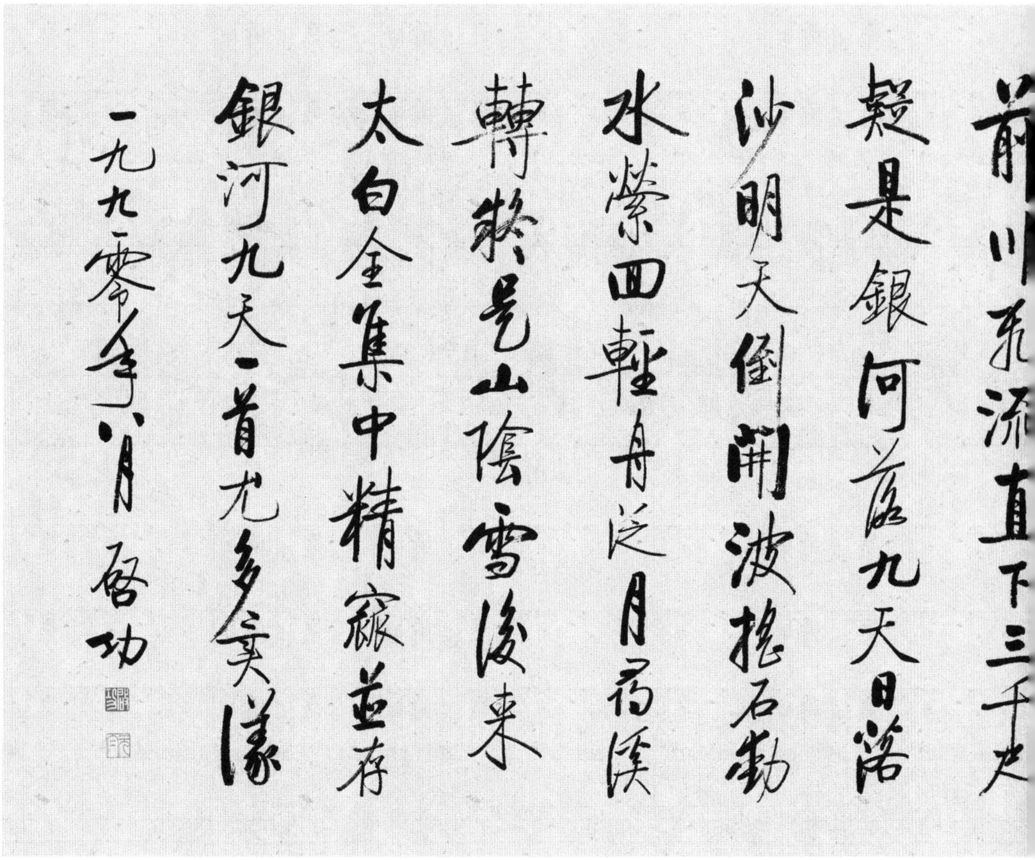

李唐曾比李思
训使笔嵯峨今
乃乃此是居庸山下
路路安国手不能
尤春入江南学木兼
小溪风暖日冲融
欧阳月空曾相见
柳晴光明忆惠棠
公元一九九〇年秋日
启功行年七十又九

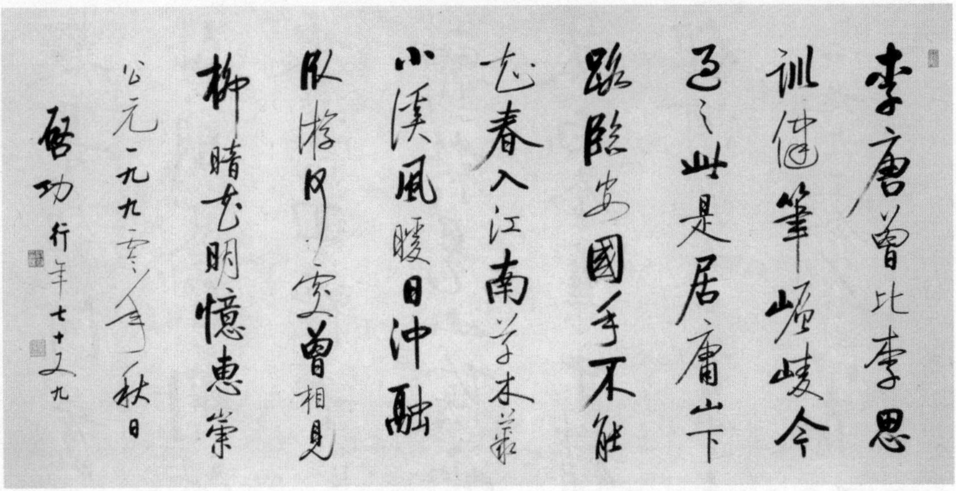

自作诗——李唐曾比李思训

一九九〇年作　水墨纸本　116cm×240cm　北京师范大学藏

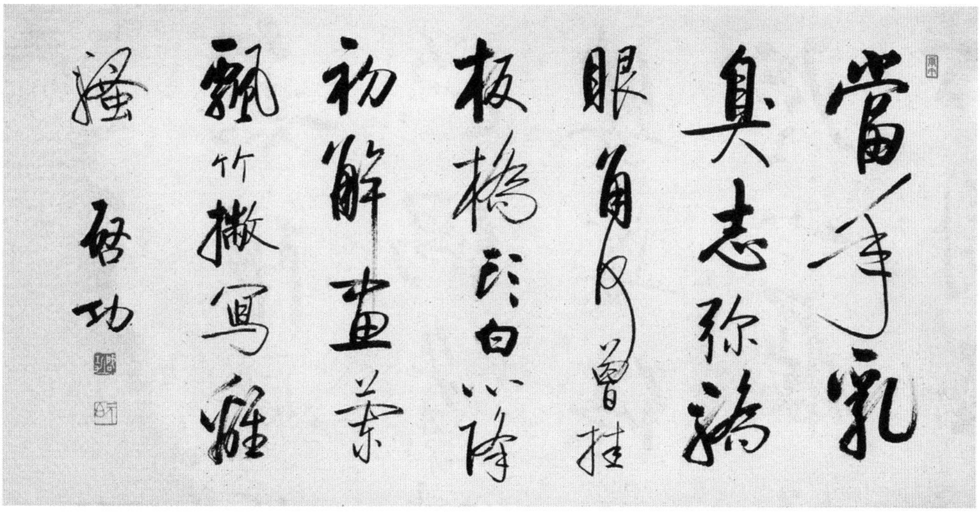

自作诗——当年乳臭志弥骄

一九九〇年作　水墨纸本　66cm × 132cm　北京师范大学藏

```plaintext
無限崎嶇歲月
己偶逢時暖幸
婆婆停來趿履
登山展振起灰
心對匪歌大地
```

無限崎嶇歲月

己偶逢時暖幸

婆婆停來趿履

登山展振起灰

心對匪歌大地

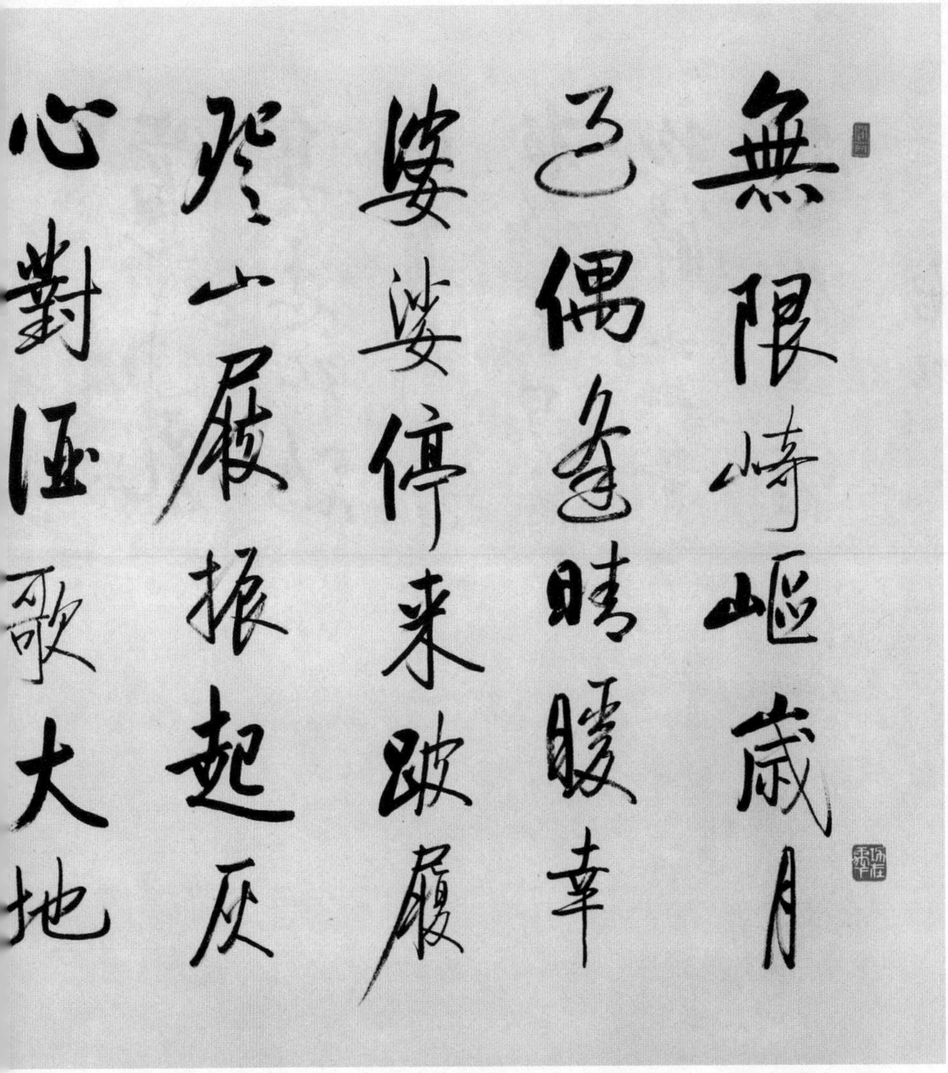

回環新蟻聚垂

浮沉渺瀰簫鯨波

衰夫頭白如春雪

但望春年年事

和迎春窗心壬申夏日

早稻田大學惠存　啟功

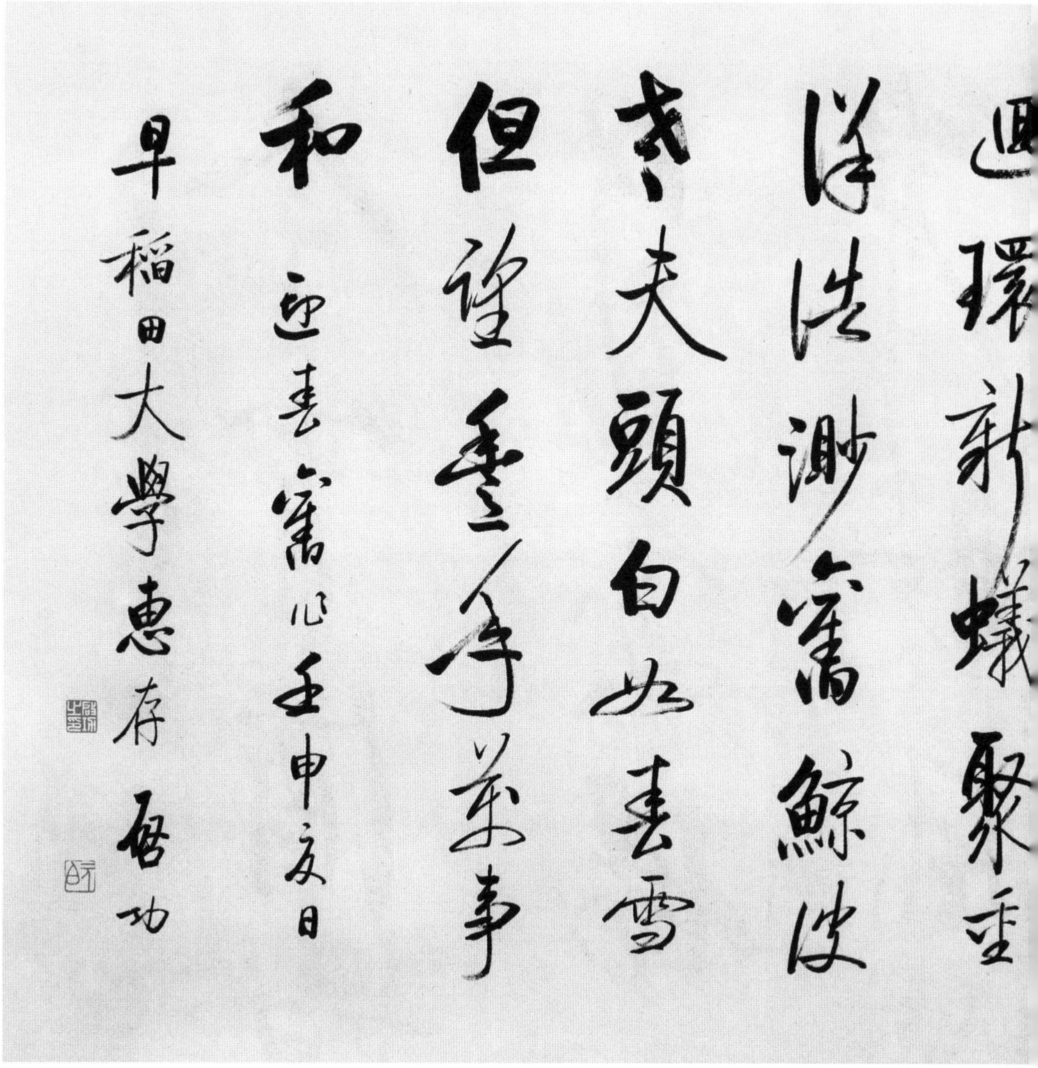

自作诗——无限崎岖岁月过

一九九二年作　水墨纸本　90cm×172cm　个人收藏

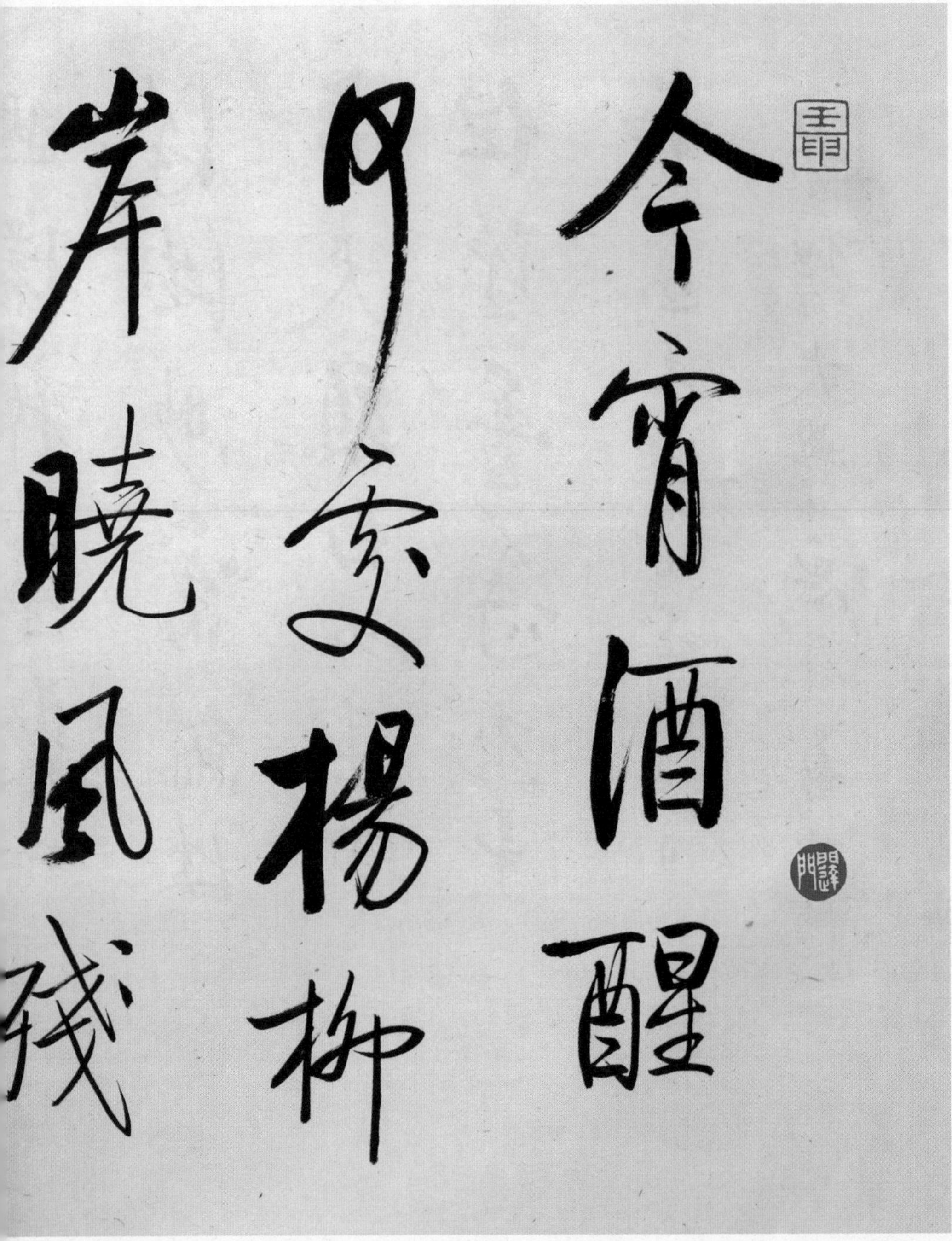
今宵酒醒
何處楊柳
岸曉風殘

月大宵我作明 岸我作如不去月东学 人回柁執毫庭日 泛眾 壬申冬日 堅净翁启功

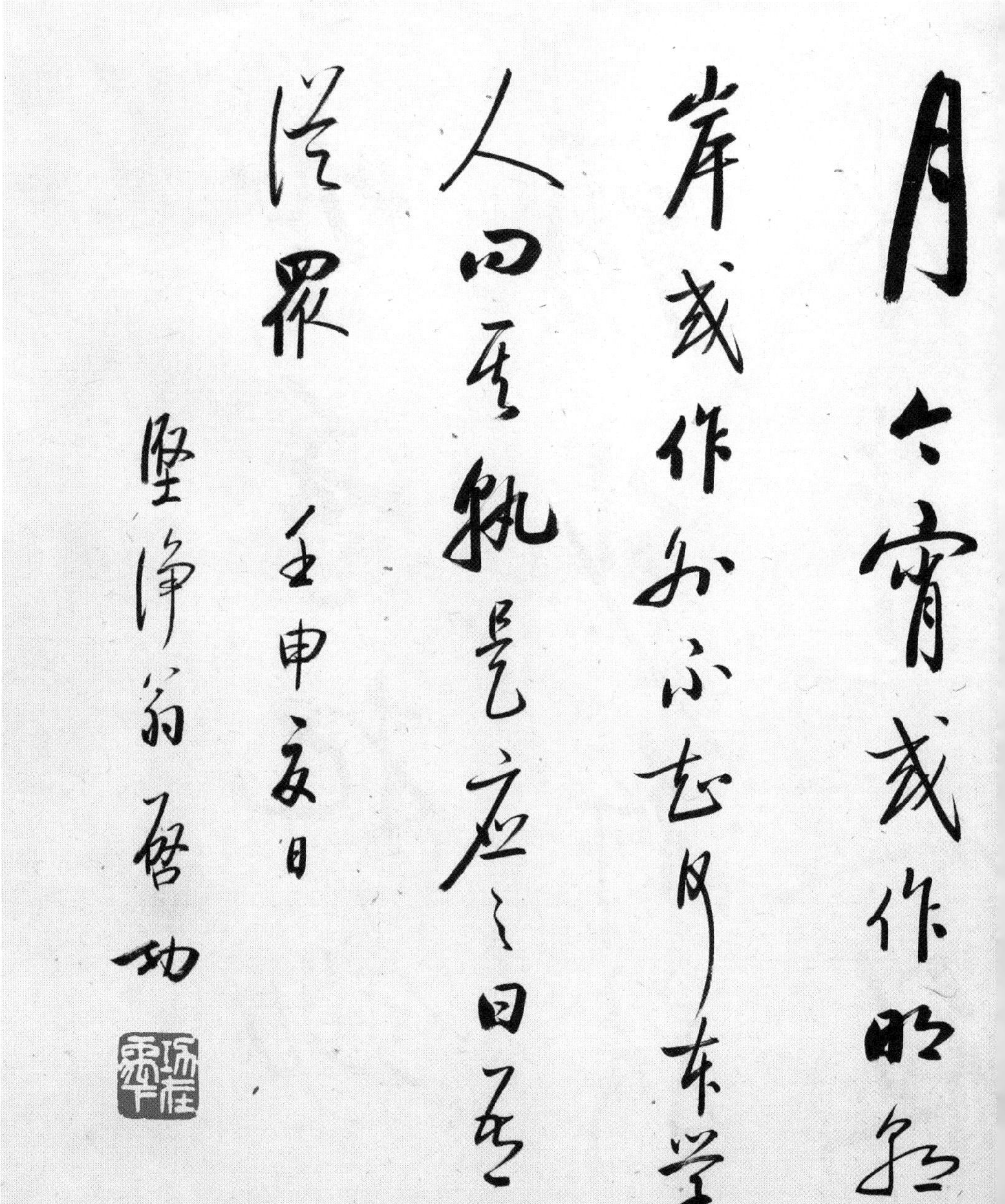

柳永句——今宵酒醒何处
一九九二年作 水墨纸本 45cm×67cm 个人收藏

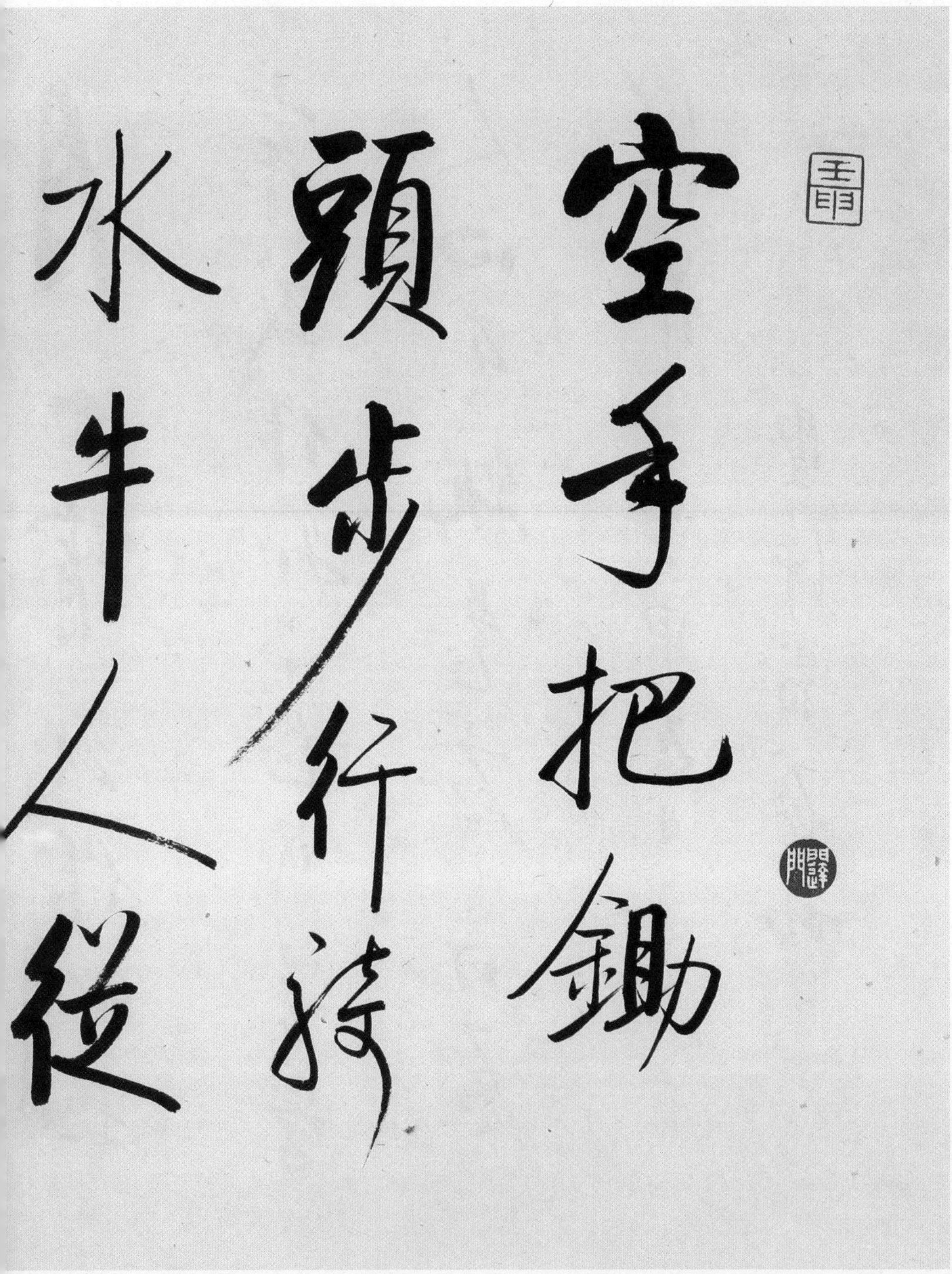
空手把鋤
頭步行騎
水牛人從

傅大士句——空手把锄头

一九九二年作　水墨纸本　45cm×67cm　个人收藏

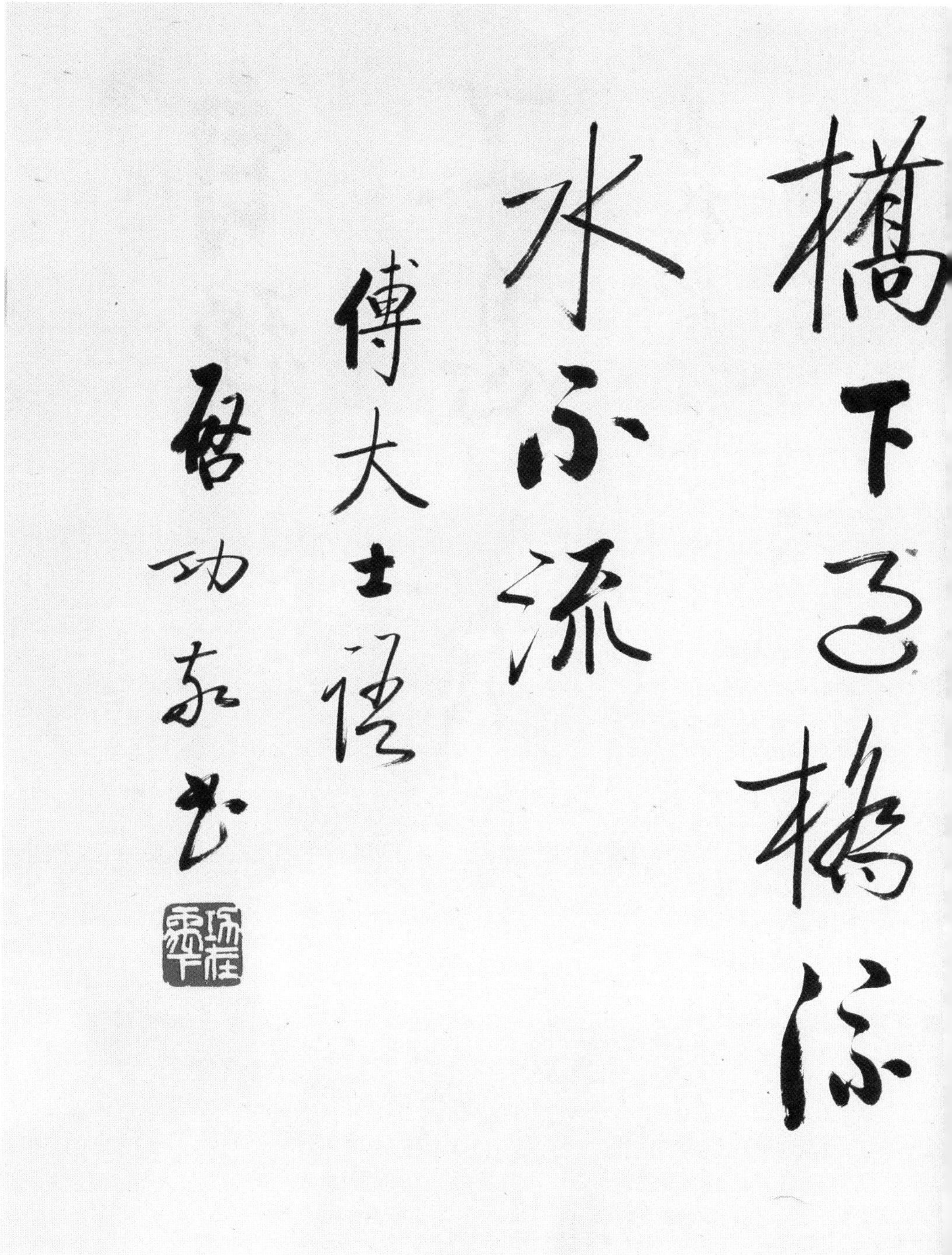
水不流
傅大士語
啓功書

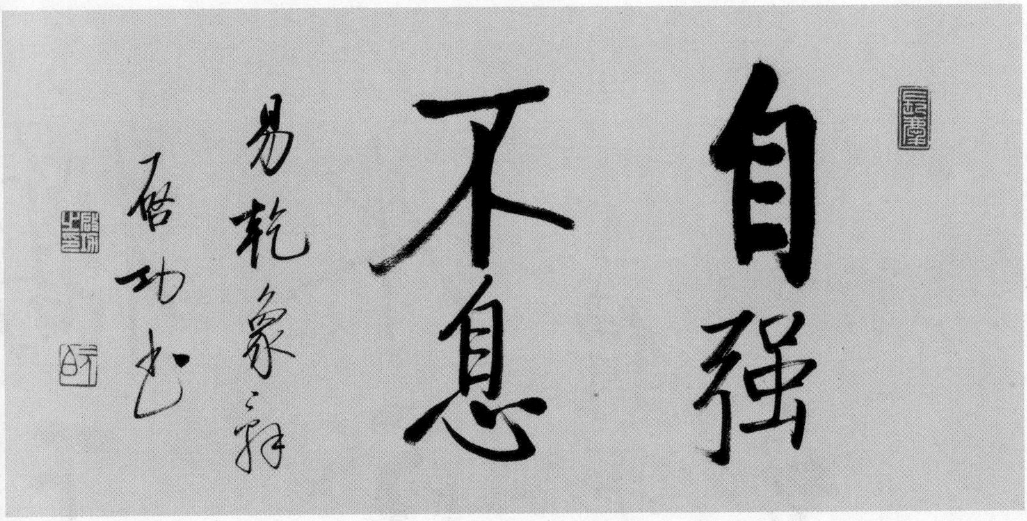
自强不息
易乾象辞
启功书

自强不息

一九九〇年作　水墨纸本　32cm × 65cm　个人收藏

千峦雨霁
壬申夏日
启功署签

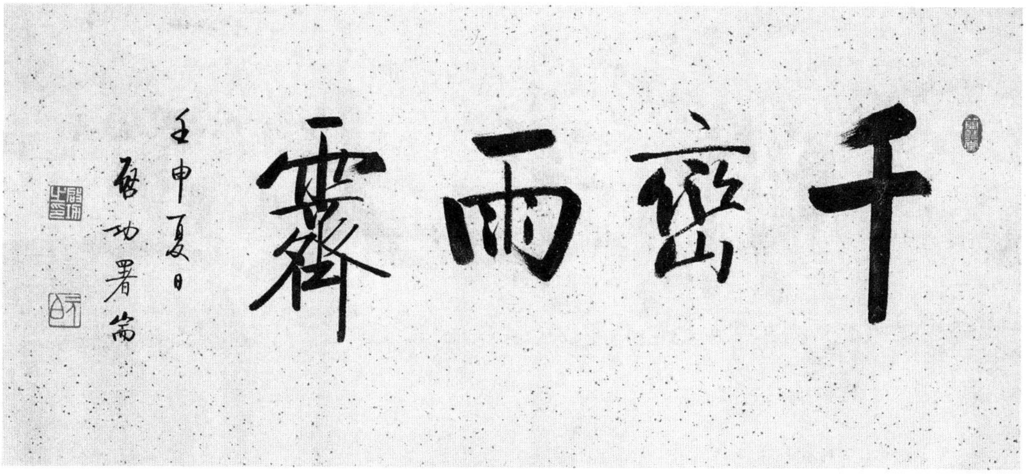

千峦雨霁

一九九二年作　水墨纸本　34cm×78cm　个人收藏

正大光明

二十世纪八十年代作　水墨纸本　32.5cm×95cm　个人收藏

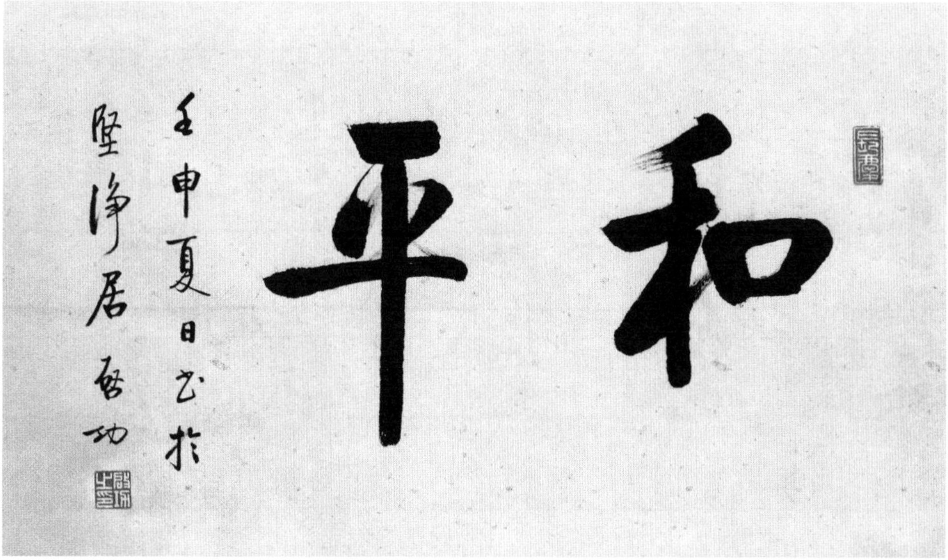
和平
壬申夏日书於
坚净居启功

和平

一九九二年作　水墨纸本　38cm×65cm　个人收藏

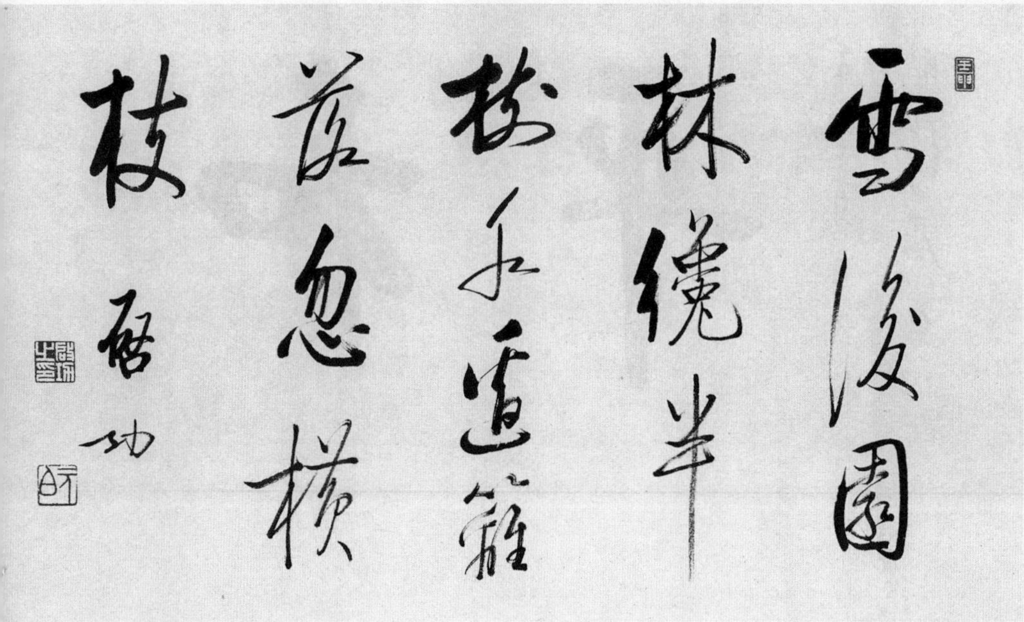
雪後園林纔半樹
水邊籬落忽橫枝
啓功

林逋句——雪后园林才半树

一九九二年作　水墨纸本　38cm×63cm　个人收藏

请看石上藤萝月

映澈东堂

萩花

少陵佳句

壬申功博

杜甫句——请看石上藤萝月

一九九二年作　水墨纸本　38cm×63cm　个人收藏

横

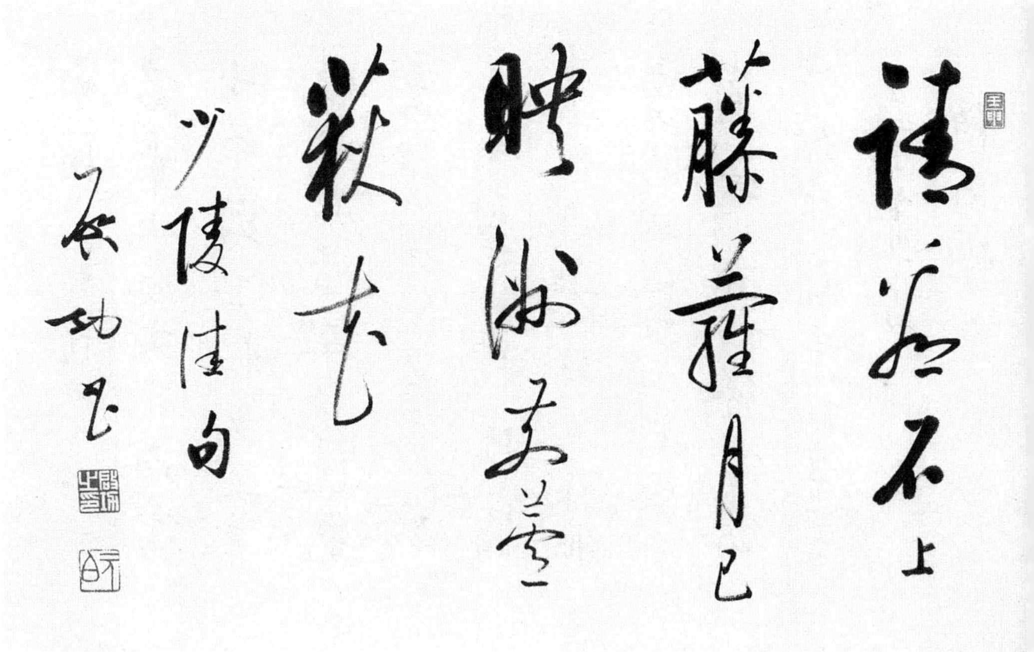

记得儿时语最狂立
名最小是文章而令八
十平头矣将为文章
镇日必去要泉烧鹤
五粮穿池叠石要
平享巢由料耶溪山
事竟与身爱一样忙
替易刪诗话恐灵芸笔
笋笔舌始绐如尼山
道冠千秋实妙主手
生不著书

随园诗　启功

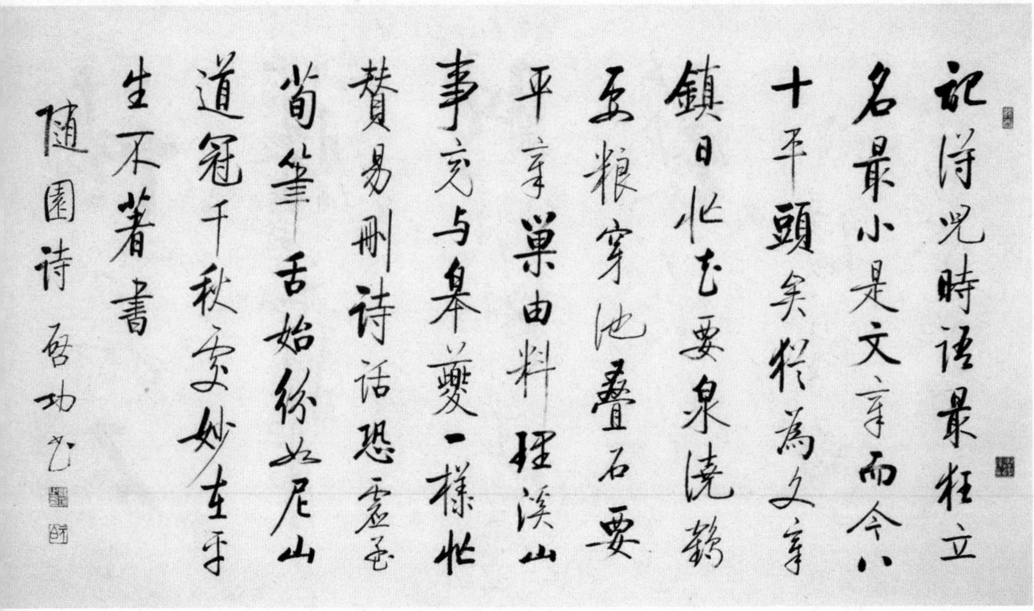

袁枚句——记得儿时语最狂

一九九三年作　水墨纸本　84cm×150cm　个人收藏

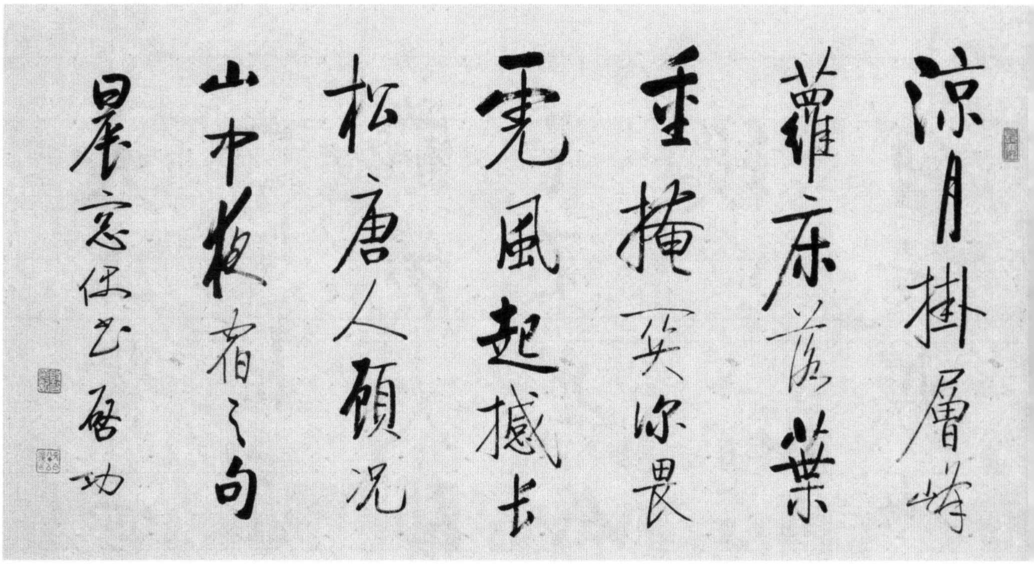

顾况句——凉月挂层峰

一九九三年作　水墨纸本　84cm × 150cm　个人收藏

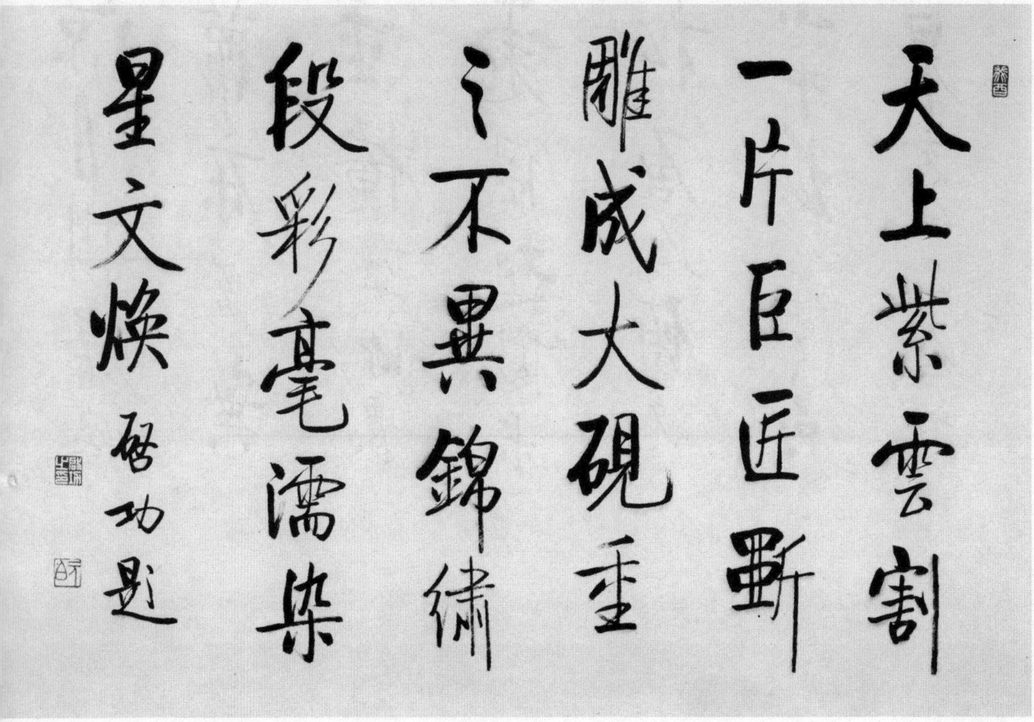
天上紫雲割
一片巨匠斲
雕成大硯重
〻不異錦綉
段彩毫濡染
星文煥 啓功題

自作诗——天上紫云割一片

一九九三年作　水墨纸本　64cm × 97cm　北京师范大学藏

回向文
願以此功德
莊嚴佛淨土
上報四重恩
下濟三途苦
若有見聞者
悉發菩提心
盡此一報身
同生極樂國
啟功敬書

回向文

一九九三年作　水墨纸本　27cm×82cm　个人收藏

神存富贵始轻黄金

色浓奇必枯淡古厝途

表圣诗品待类

辛未句　启功

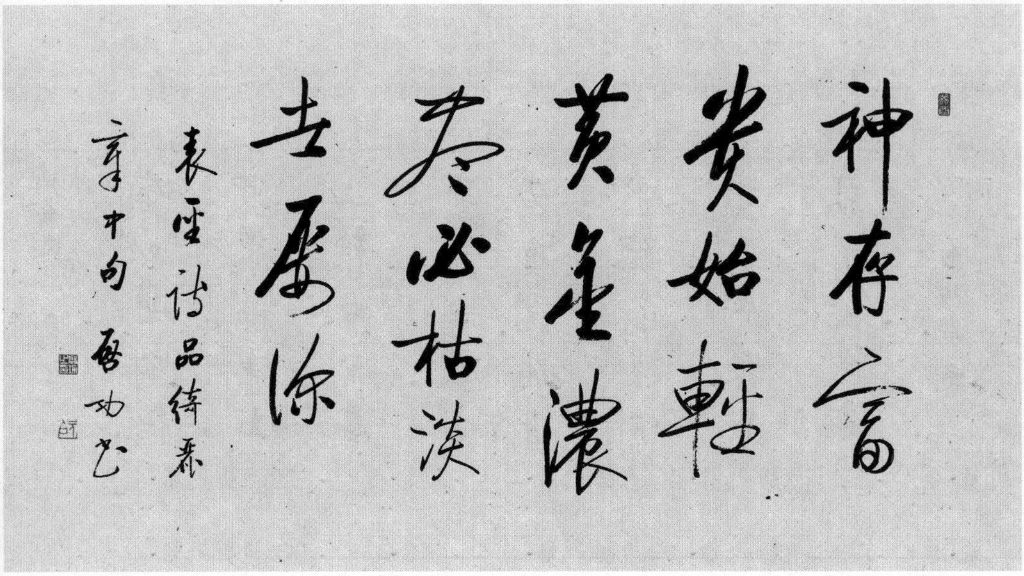

司空图句——神存富贵

一九九三年作　水墨纸本　73cm×135cm　个人收藏

一点灵气

一九九四年作　水墨纸本　32cm × 133cm　个人收藏

幾月每行久々

知倦眼開峯

飛峰變一片大江

来綠净心可嘯

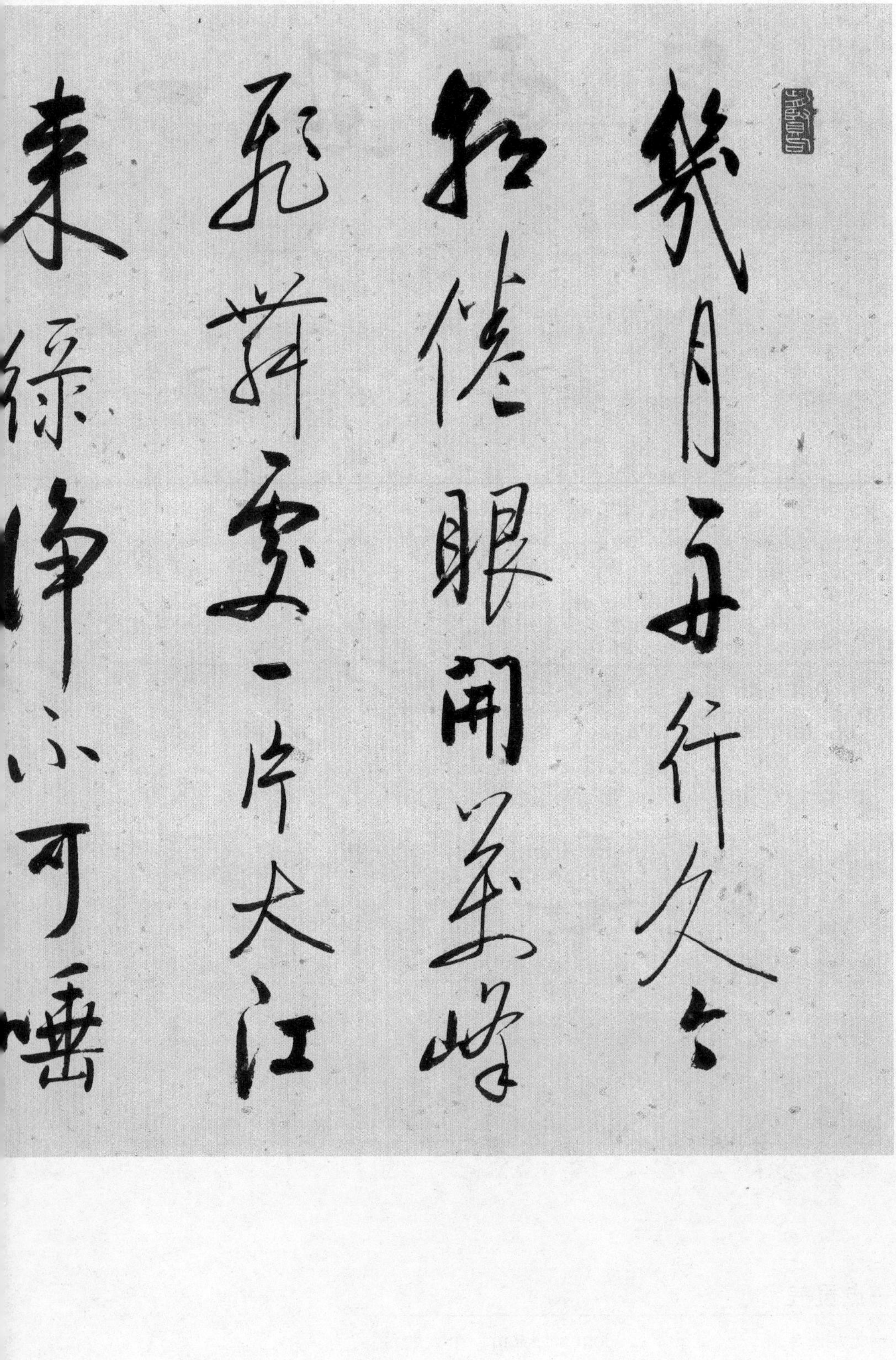

此语足千古天水港相涵中有数毫端甲戌首夏

启功戏于北京

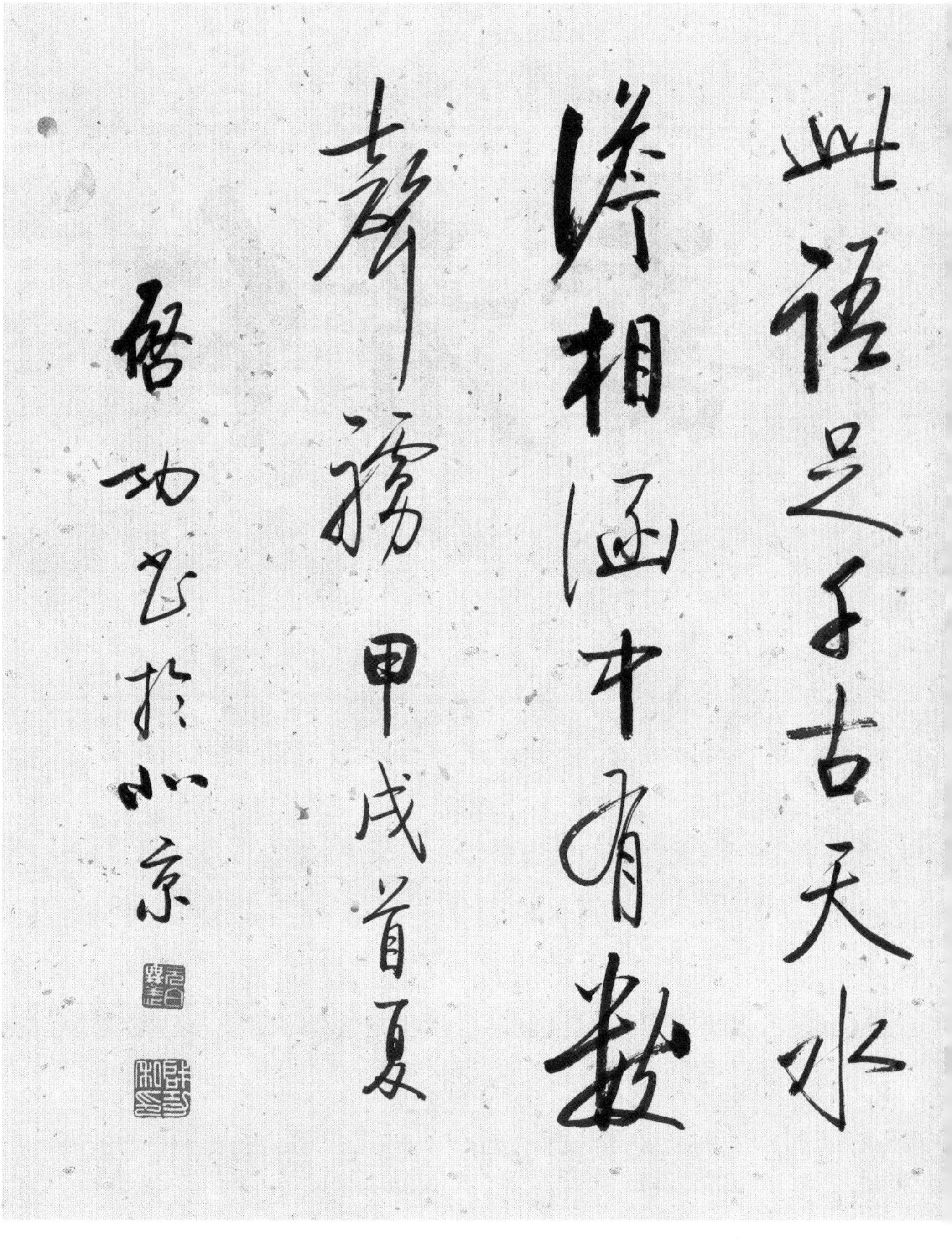

高珩句——几月舟行久

一九九四年作　水墨纸本　55cm×87cm　个人收藏

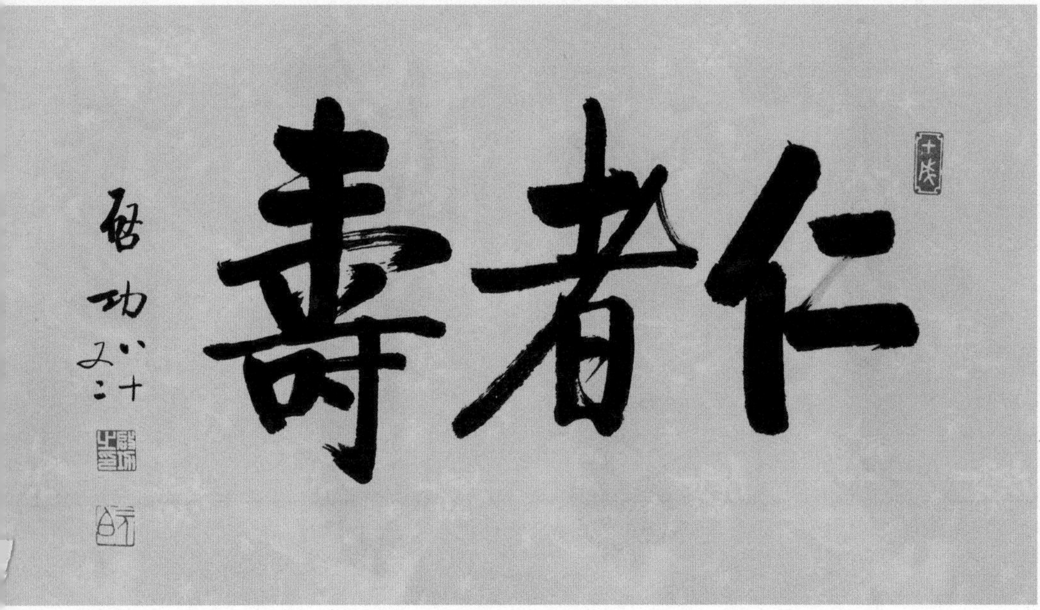

仁者寿

一九九四年作　水墨纸本　46cm × 69cm　个人收藏

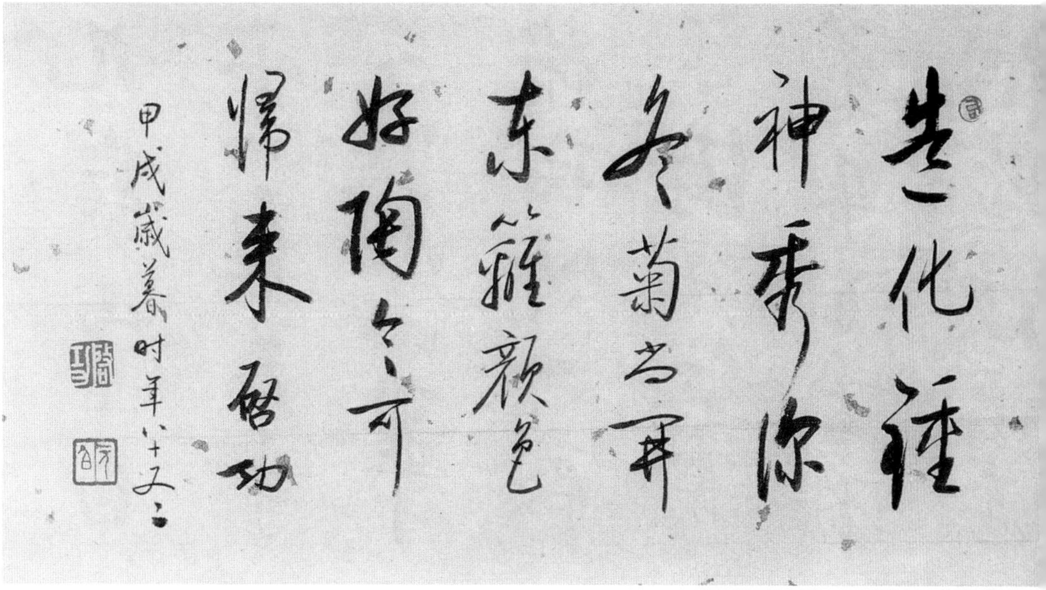

自作诗——造化钟神秀

一九九四年作　水墨纸本　17cm×32cm　个人收藏

九嶷山上白云飞帝子乘风下翠微斑竹一枝千滴泪红霞万朵百重衣洞庭波涌连天

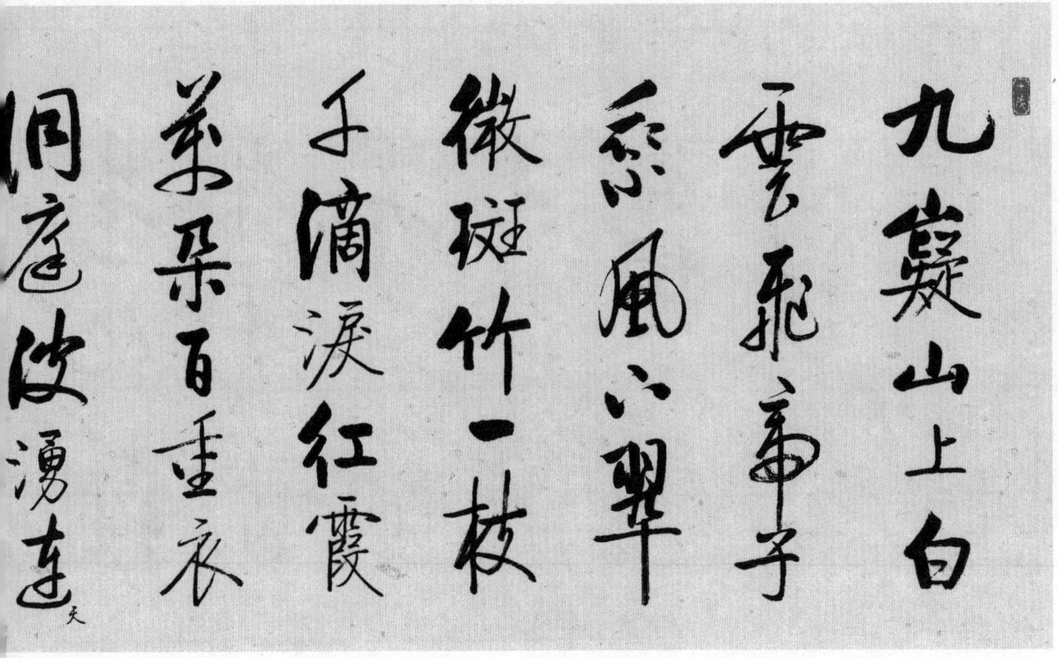

毛主席诗句——九嶷山上白云飞

一九九四年作　水墨纸本　64cm×233cm　个人收藏

雪长岛人歌动地诗我形因之梦寐廊笑意国襄寒初暉毛主席老友辛卯启功

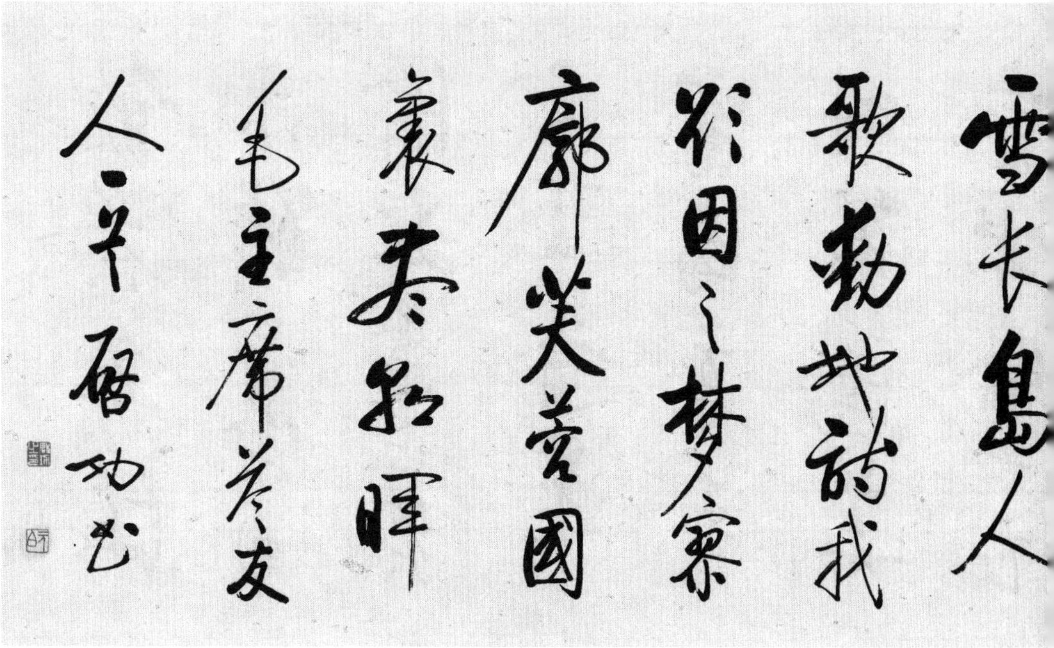

饮茶粤海
未能忘索句
渝州叶正黄
三十一年还
富国署书
时节读萍
字牢骚太
盛

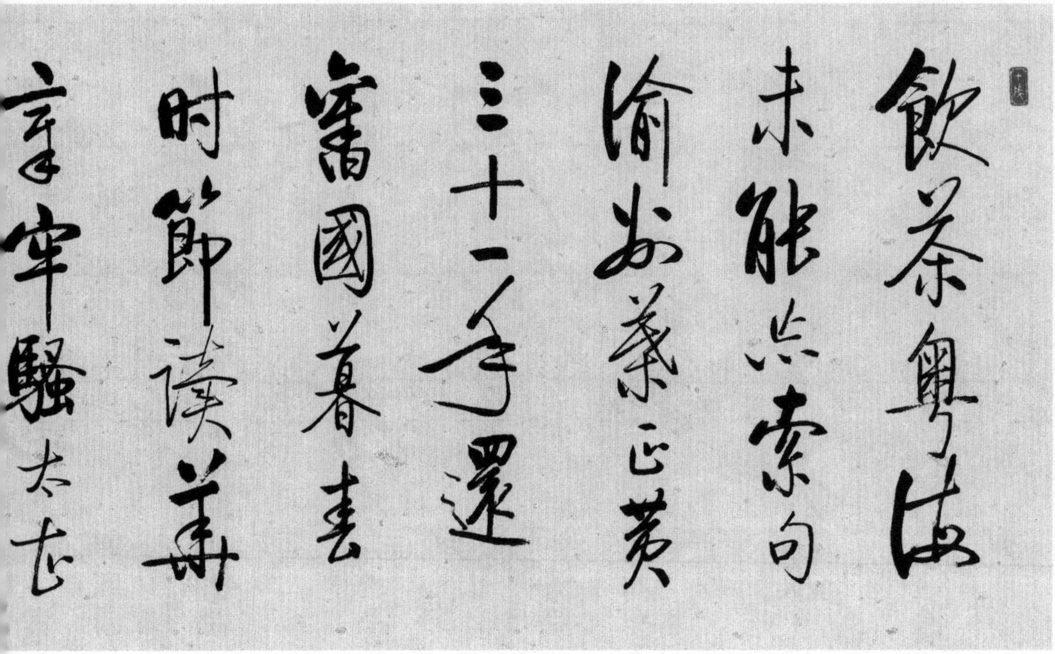

毛主席诗句——饮茶粤海未能忘

一九九四年作　水墨纸本　64cm×233cm　个人收藏

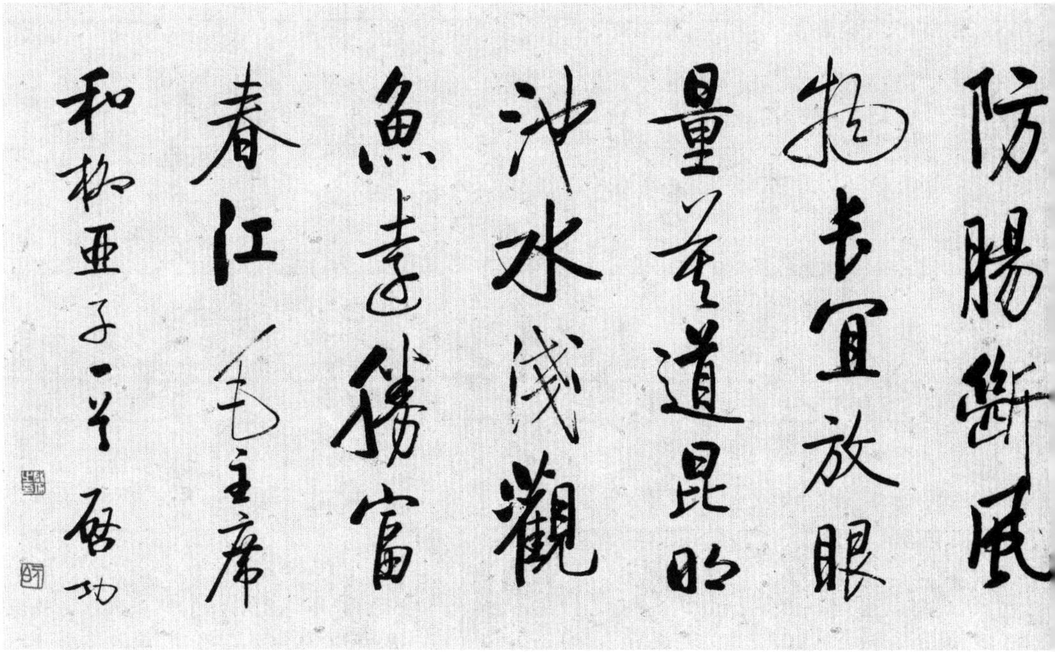
防腸斷風
物長宜放眼
量莫道昆明
池水淺觀
魚過勝富
春江
毛主席
和柳亞子一首 啟功

横披

久嚮黄龍山
裏龍今不見
住山嵓頂
知背觸拳頭
不別青靈犀
一蕐通
元白功

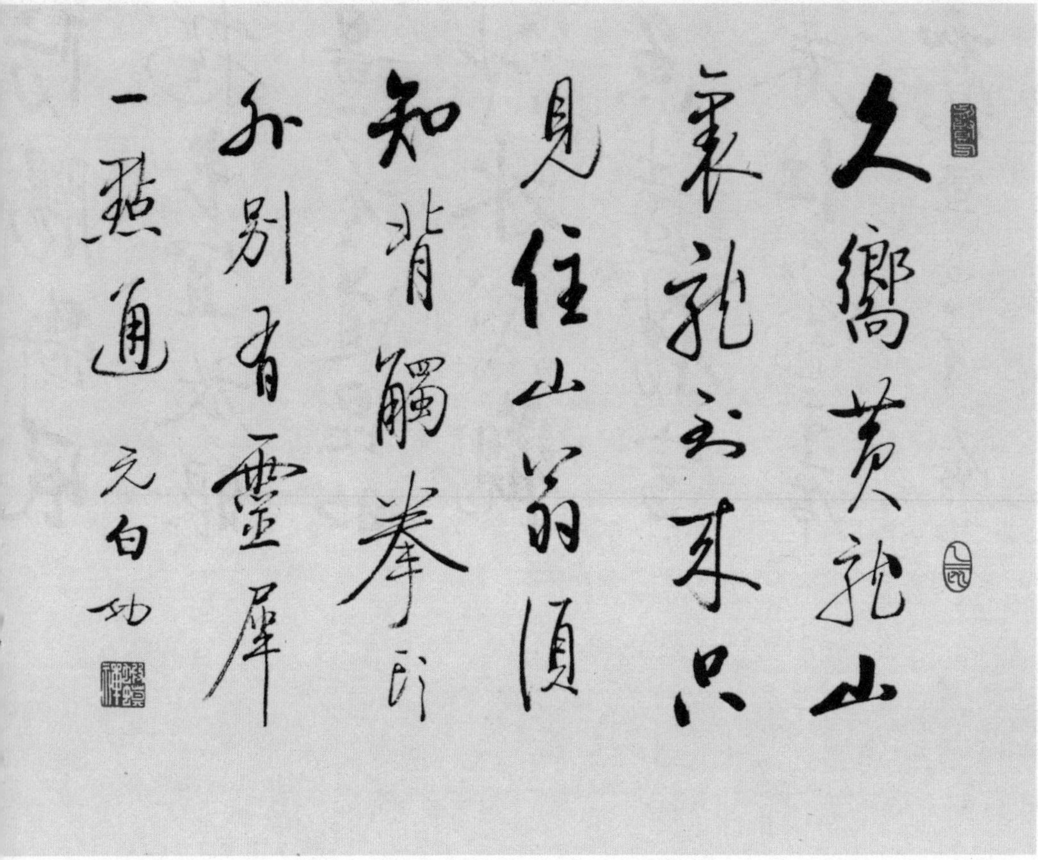

古德机语——久向黄龙山里龙

一九九五年作　水墨纸本　50cm×63cm　个人收藏

夢澤雲邊放釣舟
坡仙墨妙世無儔
天花墜處何人會
但見春風繞樹頭
從來翰墨號如林
幾見臨池手應心
羨煞襄陽一枝筆
玲瓏八面寫秋深
一九九五年十月穀旦
啟功書於首都

自作诗——梦泽云边放钓舟

一九九五年作　水墨纸本　109cm × 190cm　个人收藏

新月平林鹊踏枝

风行水上按歌時

郭中唱出吾能解

不必讴稱白雪詞：

仙吹笛敌孤川都

是敵雲夏玉莅南

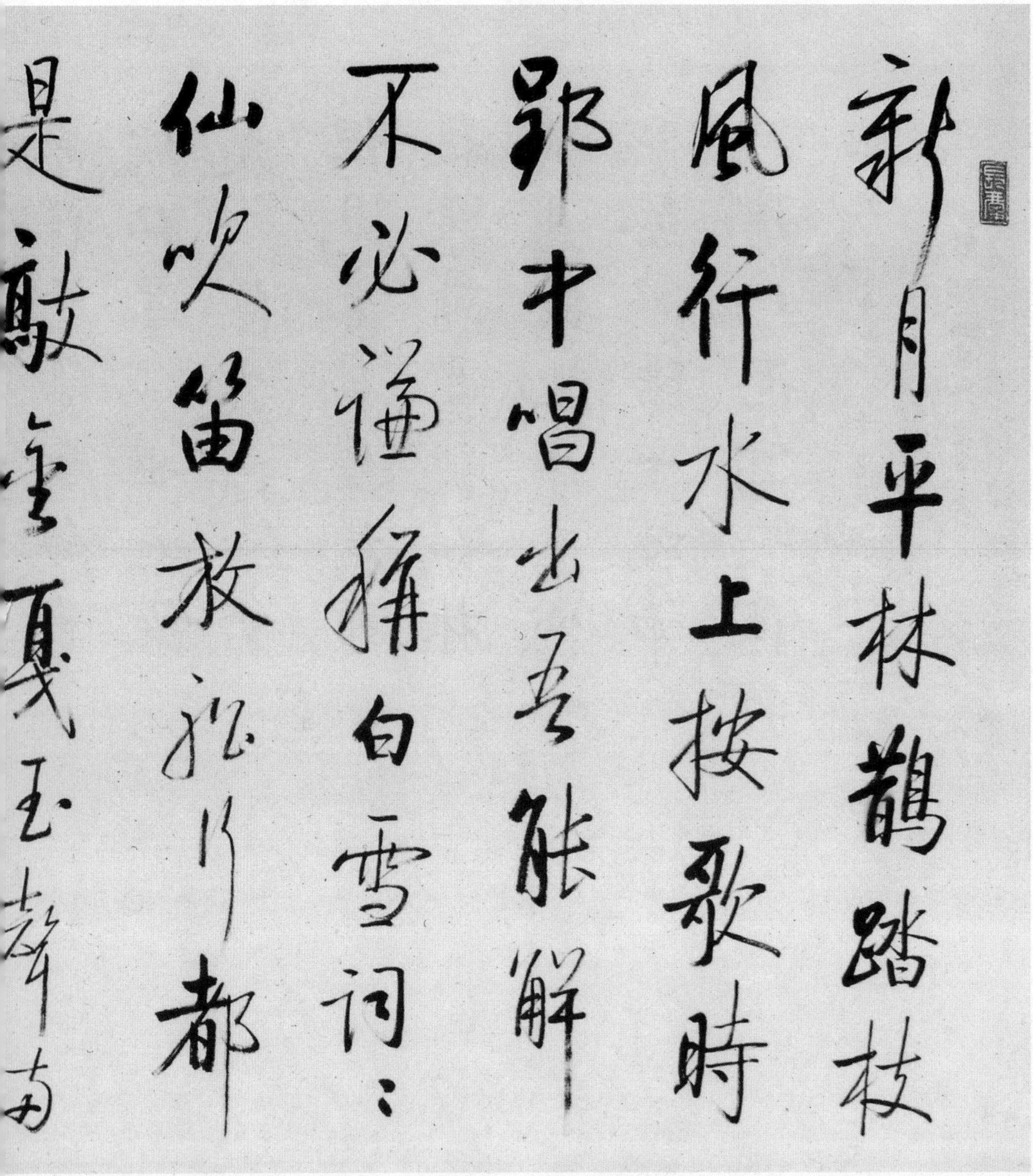

宗名家谁道装春
风十里麦青青崎
嵯訑绕翠蟠龙七
宝楼台鸳地杰沙裹
窍拢金屑小隔江人
在而声中　启功

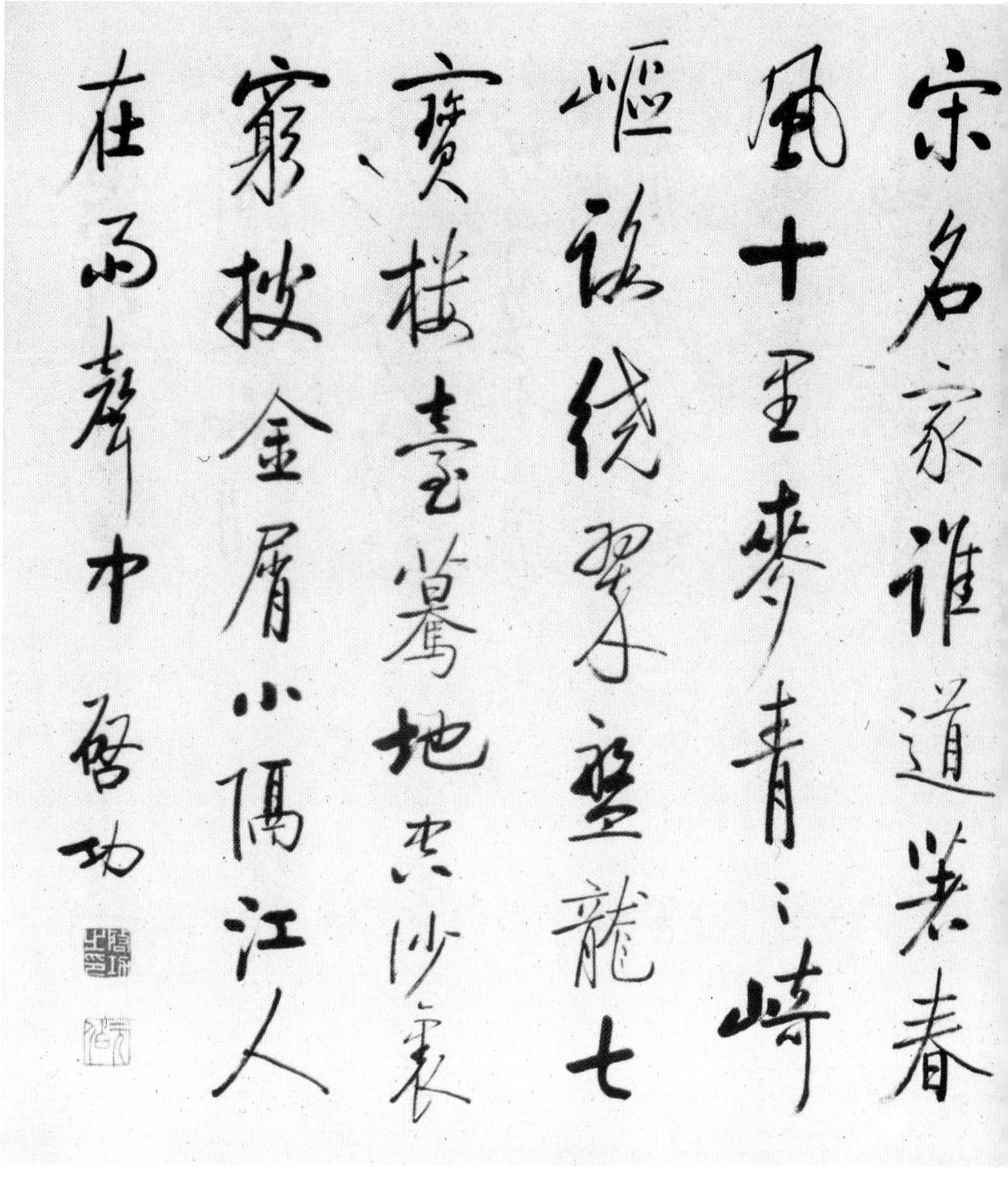

自作诗——新月平林鹊踏枝

一九九五年作　水墨纸本　72cm×135cm　个人收藏

怪得北风急
前庭如月
辉天人宁许
巧剪木瓜花
死庭人陆畅
寿雪院句
丙子凉天启功

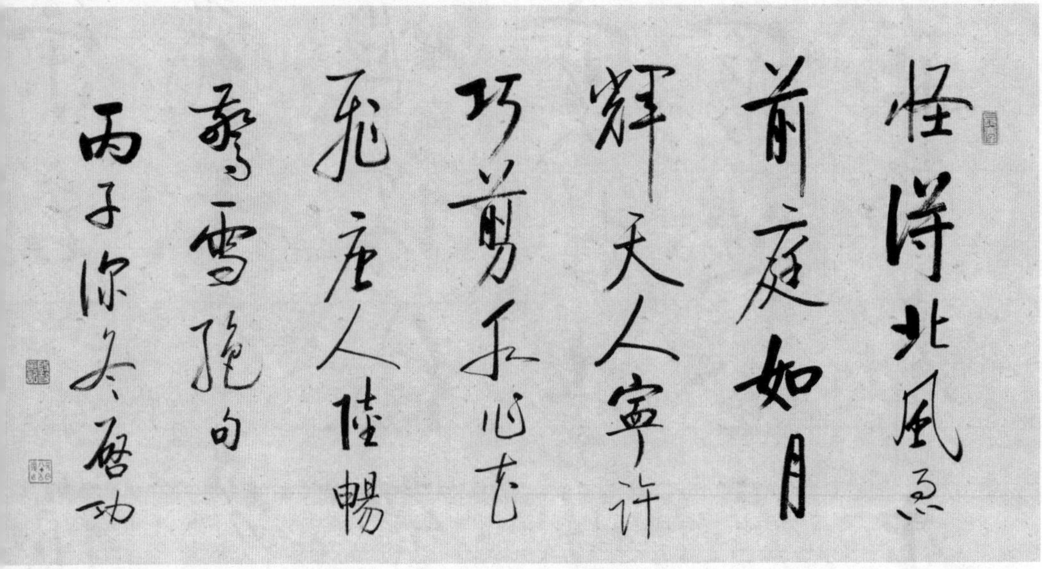

陆畅句——怪得北风急

一九九六年作　水墨纸本　64cm×130cm　个人收藏

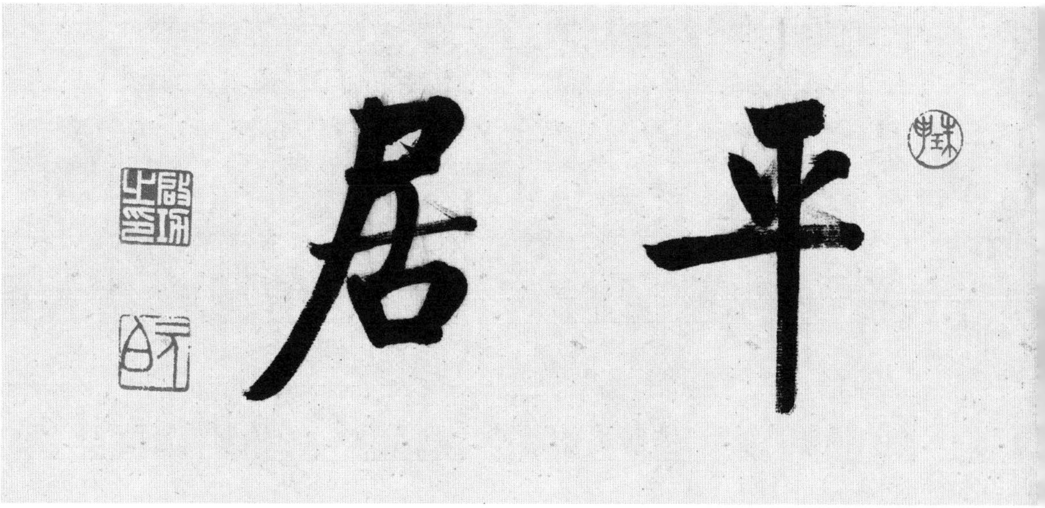

平居

一九九五年作　水墨纸本　20cm×42cm　个人收藏

昔日城隅噪暮鸦如云污

染鸟无家灵怀写出蓝

忠景留与他年伴晚霞

此灵怀先师遗作真迹

古木亭崔孝雅翔集处

绍河陌止得元贤为韵去云

小诗以申仰止之忱　启功

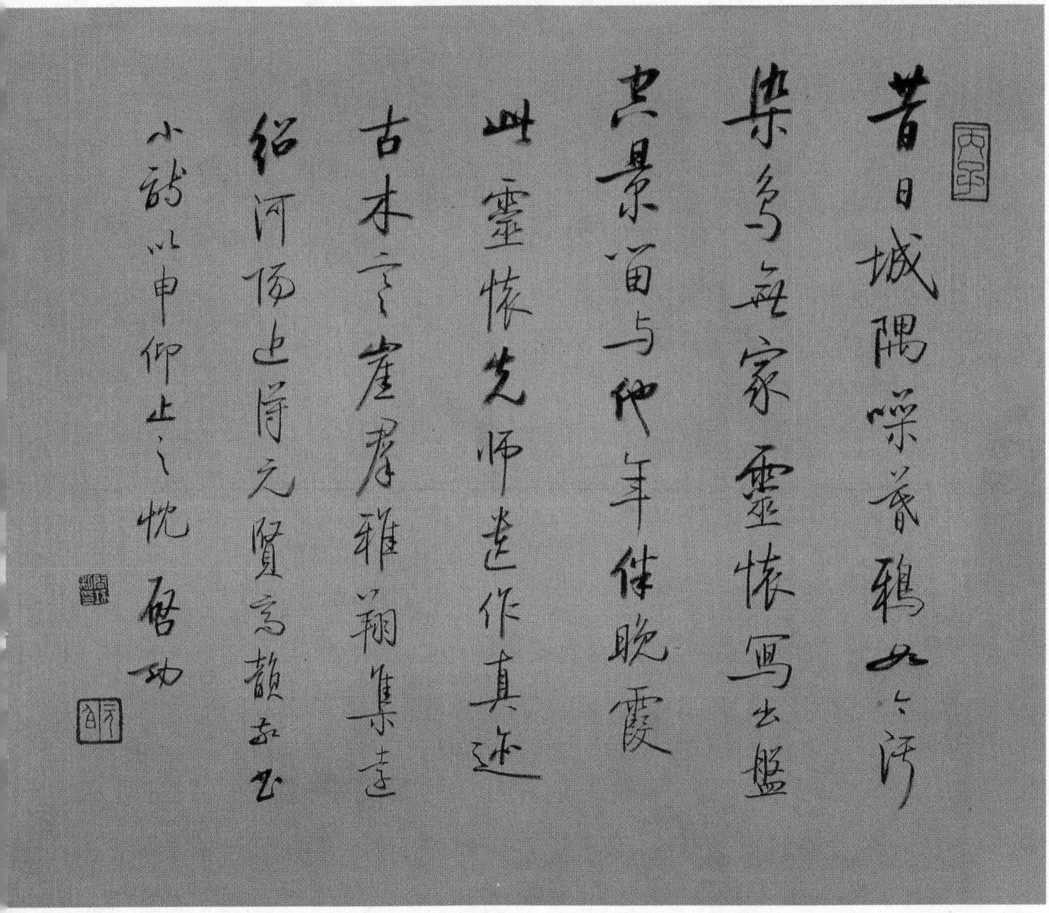

自作诗——昔日城隅噪暮鸦

一九九六年作　水墨纸本　27cm×33cm　个人收藏

学高人之师
身正人之范

昔者以学友以师范
之义相询答曰书
句美之此云首联也
重拈以与今而共勉
之丙子冬日
启功时年第八十又五

横披

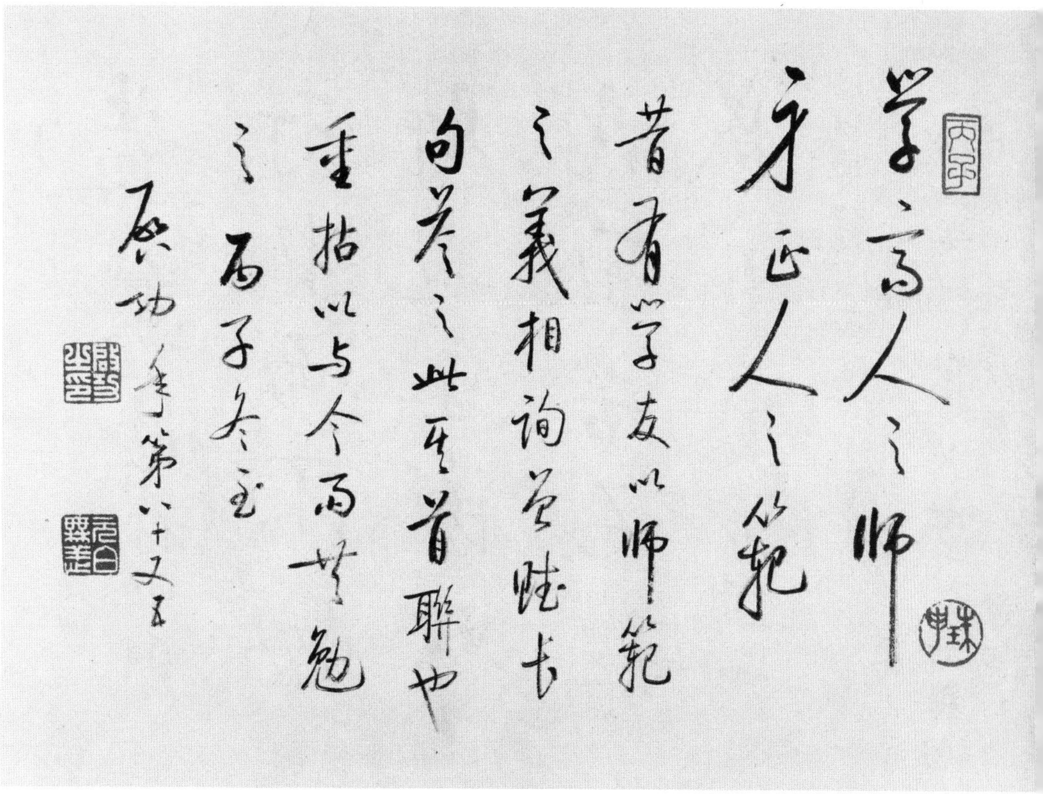

学高人之师　身正人之范
一九九六年作　水墨纸本　27cm×33cm　个人收藏

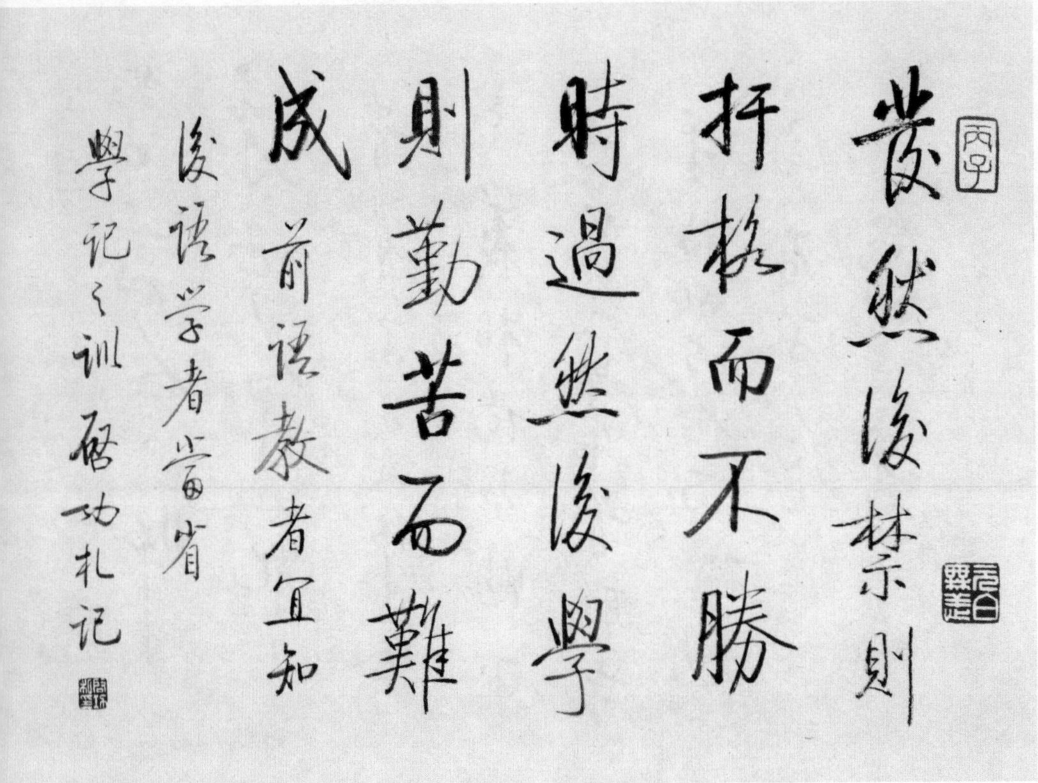
發然後禁則
扞格而不勝
時過然後學
則勤苦而難
成
前語教者宜知
後語學者當省
學記之訓　啓功札記

学记之训

一九九六年作　水墨纸本　27cm × 33cm　个人收藏

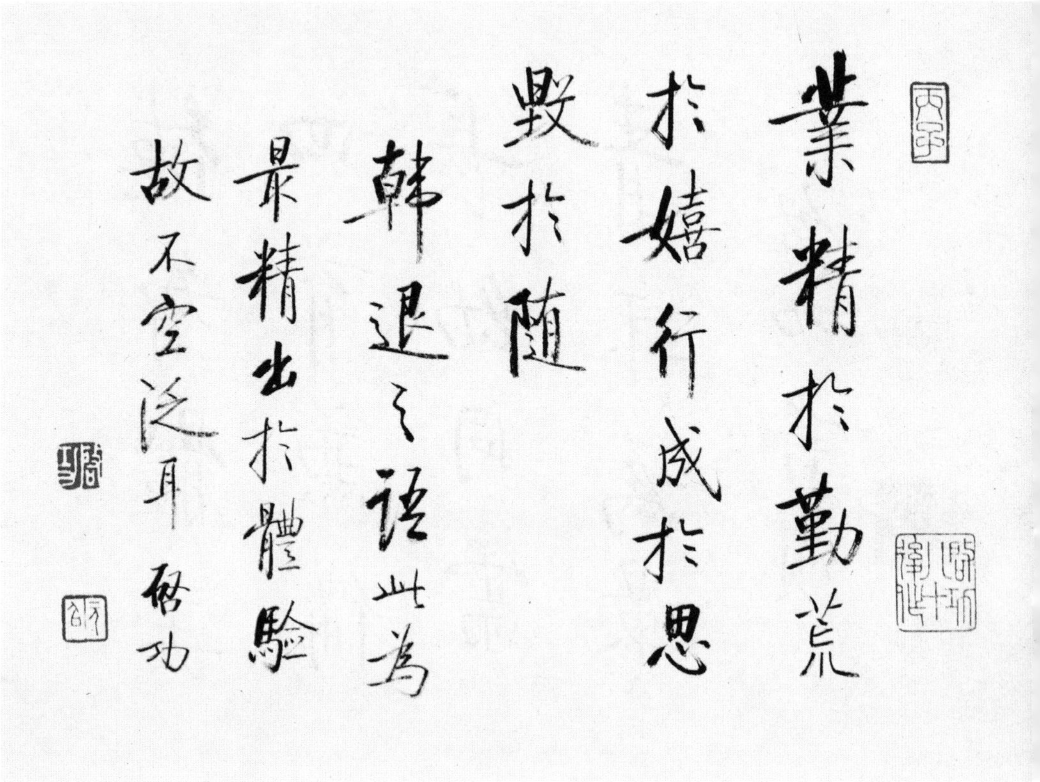
業精於勤荒於嬉
行成於思毀於隨
韓退之語此為
最精出於體驗
故不空泛耳 啟功

韩愈句——业精于勤

一九九六年作　水墨纸本　27cm × 33cm　个人收藏

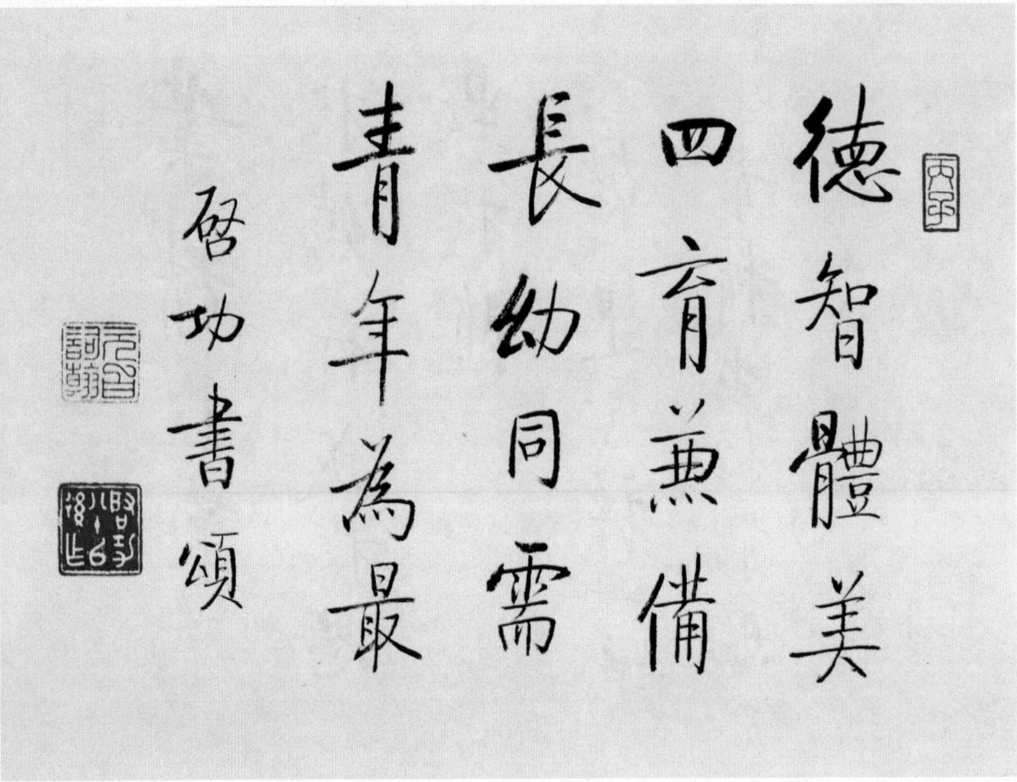
德智體美
四育兼備
長幼同需
青年為最
啓功書頌

四言诗——德智体美

一九九六年作　水墨纸本　27cm × 33cm　个人收藏

流光可惜

光而稱流其速可知
時以喻之甚著人子之
金可復有時不再来敬告善
友其勉之哉 啟功

流光可惜

横披

一九九六年作　水墨纸本　27cm×33cm　个人收藏

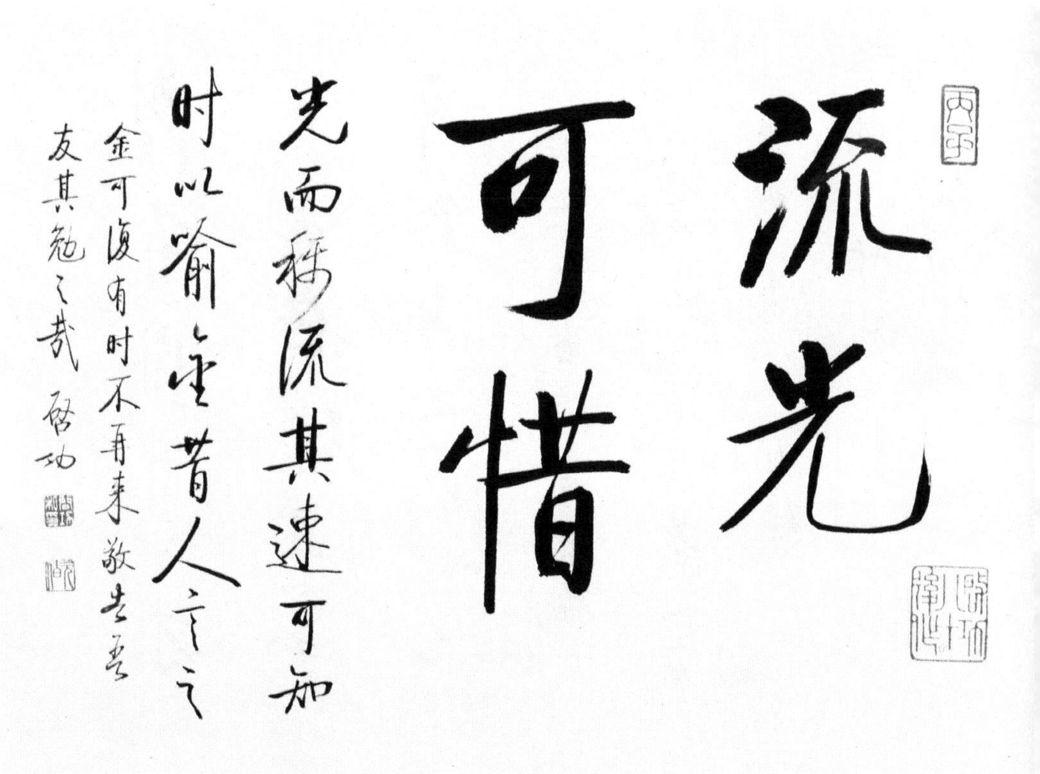

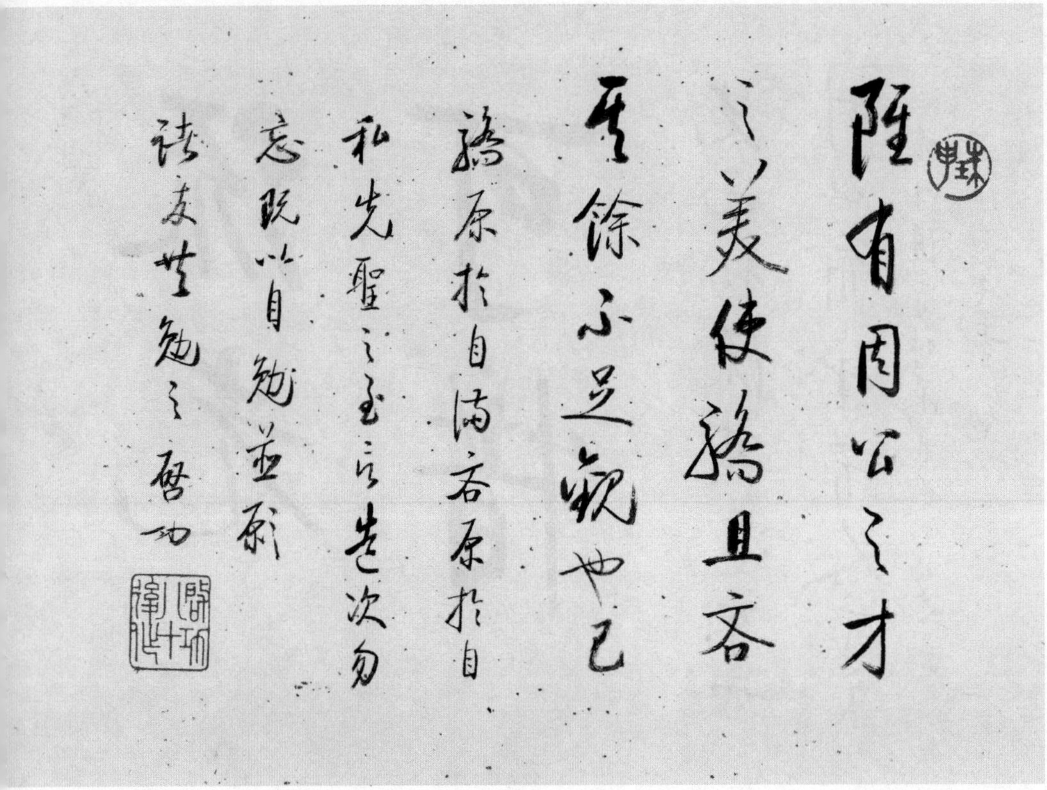

《论语》句——虽有周公之才之美

一九九六年作 水墨纸本 27cm×33cm 个人收藏

淡泊　明志　寧靜　致遠

諸葛孔明語書之座右起居讀之庶幾寡過

丙子冬日晨興滌硯試筆啓功

横披

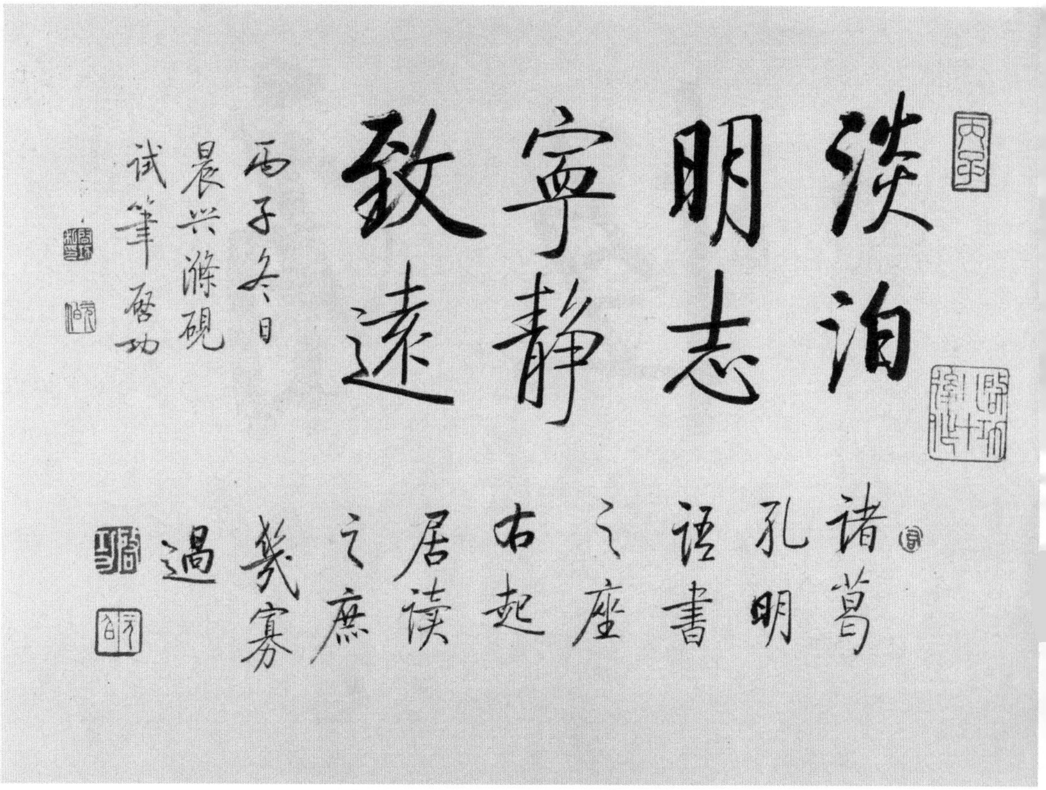

淡泊明志　宁静致远

一九九六年作　水墨纸本　27cm×33cm　个人收藏

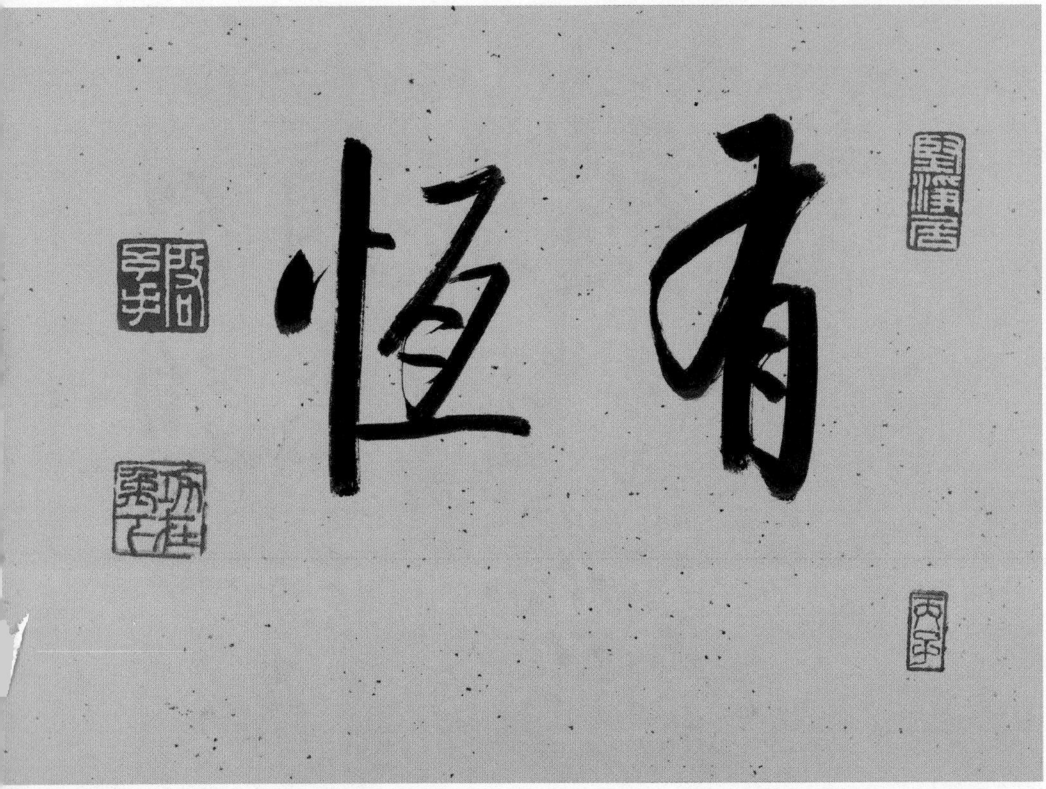

有恒

一九九六年作　水墨纸本　27cm × 33cm　个人收藏

探梅

一九九六年作　水墨纸本　35cm×57cm　个人收藏

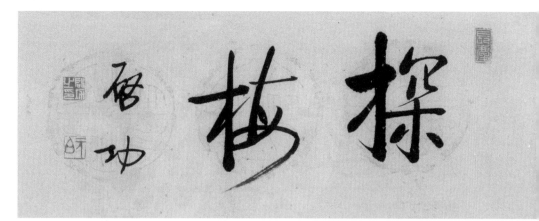

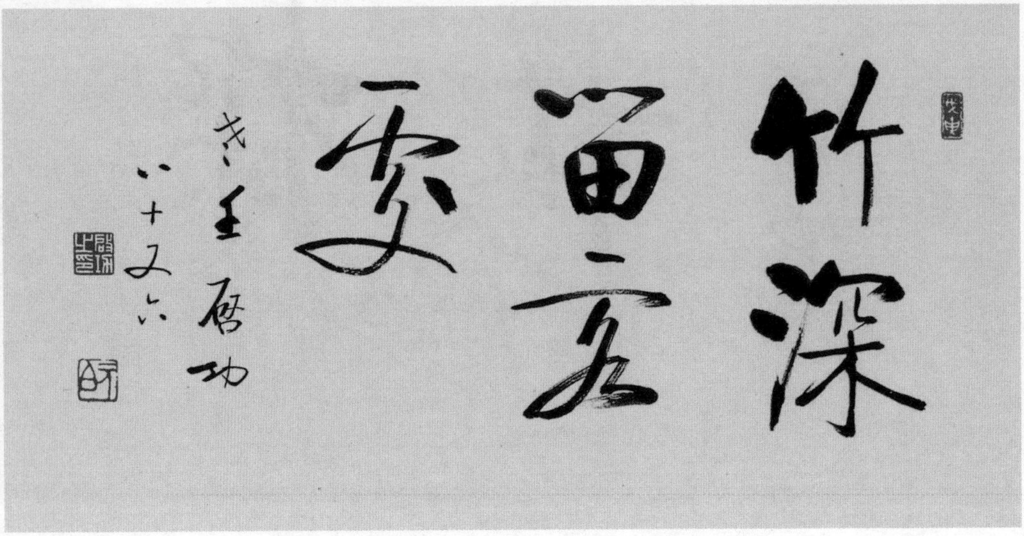

竹深留客处

一九九八年作　水墨纸本　32cm × 63cm　个人收藏

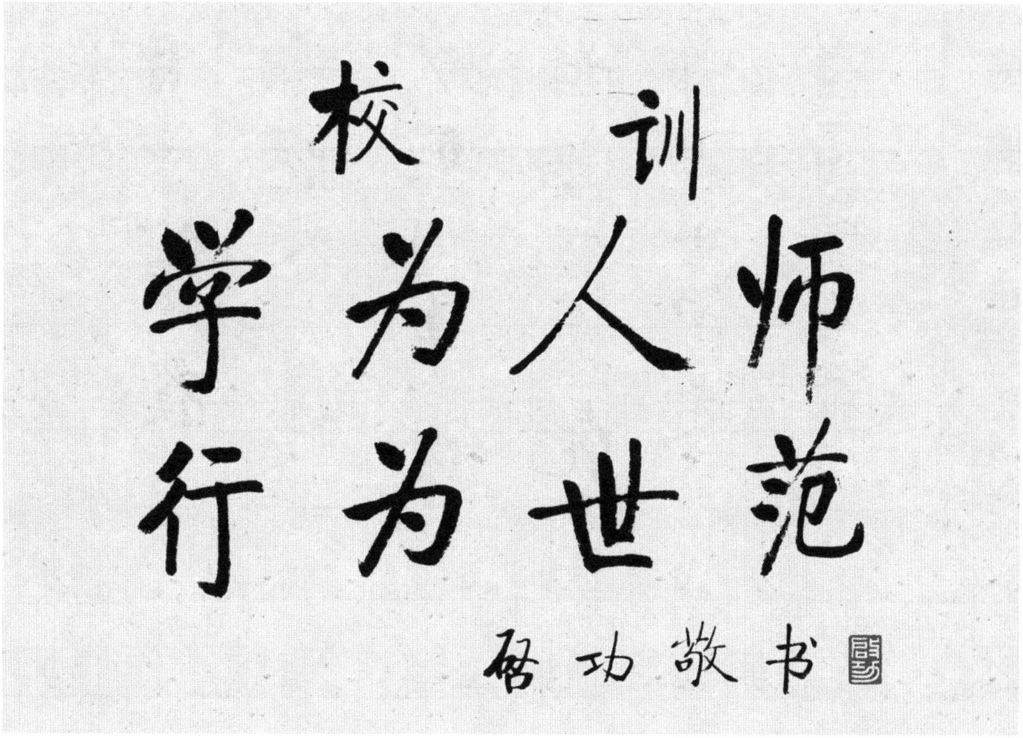
校训
学为人师
行为世范
启功敬书

北京师范大学校训

一九九七年作　水墨纸本　44cm × 62cm　个人收藏

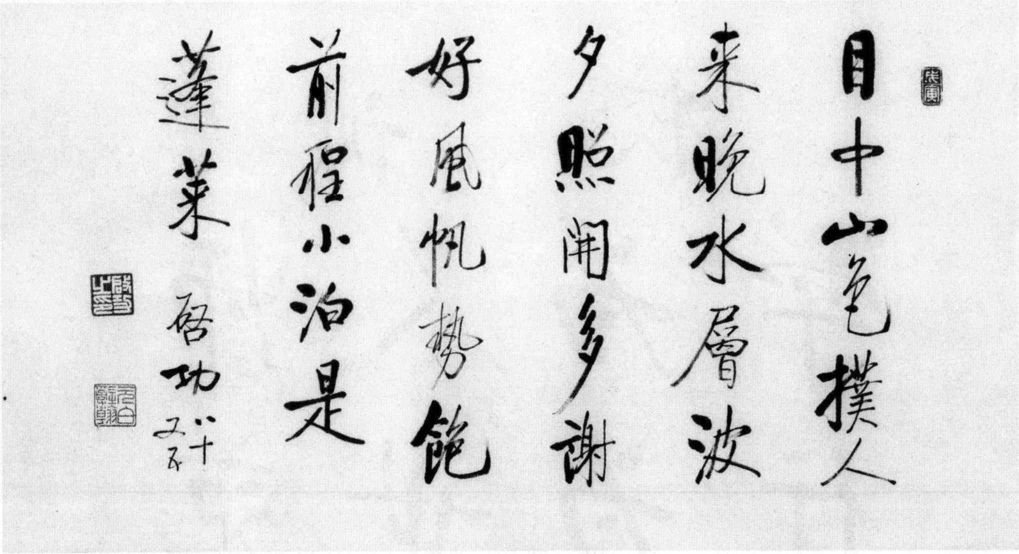
目中山色撲人
來晚水層波
夕照開多謝
好風帆勢飽
前程小泊是
蓬萊
啓功

自作诗——目中山色扑人来

一九九八年作　水墨纸本　52cm × 96cm　个人收藏

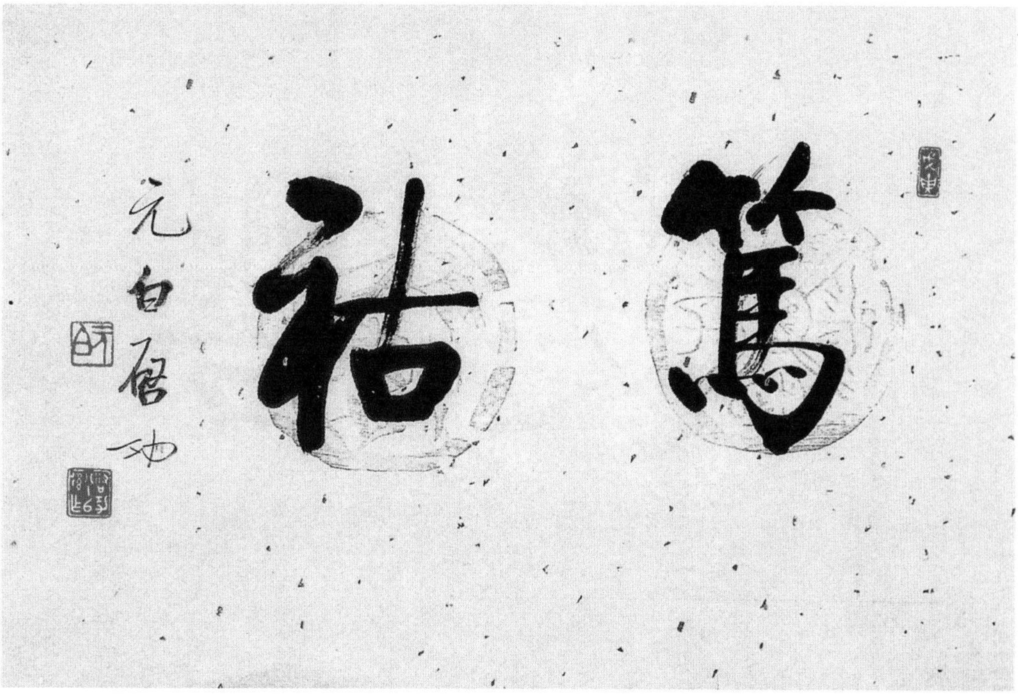

笃祐

一九九八年作　水墨纸本　38cm×60cm　个人收藏

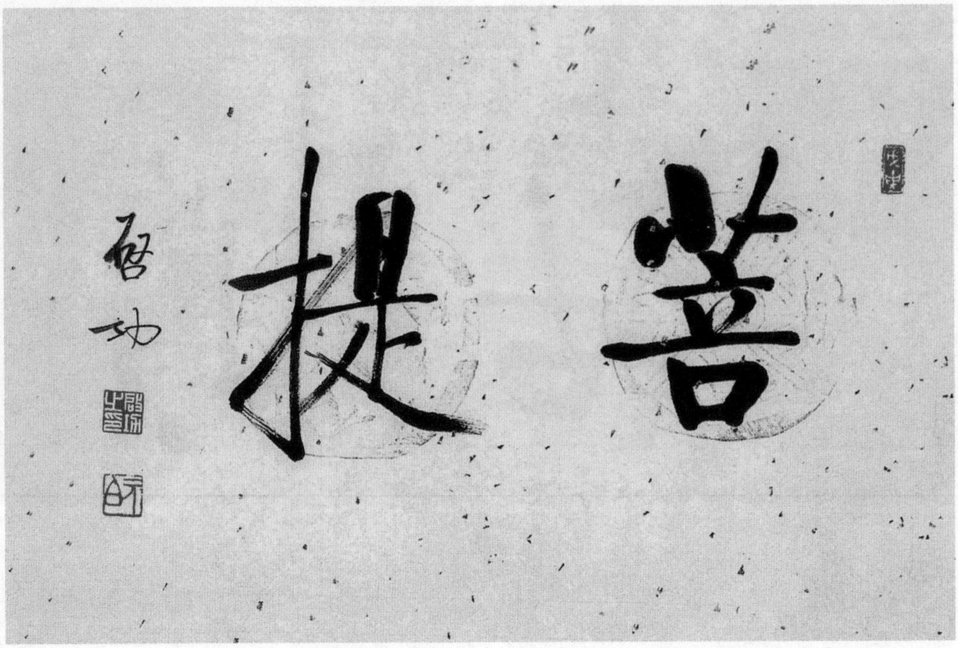

菩提

一九九八年作　水墨纸本　38cm×60cm　个人收藏

钟灵毓秀

一九九八年作　水墨纸本　33cm × 87cm　个人收藏

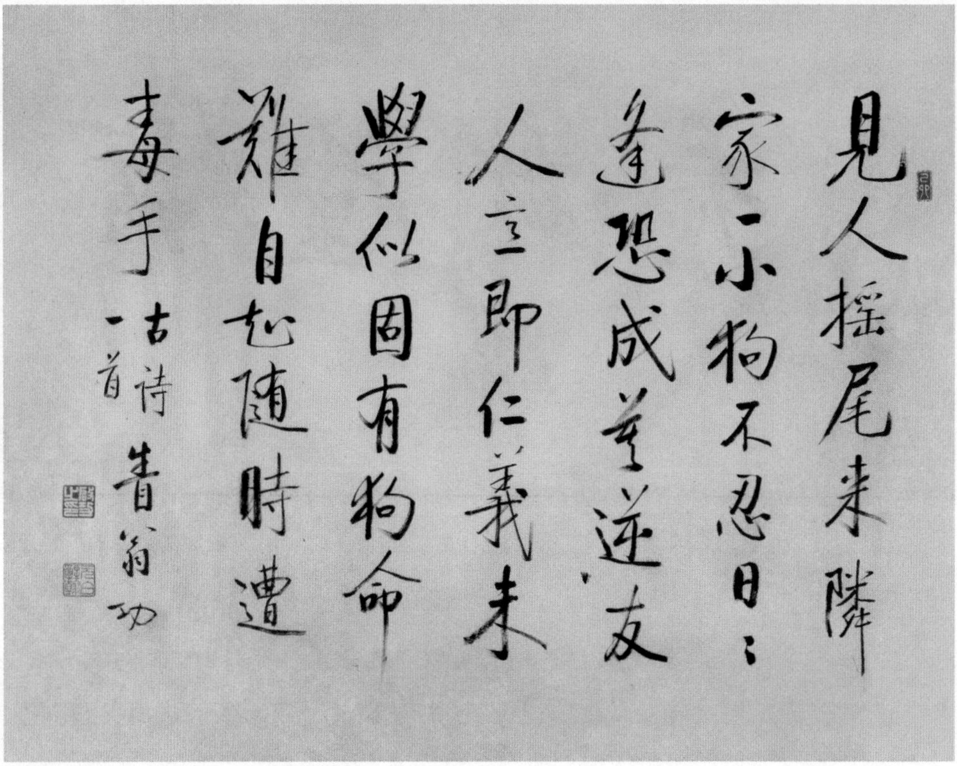
見人搖尾來降
家一小狗不忍日〻
逢恐成莫逆友
人之即仁義來
學似固有狗命
雖自也隨時遭
毒手
古詩一首

古诗——见人摇尾来

一九九九年作　水墨纸本　90cm×120cm　个人收藏

日寇滋

和尚祥

道直讽

高世心

拾吉戕

只写墨

蒲桃

青苗庚辰功

玄手八十六

横披

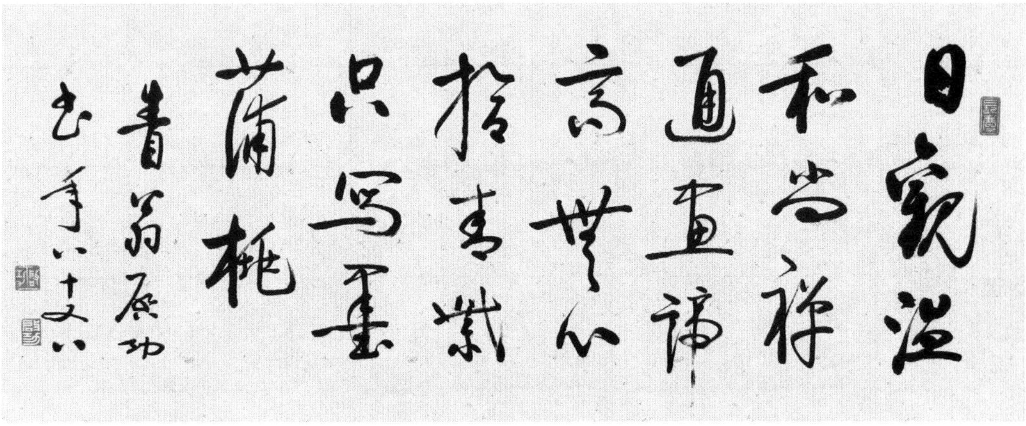

自作诗——日观温和尚

二〇〇〇年作　水墨纸本　43cm×108cm　个人收藏